JN427640

한국어로 내려온
New Bible

새로운
성 경

제64권

4부 | 총10부

하얀마음

하나님 말씀 중에서

1. 사랑의 하나님

- 세상을 창조하신 하나님은 모두를 사랑하신다. 인간만 특별히 더 사랑하지 않고, 우주 만물을 다 똑같이 사랑하신다. 그러니 하나님이 창조하신 천지 만물과 화친하고, 미물까지도 소중히 대하라.

- 하나님은 특정 종파나 민족만을 더 사랑하지 않으신다. 자기 자신만 구원받겠다는 욕심을 버리고, 자기 종파만 구원받는다는 편협한 교리에서 벗어나야 한다. 종파를 초월해서, 모두를 사랑하라.

- 원수까지 사랑하라 했으니, 이 세상에 사랑하지 못할 자가 누가 있겠는가? 종파가 다르다고 해서 부모 형제와 원수처럼 지내는 자는 인간의 근본을 모르는 자다. 가장 가까운 가족부터 사랑할 때 남도 진심으로 사랑할 수 있다.

- 한 사람을 원수같이 생각하던 마음에서 사랑하는 마음으로 돌리면, 자기 자신의 마음이 가장 기쁘고 행복하다. 하나님께서는 인간의 마음속에 무거움이 없이 기쁘고 행복한 삶을 살기를 바라신다.

- 이웃을 "내 몸처럼" 사랑하라 했으니, 마지막 한 장 남은 천국의 티켓도 이웃에게 양보하라. 자기 중심적인 신앙에서 벗어나서 남을 위해 살아야 한다.

- 독초도, 약초도, 이단도 사탄도 천사도 다 필요하기에 존재한다. 독초일지라도 극소량을 사용해서 생명을 살릴 수 있고, 약초라 하더라도 남용하면 생명을 잃을 수 있다.

- 세상 모든 것을 명약으로 활용하는 것은 인간의 지혜에 달렸다. 어떤 것이든 어떤 사람이든 적재적소에 꼭 필요한 명약으로 승화시키라.

- 사탄도 이단도 천사도 모두 하나님의 주관하에 존재한다. 진정한 하나님의 백성은 사탄과 마귀까지도 감화시켜서 천사로 거듭나게 한다.

2. 기도

- 하나님은 인간의 생각까지 모두를 다 알고 계신다. 우리의 소원도 이미 알고 계시기에, 소원의 기도를 할 필요가 없다. 우리가 받을 자격이 되면 내려 주신다.

- 죄를 짓고 아무리 회개를 해도 용서받지 못한다. 도둑질한 자는 용서해 달라고 기도하고, 도둑맞은 자는 도둑을 잡게 해 달라고 기도하면, 공의의 하나님은 누구의 편에 서시겠는가?

- 자기가 잘못한 것은 그 사람에게 직접 갚고 용서를 구하라. 그가 용서하면 하나님도 용서하신다. 땅에서 매면 하늘에서도 매이고, 땅에서 풀리면 하늘에서도 풀리는 이치다.

- "회당에서 기도하지 말고 골방에서 기도하라" 했다. 눈에 보이는 골방이 아니라, 골방과 같이 고요한 마음이다. 잡념을 버리고 하나님을 향해 마음을 집중하며, 사랑하고 용서하는 아름다운 생각만 나오도록 하라.

- "두드리면 열릴 것이다." 하는 것은 육의 소원을 위해 두드리라는 것이 아니라, 진리의 깨달음을 얻기 위해 두드리라는 것이다.

- 기도하는 방법: 생활 속에서 수시로 기도하는 삶을 살아야 한다.

- "저의 죄를 용서하여 주옵소서." 하는 회개의 기도를 하라.
- 범사에 "하나님! 감사합니다." 하라. 현재 가진 것에 감사하며, 과욕하지 말라. 자기 노력 이상의 것을 더 갖고자 기도하는 것은 도둑놈심보다. 공의의 하나님은 각자 노력한 만큼 주신다.
- "하나님 뜻대로 살아가겠나이다." 하며 마음의 각오를 다지라.

- 기도는 하나님의 말씀을 받아서 "행하는 것"이다. 하나님이 계심을 굳건히 믿고, 하늘을 향하여 한 점 부끄럼 없이 사는 삶 자체가 가장 위대한 기도이며, 삶이 곧 예배다.

3. 지도자

- 똑같이 사랑한다는 말을 해도, 순수하게 하는 말은 천사의 말이지만, 사기 쳐서 재산을 가로채려고 하는 말은 사탄의 말이다.

- 종교 지도자가 아무리 훌륭한 설교를 해도, 신도의 재물을 거둬서 더 큰 교회를 짓고 자기의 부귀영화를 바라며 설교하면 사탄의 가르침이 된다.

- "저희 교회는 만원사례요, 믿음은 다 같으니 이웃의 개척 교회에 가서 예배를 드리시오." 하며, 이웃 교회의 부흥을 먼저 생각하여 제 신도를 보내는 종교 지도자가 있다면 그를 따르라. 그가 하나님의 사랑을 실천하는 자다.

- "부자가 천국에 들어가는 것은 낙타가 바늘구멍을 통과하는 것보다 더 힘들다" 하였거늘, 지금의 교회에서는 부자가 되기만을 기도하고 소원하니, 이는 곧 천국을 포기하고 지옥 행 열차의 티켓을 사는 것과 같다.

- 예수는 빈손이었다. 종교 지도자가 예수보다 더 호화롭고 편안하게 살아간다면 잘못된 것이다. 부귀영화와 명예를 바라는 자는 절대로 갈 수 없는 좁고 협착한 길이 종교 지도자의 길이다.

- 종교 지도자는 유리로 비춰 봐 한 점의 부끄러움이 없이 살아야 한다. 의식주도 직접 일해서 해결하고, 예수의 가르침과 행함을 그대로 따라야 한다.

- 종말은 없다. 지금의 잘못 가는 종교 집단에게만 종말이 있다. 보이지 않는 하나님은 보이는 육의 종말은 관여하지 않으신다. 환경 파괴로 인간이 스스로 멸망을 자초하는 것이다. 종파끼리 싸우기 전에, 무너진 인성을 바로잡고 지구의 몸살을 해결하는 데 뜻을 모으는 게 급선무다.

4. 성전이란

- 이 세상 자체가 하나님께서 만드신 성전이다. 자연보다 더 아름다운 성전이 있는가? 보이는 건물이 성전이 아니라, 성스러운 마음가짐이 성전이다.

- 반석 위에 교회를 지으라 했다. 지상의 단단한 돌은 인간이 쪼갤 수 있으나, 마음속의 굳은 결의는 세상 무엇으로도 쪼갤 수 없다. 바르고 굳건한 믿음으로 성경의 가르침을 실천하는 것이 마음의 반석 위에 교회를 짓는 것이다.

- 손으로 지은 건물의 교회에 모여서 복음을 전하는 것이 아니라, 교회를 개인과 가정에 심어 주어야 한다. 무너지고 부서지는 건물을 짓지 말고, 마음속에 영원히 불변하는 참진리의 교회를 지으라.

5. 십계명

▪ 십계명은 인간이 죽어서 반드시 통과해야만 하는 열 개의 관문이다.

- 부모를 공경하지 아니한 자는 "네 부모를 공경하라." 하는 제5계명의 관문이 열리지 않으니 구원받을 수 없다.
- 살인, 간음, 거짓, 우상 등의 나머지 계명도 마찬가지다.

▪ 십계명은 하나님의 친필이다. 모기소리만 한 하나님의 음성이라도 들어 보겠다고 여기저기 찾아 헤매지 말고, 십계명부터 암송하고 지키라.

▪ 십계명은 영혼을 구원하는 양식이며, 십계명을 지키는 것이 구원을 받는 길이다. 인간이기에 지키고자 노력하고 또 노력한다면 지킬 수 있다.

▪ 십계명을 지키고 천사처럼 아름답게 살아가는 그 마음 하나면 세상에 이루어지지 않는 것이 없다.

6. 보물

▪ 하나님은 재물이 아니라 우리의 마음을 받으신다. 사랑을 실천하며 천사처럼 변하는 마음이 하나님께 바치는 보물이다.

▪ 보이지 않는 하나님께 재물을 바치려 하지 말고, 너희를 길러 준 부모에게 용돈 드리고, 찾아뵙고, 효성을 다하라. 그것이 하나님께 효도하는 것이다.

▪ 하늘에는 선과 악의 창고가 있다. 자기 창고에 선이 많으면 천국으로 구원을 받고, 악이 많으면 심판받아 지옥으로 간다. 그것이 바로 "선한 일을 행한 자는 생명의 부활로, 악한 일을 행한 자는 심판의 부활로" 나오는 것이다.

▪ "선악과를 따먹지 말라"는 것은 양심을 지키라는 것이다. 선과 악을 구분할 수 있는 양심을 최초에 인간에게 주셨다. 선한 열매는 취하고, 악한 열매는 버리며, 양심에 비추어 부끄럼 없는 삶을 살아가라.

▪ 가장 작은 거짓말을 하지 않고, 가장 작은 죄를 짓지 않으며, 가장 작은 선행을 하고, 가장 작은 악행을 멀리하는 것이 율법의 일점 일획도 빠뜨리지 말고 다 지키는 삶을 사는 것이다.

7. 우상

- 박물관에 있는 불상은 하나의 예술품이다. 그 조각품에 대고 제 소원을 빌 때 우상숭배가 된다. 십자가라 하여도 그 앞에서 소원을 빈다면 우상숭배하는 것이며, 하나님께 소원을 빈다면 하나님을 우상으로 전락시키는 것이다.

- 지금 기복신앙에 젖어 있는 모든 사람이 우상 앞에 절을 하고 있다. 조각품을 우상이라며 파괴하지 말고, 네 마음속에 있는 욕심의 우상을 무너트리라.

- 생수를 약초가 먹으면 약을 만들고 독사가 먹으면 독을 만든다. 같은 성경을 봐도 선한 지도자는 신도를 천사로 만드는 데 활용한다. 그러나 욕심이 가득한 지도자는 재물을 거두어들여 제가 부귀영화를 누리는 데 악용한다. 그가 바로 성경을 우상숭배의 도구로 전락시키는 거짓 선지자다.

- 성경을 한 획도 빼거나 더하지 말라는 것은, 그 가르침을 빠트리지 말고 온전히 지키라는 것이다. 성경 속에서 자기에게 유리한 구절만 보는 것은, 자기에게 불리한 구절들을 빼 버리는 것이다. 믿음이 제일이요, 행함은 구원과는 관계없다는 것은 자신에게 유리한 쪽으로 성경을 악용하는 것이다.

- 진정한 종교 지도자는 종파에 관계없이 어떤 종파든 어떤 책이든 접하고 보고 깨우쳐 견문을 넓히도록 인도한다. 참진리를 모르고 자신이 없는 자가 남을 이단이라며 배척하고, 신도들의 눈과 귀를 가린다.

8. 예수

- 예수의 재림은 없다. 예수가 다시 온다 해도, 과연 누가 그를 예수라고 믿겠는가? 예수와 같은 삶의 행함이 곧 예수의 재림이다. 각자 모두가 "재림 예수"가 되는, 차원 높은 믿음으로 가야 한다.

- 예수는 "주여 주여 하지 말고, 아버지의 뜻대로 행하라"고 했다. 예수가 전한 하나님의 뜻이 곧 "길이요, 진리요, 생명"이며, 그 가르침이 예수의 보혈처럼 소중한 것이다. 예수를 믿는 것은, 예수의 가르침을 믿고 따르는 것이다.

- 예수는 낮은 자로서 만백성을 섬기고자 했다. 만나는 모든 사람을 다 하나님이라 생각하라. 돈을 벌수록 겸손하고, 높은 지위를 얻을수록 낮아지라.

■ 예수는 종파를 만들지 않았다. 인간이 만든 종교와 인간의 교리를 따르지 말고, 예수를 통해 전한 하나님의 참진리를 연구하고 따르라.

■ 예수가 2천 년 전에 만백성을 위해 죽었으니, 지금 이 땅에는 예수의 가르침대로 사는 천사만 존재해야 한다. 예수가 죽어 가면서 바란 것은 만백성이 천사가 되어 예수의 자리를 채워 주는 것이지, 지금과 같이 재물을 바치면서 중언부언 제 소원만을 비는 백성들을 바란 것이 아니다.

9. 구원

■ 천사가 사는 천국에는 천사만 갈 수 있으니, 천사 같은 마음을 길러야 한다.

- "천국 열쇠를 네게 주리니 땅에서 무엇이든지 매면 하늘에서도 매일 것이라" 했다. 땅에서 천사같이 사는 자가 하늘에서도 천사가 되어 천국에 들어간다. 모든 사람에게 천사같다는 말을 듣는 삶을 살아야 한다.

■ 천사의 곱고 아름다운 마음은 부모를 공경하고 어른을 어른으로 대접하는 데에서 출발한다. 효도하는 자는 형제와 화목하게 지내기에 가정이 화목해지고, 이웃과 화목해지고, 국가가 화목해지고, 온 인류가 화목해진다.

- 그러므로 지상의 아름다운 소왕국은 가정에서부터 이루어야 한다.

■ 선택된 14만 명만 구원받는 것이 아니라, 천사처럼 변하고자 하는 14만 명을 기초로 온 인류가 천사처럼 거듭나는 영적인 개혁이 시작되는 것이다.

■ 천 년에 걸쳐서 하늘에서 이루어진 것같이 이 세상을 낙원으로 만들어, 만백성이 지상의 천국에서 살다가 죽어서 그대로 하늘의 천국으로 들어가는, 영원한 지상 낙원을 건설하는 것이 하나님의 계획이다.

- **이것이 구약과 신약에 이어 "새로운 성경"으로 역사하시는 하나님의 창조의 완성이다.**

■ 지금의 믿음으로 구원받을 수 있다면 그 길을 가라. 그러나 자신이 없다면 하나님께서 직접 내리신 160권의 "새로운 성경"을 읽고 구원의 길을 보라!

하나님 머리말씀

이 새로운 성경을 읽는 너희 모두는
이 율법에 따라 행하면 영원히 구원받을 것이니라.

너희 인간이 수년, 수십 년, 평생
성서를 공부하고 기도하는 것은
하늘나라 나의 곁으로 오고 싶은 소망일진대,

몇천 년 전의 너희 인성과 생각이
지금의 너희와는 판이하게 다르니,

꺾여 가고 병들어 가는 너희를 고칠 수 있는 길은,
오늘 내가 선지자에게 내리는 새로운 성경과 같이
너희가 변화되는 것뿐이니라.

나의 예수가 태어난 것처럼
내가 아들 선지자를 선택하여
나의 새로운 성경을 온 세계에 전하고자 하니,

묵은 것은 버리고 새로운 것은 취하여,
너희 모두는
'여호와 하나님! 저의 죄를 용서하여 주옵소서.'
하는 기도문으로 기도하고, 죄를 뉘우치라.

이 새로운 성경은
수천 년간 내려온 성서를 요약한 것이니,
너희는 이 책을 정독하여 쉽게 깨달음을 얻고,
이대로 실천하여 하늘에 오르라.

대역자 머리말

■ 하나님의 율법을 지키는 선지자로 선택을 받도다.

저는 남들처럼 그저 열심히 살아온 평범한 사람이었습니다. 그러나 50대 중반에 사업에 실패하여 많은 부채에 시달렸으며, 건강도 악화되어 눈이 잘 안 보이고, 걷기도 어렵고, 두통이 심해서 잠을 이룰 수 없는 고통의 나날을 보냈습니다. 그때 제가 선택할 수 있는 것은 육의 삶을 끝내는 길뿐이었습니다.

죽기 직전에 그동안에 죄를 지은 이들에게 용서를 빌고 인생을 끝내기로 작정하였습니다. 어려서부터 지은 죄를 빌고 빌다 보니 끝이 없었고, 죽음으로도 그 많은 죄를 용서받을 길이 없다는 생각에 하염없이 눈물이 흘렀습니다. 그 순간 '재래식 화장실의 구더기는 죄를 짓지 않는데, 나는 인간으로서 구더기만도 못한 삶을 살았구나.' 하는 생각이 들면서 괴로움에 몸부림칠 때, 갑자기 하나님의 음성이 들렸습니다.

"나는 여호와 하나님이니라. 너는 십계명을 암송하고 내가 내려 주는 메시지를 받아 책으로 만들어 만백성을 구하라." 하시며, 제 눈을 손으로 문지르게 하시고, 아픈 머리와 다리를 손으로 두드리게 하셨습니다. 그러고 나니 눈도 잘 보이고 걸을 수 있었으며 머리의 통증도 말끔히 낫게 되었습니다. 그때부터 십계명을 암송하고 나면 들려주시는 말씀을 기록하였고, 1999년 8월부터 2004년 7월까지 권당 288쪽, 총 160권을 받아서 "새로운 성경"이라는 책으로 펴내게 되었습니다.

그러한 저에게 죽기보다도 힘든 길이 시작되었습니다. 모든 교인들이 저에게 사탄이요, 이단이요, 악마요, 마지막 시대에 온 거짓 선지자라 하면서 공격하였고, 저를 짐승을 보듯이 대하는가 하면, 편협한 종교 지도자들의 선동으로 신도들이 이 책을 직접 읽어보고 평가할 기회마저 막아 버렸습니다. 그래서 하나님의 말씀을 세상에 내는 데 많은 어려움을 겪으며, 피를 토하는 심정으로 책을 전하고 있습니다.

그러나 아무리 인간의 힘으로 막으려 해도, 하나님의 뜻이 세상에 전해지는 위대한 역사는 계속될 것입니다. 책으로 전해지는 "하나님의 말씀"은 세상 끝날까지 항상 우리와 함께하실 것입니다. 사람은 죽어도, 책에 기록된 말씀은 영원히 남으니까요.

■ 따뜻한 실천

하나님께서는 어려운 사람들에게 삶의 터전을 마련해 주고, 미래를 열어 주는 것을 기뻐하십니다. 어려운 이웃이 스스로 자립할 수 있도록 이끌어 주는 것이 진정으로 이웃을 돕는 것이라고 말씀하셨습니다. 그래서 일자리가 없는 제자들에게 작은 사업장을 만들어 주는 "달란트 사업"을 하고 있습니다. 식당, 반찬 가게 등을 차려 주고, 기존의 어려운 사업장이 자립할 수 있도록 돕고 있습니다(커피숍, 미용실, 의상실 등).

하나님께서는 교회에 나와서 모든 시간과 재물을 쏟기를 원하지 않으시고, 그 시간과 재물을 교육에 투자하여 스스로 미래를 열어 가기를 원하십니다. 그래서 제때 공부하지 못한 제자들에게 학업을 이어 가도록 하였습니다. 중화요리 주방장을 하며 초등학교 검정고시부터 공부하여 2012년에 방통대를 졸업한 36세 남성, 만학도들의 2년제 중학교에 입학해서 2007년에 명지대학을 졸업한 38세 여성, 중학교 검정고시를 시작으로 숭의여자대학을 졸업한 47세 여성 등이 있습니다. 그밖에도 많은 제자들에게 나이를 초월하여 배우고 깨우쳐서 사회 속의 당당한 일원이 되도록 인도하고 있습니다.

학자금 대출로 힘겨워하는 젊은이들을 위해 "따뜻한 바람 장학회"를 발족하여(2016년 12월) 대출받은 학자금 전액을 매월 갚아 주고 있습니다. 또한, 다문화 가정을 위해 "다문화 가족 랜드"를 조성하여, 각종 시설을 무료로 활용하도록 하고 있습니다.

이러한 따뜻한 실천이 아직은 미약합니다. 그러나 책의 수입이 늘고, 저와 뜻을 같이하는 분들이 늘어나면 계속 확대할 것입니다. 지도자로서 신도의 재물을 헌금으로 거둬들여 착복하는 것이 아니라, 하나님께서 기뻐하시는 일에 사용하도록 중매 역할만 하며 살아가고자 합니다. 이런 제가 과연 사탄이고 이단인가요? 하나님께서 기뻐하시는 일이라면, 저에게 사탄이라 하든 거짓 선지자라 하든 굽히지 않고 실천해 나갈 것입니다.

끝으로, 일상의 삶 속에서 "지금 내가 하는 행동이 과연 하나님께서 기뻐하실까, 슬퍼하실까?" 생각하고, 매사에 하나님께서 기뻐하시는 길을 택하기 바랍니다. 교회에 모여서 집단적으로 예배 드리는 것이 아니라, 개인이나 가정 단위로 새로운 성경을 읽어 스스로 깨우치고 그대로 행하면 충분합니다. 그것이 마음속에 성전을 짓고, 신령과 진정으로 예배 드리는 길입니다. 그러면 천국의 문에 들어서게 됩니다.

2017. 2. 1.

하나님 말씀 대역자 김용철

차 례

십 계 명

이 책은 십계명을 암송하고 나면 내려 주시는 "하나님의 음성"을 듣고 그대로 받아쓴 기록입니다. 하나님께서 십계명을 모세에게 내려 주셨지만, 그것은 만백성에게 내려 주신 것입니다. 마찬가지로 이 책의 모든 말씀도 저에게 내려 주셨지만, 만백성 각자에게 들려주시는 말씀입니다. 여러분도 이 책을 접할 때마다 십계명을 암송하고 나서 정독해 주시기 바랍니다.

제일은, 너는 나 외에는 다른 신들을 네게 있게 말지니라.
제이는, 너를 위하여 새긴 우상을 만들지 말고, 또 위로 하늘에 있는 것이나, 아래로 땅에 있는 것이나, 땅 아래 물 속에 있는 것의 아무 형상이든지 만들지 말며, 그것들에게 절하지 말며, 그것들을 섬기지 말라.
제삼은, 너는 너의 하나님 여호와의 이름을 망령되이 일컫지 말라.
제사는, 안식일을 기억하여 거룩히 지키라.
제오는, 네 부모를 공경하라.
제육은, 살인하지 말지니라.
제칠은, 간음하지 말지니라.
제팔은, 도적질하지 말지니라.
제구는, 네 이웃에 대하여 거짓 증거하지 말지니라.
제십은, 네 이웃의 집을 탐내지 말지니라.

나 여호와가 존재함을 믿는 그 자체가 구원의 길에 들어서는 기본이요 근본이며, 나의 새로운 성경을 가슴에 안고 정독하는 자, 반석 위에 서서 하늘에 오르는 찬란한 빛을 보게 되는 영광을 얻게 됨이니라. 진정 나를 따르고 믿는 자는 감히 사탄이나 마귀도 근접하지 못하느니라.

〈하나님 말씀〉

2003년 1월

4,712 번째 하나님 말씀

2003년 1월 28일 17시 50분

1 사랑하는 나의 아들아!
2 "네, 아버님! 말씀하옵소서."
3 너희들이 내가 내린 성서의 비유요, 그 가르침의 뜻을 전혀 알지 못하며 수천 년 동안 흘러왔다 하였음이니,
4 너희들이 한 지형을 파악하고자 할 때 그 숲의 우거진 속에서는 그 지형을 알 수 없듯이, 반대쪽 먼 데서 그 숲을 바라봄이 너희들이 정확히 볼 수 있는 그 이치를 내가 너희들에게 깨우쳐 주었음이니,
5 너희들은 성서에 기록된 내용을 전혀 모르고 지금 흘러감이니라.
6 내가 성서에 기록되어 '땅에 있는 자를 아비라 하지 말라. 너희 아버지는 나 여호와 하나님이요, 곧 하늘에 계신 하나님만이 아버지라' 너희들의 성서에 그리 기록하여 가르치고 있음이니라.
7 너희들은 이 뜻을 가르쳐 너희들이 얼마나 편안하게 써먹고 있는가?
8 너희들의 손으로 지은 성전에 와 나 여호와를 부르며 나에게 애걸복걸하며 구원을 바라는 것이 제일 소중하며,
9 너희를 낳아 주고 길러 준 그 부모요, 아비라는 것은 부르지 않아도 별 죄가 되지 않는다는 이 무서운 죄를 너희들이 범하고 있음이니,
10 그리하여 낳아 주고 길러 준 부모에게 소홀히 하며 그저 저희들이 손으로 지은 성전에 사악한 종교 지도자들의 세치 혓바닥에 현혹되어 너희들이 재물을 바치며 십일조를 바치며 모든 시간을 다 바치며 가고자 함이니,
11 너희들은 여기서 내가 나의 아들을 통하여 전하는 그 뜻을 알라.
12 너희들은 나 여호와 창조주를 아버지라 부르니, 내가 누구던가?
13 절대자이며, 나는 신이라, 아버지라 부름이라 하였음이니라.
14 그러면 지상의 아버지를 두지 말라는 것은 내가 신의 아버지를 두지 말라 하는 것이지, 너희들의 육의 아버지를 섬기지 말며 두지 말라 하는 뜻이 아님이니라.
15 지상의 아버지와 하늘의 나 여호와 아버지를 너희들이 동등하게 볼 때, 너희들의 부모는 육이니라.
16 그 육의 부모를 내가 너희들에게 두지 말며 아비라 부르지 말라 하는 것이 아니니라.
17 너희들의 창조주 나 여호와요, 절대적인 아버지라 부르는 나는 신이라 너희들이 말하지 않는가?
18 이는 곧 무엇이냐?
19 지상에 있는 아비를 부르지 말라 하는 것은 너희들이 다른 신을 섬기지 말라는 나의 뜻임을 알아야 할 것이니라.
20 내가 너희 성서에 가르쳐, 땅에 있는 자를 아비라 부르지 말라 한 것은, 내가 너희들에게 다른 신을 두어 그 신

을 나 여호와처럼 부르지 말라는 것이
며 나와 같이 보지 말라는 그 뜻임을
알아야 할 것이니라.
21 육의 아버지를 혼동하여 너희들이 그
와 같이 깨우치고 잘못 가르치기에,
너희들이 부모에게 잘못해도, 부모에
게 효도하지 않으며 공경하지 아니하
여도 부끄러움을 모르며,
22 또한 너희들과 같은 종교의 집단이요,
같은 가르침을 가지 아니한다 하여 너
희들이 부모까지 경시하는 그와 같은
사악한 형국이 되어 있음이니, 이를
너희들은 알라.
23 다른 신을 두지 말라 함이 나의 뜻이
니라.
24 육의 아비를 아비라 부르지 말라는 것
이 아님을 알라.
25 육의 아비와 나 여호와를 아비라 부르
는 것을 너희들이 어찌 같이 견주어
보는가?
26 너희들의 육의 아버지는 아버지며 너
희 부모는 부모임이니 그를 공경하라
내가 십계명에 가르쳤거늘,
27 어찌하여 '네 부모를 공경하라.' 내가
십계명에 가르쳐 놓고 내가 너희들에
게 육의 지상에 사는 육의 부모를 아
비라 부르지 말라 한단 말이던가?
28 이와 같은 이치를 앞뒤로 맞춰 볼 만
한 그와 같은 지혜도 없으며 깨달음도
없는 것이 수천 년 동안 종교 집단 너
희들이 왔음이니, 오로지 너희들은 무
엇이더냐?
29 더 큰 성전을 짓기 위하여, 더 방대한
조직을 이끌기 위하여, 너희들이 제왕
적인 대우를 받기 위하여 수단과 방법
을 가리지 않고 거둬들이기에 연연하
였음이니,
30 너희들이 도둑질하는 자가 나의 성경
을 보면 도둑질할 수 있는 그 비법이
거기 있으며, 선하게 사는 자가 보면
선한 마음으로 사는 비법이 거기에 있
다 하였음이니,
31 이와 같은 이치를 편한 쪽으로 생각하
며 너희 육의 부모를 갖다 함부로 하
며 부모를 공경하지 아니하여도 죄가
되지 않는 그와 같은 마음의 위안을
얻고자 하며,
32 그리하여 불효하고자 하는 그와 같은
마음을 갖고 있는 것이 너희들이니,
33 여기서 내가 지상의 아비를 두지 말라
함은 너희들이 육의 아비를 두지 말라
하는 것이 아님이니라.
34 너희들이 살아 있는 동안에 다른 신을
네게 두지 말라 함이니, 이와 같은 이
치의 깨달음을 너희들이 알아, 다시
깨우치며 다시 가르치도록 그리하라,
사랑하는 나의 아들아!
35 나의 백성들이 이와 같이 지금에 왔기
때문에 나의 뜻과는 전혀 관계도 없는
지옥 불로 달려가는 그와 같은 형국이
되어 있으니,
36 한 명의 의인이 세상에 있을 수 없음
을 너희들은 알아야 할 것이니라.
37 내 뜻과는 관계없이, 내 의도와는 관
계없이 너희들이 다른 길을 가고 있음
이니, 단 한 명의 의인이 세상에 나오
지 못한 것이 2천 년 동안 흘러온 지
금의 세상이니,
38 너희들이 그러고도 바로 살았으며 바
로 깨우쳤다 말하는가?

39 너희들이 진정한 나의 아들 예수가 죽
어 가는 그 의미를 알았으며 내가 전
하고자 하는 의미를 알았다면 지금 수
천수만의 의인이 세상에 나와 이 지상
을 덮었으며, 사악한 무리들이 뿌리를
내리지 못하였을 것이니,
40 한 명의 의인이 없는 이 세상을 만든
것은 너희들이 잘못 살아온 것이며 잘
못 가르쳐 오며 잘못 세월이 흘러왔음
을 여기서 너희들이 부끄러운 줄 알며,
41 고개 숙여 감히 축복이요, 무엇을 달
라, 이루어 달라, 너희 소원을 이루어
달라, 영광을 달라는 그 추하고 더러
운 기도 소리를 나에게 흘리지 말라.
42 지상의 너희들의 마음을 오염시켰으
면 됐지, 천국에까지 오염시키는 그와
같은 행위를 하지 말라.
43 너희들은 절대 나를 볼 수 없으며 나
의 나라에 올 수 없는 자들임을 알라.

4,713 번째 하나님 말씀

2003년 1월 28일 18시 02분

1 사랑하는 나의 아들아!
2 "네, 아버님! 말씀하옵소서."
3 나로부터 선택된 백성들이요, 나를 찬
양하며 경배하고 따르는 선택된 백성
너희들은 육의 세상의 생업이 중요하
며, 그 생업에 충실하며 최선을 다하
는 삶을 살라 그리하였음이니라.
4 너희들이 육의 세상의 생업에 부실하
며 생업에 충실하지 못할 때, 너희들
의 마음이요, 정신 자세가 바로 서지
못하며 흔들리게 됨이니,
5 배고픈 자 도둑질하게 되며 어려운 자
남의 것을 탐하게 됨이니,
6 그리하여 너희들이 노력하여 생업에
최선을 다하여 그 자리를 지키는 그
중요성을 잊지 말라 하였느니라.
7 그리하여 내가 의식주를 해결하지 못
하는 자, 밤과 낮을 가리지 아니하고
노력하여 의식주를 해결한 다음에 너
희들이 나에게 기도하는 마음을 가지
라 하였음이니라.
8 나 여호와가 너희들을 사랑하기에, 너
희들이 생업에 종사함에 최선을 다하
며 의식주를 해결하고, 남에게 구걸하
지 아니하며 남의 것을 도둑질하지 아
니하며 남의 것을 탐내지 않는 그와
같은 마음으로 살아갈 수 있는 그 형
태를 이루어 놓은 다음에 나를 찾으며
나에게 경배해도 내가 너희들을 기억
해 주며 너희들을 버리지 아니한다 하
였느니라.
9 그러나 지금의 종교 지도자들이 가는
길이 어찌 가고 있던가?
10 너희들은 남의 생업이 소중하지 아니
하며, 그들의 가정이 소중하지 아니하
며, 너희들을 따르는 사랑하는 신도들
의 그 아름다운 눈빛이 소중하지 않음
이니라.
11 그저 그들에게 있으면 바치며 있는 대
로 바치라 그리 말함이니라.
12 너희보다 못사는 걸인이든, 거지든,
얻어먹는 자든 무조건 갖다 바치면 열
배 백배 축복을 받으니 우선 갖다 바
치고 보라며 그리 거둬들이는 것이 너
희들의 지금의 믿음의 가는 길이니,
13 과연 이를 보는 나 여호와의 마음은
어떠하겠는가?

14 너희들은 각종 헌금을 내라 강요함이
니라.
15 그리하여 그 헌금을 내지 않는 자, 너
희 가슴속에 그 이름을 지워 버리며
그를 위하여 기도하려는 생각조차도
하지 않으며, 그가 오는 것이 귀찮으
며 그가 너희 백성이 아니고 신도가
아니기를 바라는 것이 너희들의 마음
이 아니던가?
16 그리하여 그들을 제쳐 놓는 것이 너
희들의 마음이 아니던가?
17 그가 가지고 있는 마음이 아름다우며
그의 행함이 아름답다 하면 너희들은
과연 어찌하는가?
18 그를 버릴 자격도 없는 자들이 너희들
에게 각종 헌금을 많이 내지 못한다
하여 그를 바보요, 그를 제쳐 놓는 그
와 같은 것이 종교 집단이요,
19 많이 내는 자 귀빈 대우를 하며 많이
내는 자 구원을 받으며 축복이 있다
그리 말하고 그를 위하여 기도를 함이
니,
20 없는 자를 위하여 너희들이 기도해 주
고 그를 위하여 애쓰며 그를 위하여
사랑을 베푸는 것이 아니라, 많이 내
는 자를 위하여 더 갖도록 하라 기도
하며 더 이루도록 하라 기도함이며 너
희들이 그와 같이 지금의 수법을 가고
있음이니,
21 이와 같은 장사꾼도 세상에 없음이니
라.
22 얼마나 너희들이 사악하게 가고 있는
가?
23 많이 내는 자 대우를 받고 귀빈이라
하여 대우를 받는 그와 같은 어리석은
백성이 또 얼마나 어리석은 짓을 하는
가?
24 저는 구원을 받았다 말하느니라.
25 그리고 저는 구원을 받을 것이라 그리
믿고 말하느니라.
26 하늘나라에 많이 쌓아 놓으며 잘못 가
는 종교 지도자의 사악한 왕사탄의 제
자로서, 그 자식으로서 가는 그들 앞
에 많이 바치는 것이 구원을 받는 것
이라 저희들은 자신하며 확신하는 백
성들로 살아감이니, 그들이 그와 같은
자들이니라.
27 많이 내면 그와 같은 귀빈의 대우를
받는 것에 현혹되어 그저 갖다 바치
며, 그와 같은 지금의 종교 집단들의
현혹에 의하여 갖다 바치는 것이 너희
들이니라.
28 그리하여 천국에 올라왔을 때 너희들
이 많이 쌓아 놓은 그것에 따라 나 여
호와로부터 은혜를 받으며 사랑을 받
으며, 너희들은 지옥 불로 가지 않는
다는 그와 같은 생각 속에 착각 속에
서 환상 속에서 깨어나지 못하는 것이
지금 가르치는 종교 지도자들이요, 그
를 배워 가는 종교 지도자들이니라.
29 너희가 말로써 회개한다 하여 죄 하나
도 털어 버릴 수 없음을 너희들은 알
아야 할 것이니라.
30 말로 기도하며 말로써 아우성치며 아
무리 빌고 해도 너희들의 지은 죄는
하나도 떨어져 나감이 아니니라.
31 그 자체도 모자라느니라.
32 그는 떨어질 수 있는 죄가 아니라 그
죄는 떨어지지 아니하니라.
33 그 자체 모두는 모여 있으며, 그 죄는

너희들이 심판을 받을 때까지 모여 있
음이니라.
34 너희들은 한 사람 한 사람 그와 같이
구원을 받았다는 백성들을 한번 깊이
파고들어 가 그들이 살아가는 그 내
면이요, 그들이 생활하는 그 모습을
한번 너희들이 뒤집어 놓고 바라보도
록 하라.
35 너희들이 많이 바쳐 귀빈 대우를 받는
자, 그리고 그와 같이 귀빈의 대우를
받는 것도 모자라 저희들이 하늘에 올
라올 자격을 가진 자라, 그리고 저희
들은 확실히 올라올 수 있는 표를 받
은 자라 말하는 자, 그들의 내면을 들
여다볼 때,
36 그들은 오만과 시기와 질투와 욕심이
그득히 그 가슴을 채우고 있는 자들임
을 너희들은 알아야 할 것이니라.
37 그와 같은 잘못된 백성들이 지금 나
여호와의 이름을 팔며 나 여호와를 빙
자하여 저희들이 온갖 잔악한 수법을
하고 있는 것이 지도자요, 또 귀빈 대
우를 받는 자요, 하늘에 오를 수 있는
그 길을 받았다 하는 자, 그들이 지금
하고 있는 행위가 어떠한 것인 줄 아
는가?
38 우리 부자의 이름을 빙자하여 팔아먹
으며,
39 저희들이 어렵고 힘든 그 길을 가며
깨우침을 얻어 진정한 참진리를 가고
자 하는 것이 아니라,
40 그저 저희들이 우리 부자의 이름을 파
는 것으로써 모든 삶의 방편을 삼으
며, 저희들이 지은 죄를 다 용서받는
다는 그와 같은 저희들이 꿈에도 상상
할 수 없는 험악한 짓들을 지금 하고
있는 것이 그들의 삶이니라.
41 지금 구원을 받았다 말하는 자, 너희
들이 어떠한 자인지 알고 있는가?
42 너희들은 창조주 나 여호와가 심판할
수 있는 권한을 너희들이 짊고 넘어가
며, 너희들이 나를 심판하는 그와 같
은 사악한 행동이요, 그와 같은 마음
으로 가고 있는 것이 너희들임을 알아
야 할 것이니라.
43 나 여호와의 권한을 너희들이 뛰어넘
어 내 권한을 마음대로 흔들어 놓는
자들이며, 나의 권한을 갖고 너희들이
마음대로 행사하며, 나의 권한을 가지
고 구원할 자, 구원하지 못할 자를 구
분하여 하늘에 오르고 못 오르는 것을
다 결정짓는 심판관인 것처럼 그와 같
이 종교 지도자들이 썩어져 가 있으며,
44 그를 보고 또한 구원을 받았다 말하는
백성, 머지않아 너희들이 캄캄한 지옥
에 떨어질 날이 있을 것이니,
45 그때는 너희들이 울고불고해도 소용
없으며 기회가 없음을 알라.
46 이제 내가 그와 같은 어리석은 백성들
에게 다시 한 번 기회를 줌이니, 나의
백성이요, 나의 모든 창조물이기 때문
에 내가 너희들을 사랑하여 다시 한
번 기회를 주는 말을 여기서 전하노라.
47 나의 법전을 읽고 그대로 행하는 삶을
살도록 하라.
48 그것만이 너희들이 영광된 구원의 길
임을 알라.

4,714 번째 하나님 말씀

2003년 1월 28일 18시 09분

1 사랑하는 나의 아들아!
2 "네, 아버님! 말씀하옵소서."
3 나의 피조물 만백성이 진정한 참진리
요, 나의 십계명이요, 내가 내린 율법
의 그 뜻에 따라 성서에 기록되어 있
는 너희들의 그 힘들고 어려운 삶을
가는 것이 아니요,
4 그저 너희들은 말로써 우리 부자의 이
름을 팔아 너희들이 살아가는 생활의
방편으로 삼으며 오늘의 너희들의 육
의 삶을 즐겁게 살아가는 그와 같은
백성들이 지금 바로 믿음의 길을 가고
있는 자들이니,
5 그와 같이 우리 부자의 이름을 팔아
육에서 즐기고 너희 스스로 방편 삼
아 모든 것을 행하는 그와 같은 죄지
음을, 너희들은 몇천 배 고통스러움
속에서 그 대가를 치러야 한다는 것을
알게 될 것이니라.
6 우리 부자의 이름을 팔아 지금 즐기며
살아온 그와 같은 생활을 한 자들, 너
희들이 지금의 즐긴 것보다도 몇천 배
의 그 고통 속에서 너희들이 상상할
수 없는 그 죄의 대가를 치러야 함을
반드시 알아야 할 것이며,
7 그와 같이 우리 부자의 이름을 팔아
가르치는 그 지도자 밑에서 구원을 받
았다 착각하는 자, 너희들이 귀빈의
대우요, 윗사람의 대우를 받는 그와
같은 행위요, 만백성을 지도하고 만백
성을 호령할 수 있는 그와 같은 종교
집단의 위치에 서 있는 자들, 그들 또
한 얼마나 무서운 대가를 치러야 하는
것인가를 너희들은 알아야 할 것이니
라.
8 그 죄의 대가가, 그 죄가 얼마나 무서
운 것인가를 너희들은 알게 될 것이니
라.
9 이 뜻을 너희들 가슴속에 깊이 받아
음미하고 생각해 보지 아니하면 정녕
상상할 수 없는 그 고통의 길을 감을
너희들은 알아야 할 것이니라.
10 내가 너희들의 성서에 기록하여 뭐라
가르쳤느냐?
11 성서에 기록되기를, '큰 인물이요, 큰
지도자요, 만백성을 가르치는 종교 지
도자는 나의 피조물 만백성들을 섬기
는 자가 되어야만 한다' 내가 그리 말
하였음이니라.
12 그리하여 내가 나의 법전에 기록하여
나의 아들에게 수천수만 번 가르치기
를, 나의 아들 너는 만백성의 종이요,
나 여호와의 종이며, 이 세상에 너보
다 더 낮은 자가 없으며 가장 낮은 자
라 그리 행하며 살라 내가 그리 가르
쳤음이니라.
13 '누구든지 자기를 높이는 자는 낮아지
게 되어 있으며 자기를 낮추고자 하는
자는 높아진다' 내가 성서에 기록하여
너희들을 2천 년 전서부터 그리 가르
쳤으나,
14 그를 행하고 따라온 백성이 과연 얼마
나 있겠는가?
15 그리하여 이를 지키지 아니하며 이를
행하지 아니하였기에 오늘에 너희들
이 말하는 말세요, 종말의 시대가 이
루어졌다 하며, 세상이 다 도둑으로

덮여 있는 이와 같은 세상을 만들었음
이니,
16 오늘 나의 법전을 읽고 깨우치는 나의
아들을 따르는 제자들이며 나의 법전
을 읽고 깨우친 백성, 너희들에게 나
여호와가 간곡히 간곡히 전함이니, 나
여호와의 이 뜻을 너희들이 가슴 깊이
새기도록 그리하라.
17 너희들은 하늘에 오르는 길을 가기 위
하여 살아간다면, 나 여호와의 품에
오고자 한다면 그저 내가 너희들에게
새로운 성경이라 하여 기록하여 내린
나의 법전을 읽고 깨우쳐,
18 그보다 더 훌륭한 행동도 원하지 아니
하며 덜하지도 말며 더하지도 않는 그
와 같은 생활로써 너희들이 나 여호와
에게 기쁨을 주도록 그리하라.
19 내가 성서에 기록했으며 내가 십계명
을 내려보낸 그것을 너희들이 더 열심
히 깨우쳐 더 무엇인가를 만들려 하지
도 말며,
20 그저 덜하지도 말며 더하지도 않은 평
범한 너희와 같이 내가 내린 것을 그
대로 지키는 백성으로서 살아오도록
그리해 주기를 나 여호와가 간곡히 부
탁함이니, 이게 나의 뜻이니라.
21 그리하면 너희들이 의인이 되는 것이
요, 성인으로서 하늘에 오르는 그 길
을 볼 수 있으며 인자가 되는 길임을
잊어서는 아니 됨을 알라.
22 사랑하는 나의 아들아!
23 내가 어찌하여 이와 같이 애절한 기도
를 내리며 이와 같이 아픈 마음을 나
의 아들을 통하여 기도로써 너희들에
게 전하는지 그 뜻을 알겠는가?
24 내가 너희들에게 일찍이 깨우쳐 전하
였느니라.
25 하나의 지도자가 잘못 가르쳤을 때 잘
못된 지도자 열 명이 나오게 되며, 그
잘못 배운 지도자 열 명이 또 백 명을
만들며 백 명이 천 명을 만드는 이와
같이 무서운 혁명으로써 이 믿음의 길
이라는 게 변질되며 잘못되며 오도되
게 가르쳐짐이니,
26 나의 피조물 만백성을 한 명도 구할
수 없는 그와 같은 형국이라 내가 말
함이니라.
27 내가 인자요, 의로운 자를 만들기 위
하여 하나가 만들어지면 바로 그게 둘
이요, 열 명이요, 반대로 그와 같은 세
상을 만들며 그 역사를 이루고자 함이
니,
28 너희들이 내가 새로 내리는 성경인 나
의 법전에서 더하려 하지도 말며 덜하
지도 말며, 그저 그대로 지키는 것이
의인의 길이요,
29 너희들이 그리 갈 때 너희들에게 배우
는 제자가 열 명이요, 열 명이 백 명이
되니, 그리하여 이 새로운 세상이요,
새로운 시대를 열고자 하는 것이 나
여호와의 간곡한 뜻임이니라.
30 너희들에게 지켜 달라 나 여호와가 눈
물로써 하소연하며, 내가 더 이상의
고통으로써 너희들에게 권할 수 있으
며 내가 나의 아들을 더 고통과 시련
속으로 몰고 감으로 인하여 너희들이
깨우칠 수 있다면 나의 아들에게 무서
운 그 가시 채를 휘두를 것이니라.
31 나의 아들 예수를 죽게 하여 너희들을
깨우치려 하다 실패하였듯이,

32 오늘의 나의 아들에게 더한 고통을 주
어서 너희들이 바로 설 수 있으며 너
희들이 의인이 될 수 있으며 나의 법
전을 더하지도 말며 덜하지도 않는
삶을 살아갈 수 있다면, 내가 나의 아
들에게 무서운 벌이요, 채찍질을 내려
서라도 너희들을 바로 가르칠 수 있는
것이 나 여호와이니,
33 내 마음이 얼마나 아프며 내 가슴이
미어지며 찢어지는 심정인가를 너희
들은 알겠는가?
34 이것이 마지막이기 때문에 그러하니
라.

4,715 번째 하나님 말씀

2003년 1월 28일 18시 17분

1 사랑하는 나의 아들아!
2 "네, 아버님! 말씀하옵소서."
3 내가 너희들에게 깨우쳤음이니라.
4 내가 내리는 가장 작은 그 뜻을 너희
들이 행함으로 인하여 그것이 얼마나
방대한 뜻의 의미가 있는지를 너희들
은 모른다 하였음이니라.
5 이를 다시 나의 뜻을 새긴다 하면, 내
가 너희들에게 가르치기를, 작은 실수
며 작은 죄를 짓지 말라 하였음이니라.
6 작은 죄를 짓지 아니하려고 노력하는
자, 큰 죄를 짓지 아니하며 살 수 있으
며, 그 큰 죄를 짓지 아니하는 것이 작
은 죄를 짓지 않고 살아가는 그 반복
된 훈련 속에서 그 모두의 역사가 이
루어진다 하였음이니라.
7 큰 죄라 하여 그를 짓지 않는 자는 작
은 죄를 짓지 아니하는 데 소홀함이
없다 내 그리 말하였느니라.
8 내가 너희들에게 말하였느니라, '원수
를 사랑하라.' 그리 말하였음이니라.
9 너희들이 그것 하나를 지킬 수 있는
마음 자세로 섰을 때, 십계명이요, 나
의 법전을 지키는 것이 아무것도 아님
이니라.
10 다 지킬 수 있음이니라.
11 내가 십계명을 너희들에게 열 가지 그
계명을 처음부터 다 지키도록 노력하
라 함이 아니었느니라.
12 하나만 너희들이 그저 물고 늘어지듯
이 깨우치고 행하면 그것 하나로써 너
희들은 십계명을 다 지킬 수 있는 그
깨달음을 얻게 되며 너희들이 그리 변
한다 하였느니라.
13 내가 나의 법전에 기록하여 전하기를,
너희들이 작은 농담에 섞인 거짓말도
하지 말라 하지 아니하였던가?
14 그 작은 거짓말이요, 농담에 섞인 거
짓말도 하지 아니하는 삶의 훈련을
함으로 해서 너희들은 큰 거짓말을 하
지 아니하고 살 수 있다 말하였음이니,
15 그 거짓말하지 아니하는 것 하나를 고
쳤을 때 너희들은 모두를 다 고칠 수
있는 깨달음을 얻게 됨이니라.
16 너희들이 160권의 나의 법전을 다 지
키려 생각하지 말며, 나의 법전에 기
록되어 있는 한 가지 너희들의 악습이
요, 너희들이 고칠 수 없는 그 폐단을
고쳐 나갔을 때, 160권에 기록되어 있
는 그 많은 나의 깨우침이요, 가르침
을 너희들이 다 지킬 수 있다 함을 내
가 너희들에게 말하였음이니라.
17 이제 너의 제자들에게 이르라.

18 너희들이 계명을 지키고 살아갈 수 있
듯이, 너희들이 원수를 사랑할 수 있
는 그와 같은 마음을 비우는 그 삶에
돌입하도록 그리하라 하라.
19 너희들이 그와 같이 원수를 사랑할 수
있는 마음으로 돌입해서 그리 갔을 때
모든 세상사의 변화 됨을 알 수 있으
며,
20 내가 말하듯이 모든 것을 보기 위해서
는 멀리서 반대편에서 바라볼 때 그
를 정확히 볼 수 있다 하였듯이,
21 이를 지키고 간다면 계명이요, 모든
뜻을 알아 너희들이 지킬 수 있는 그
문이 열릴 것이니, 그와 같은 훈련에
강력히 도전하도록 그리 가르치라, 사
랑하는 나의 아들아!

4,716 번째 하나님 말씀

2003년 1월 28일 18시 25분

1 사랑하는 나의 아들아!
2 "네, 아버님! 말씀하옵소서."
3 너희들이 인간사 살아가는 그 세속에
남과 더불어 사랑하며 살아가는 인간
관계를 맺었던 너희들과 관계된 사람
과의 사랑함이요, 너희들의 사랑이 깊
고 깊은 만큼 또한 서로가 불편한 관
계로써 형성될 때, 사랑의 강도가 깊
고 사랑의 강도가 높은 만큼 그 증오
하는 마음이 그와 같이 높으며 강하다
너희들은 그리 말하며 그리 알고 있음
이니라.
4 너희들은 어찌하여 사랑했던 마음이
깊으며 아끼는 마음이 그리 깊었다 하
면, 그 증오하는 마음이 그와 같이 깊
어지고 그 골이 깊어지는 데는 용감하
며 누구도 따를 수 없이 방대한 성격
을 가지며,
5 증오하는 마음을 가슴에 품으며 마음
에 복수의 칼을 가는 것은 그리도 용
감하며 남이 추종할 수 없는 그와 같
은 성격의 마음으로 돌변하나,
6 너희들이 사랑했던 사람, 그 사랑의
깊은 마음을 증오로 바꾸기 전에 이전
에 사랑했던 그보다도 더 아름다운 마
음으로 사랑할 수 있는 마음으로 돌이
키는 데는 그리도 인색하고 그 강을
넘지를 못하는가?
7 너희들이 그 강 하나도 넘지 못함이
니, 내가 내리는 '원수를 사랑하라' 하
는 그와 같은 마음을 과연 실천하고
살 수 있는가?
8 너희들은 미워하며 증오하며 복수의
칼을 가는 데는 한 치의 여유도 없으
며 그리 강하고 무섭게 치달아 가느니
라.
9 그리하여 그 복수가 이루어졌을 때 얻
어지는 것이 무엇이며, 사랑이 역으로
가 증오하는 마음이 끝까지 치달았을
때 너희들에게 얻어지는 것은 무엇이
던가?
10 서로의 상처뿐이 아니던가?
11 서로의 받은 그 상처를 '내가 아픈 만
큼 너도 받으라'는 그와 같은 마음 자
세로 너희들이 그리 변하는 것에는 그
리도 용감함이니,
12 너희들은 추운 날 서로가 같이 붙어
체온을 유지하며 같이 사는 것이 아니
라 '내가 추운 것만큼 너도 춥고, 내가
죽을 때 너도 같이 죽는다'는 그와 같

은 마음을 가지고 사는 짐승들 같은
것이 너희들이 사랑했던 사람이요, 아
꼈던 사람이요, 그 정이 깊었던 사람
에게 증오의 마음을 갖는 것이요, 복
수의 칼을 가는 것이 그 짐승과 똑같
은 것이니라.
13 이제 나의 법전을 읽고 깨우친 백성이
요, 나의 아들을 따르는 제자 너희들
은 아무리 증오하는 마음이 있다 해도
그 증오의 칼이요, 복수의 칼을 갈아
서는 아니 되며, 그를 생각해서도 아
니 됨이니라.
14 너희들의 사랑이 깊어서 증오의 마음
의 강도가 깊으면 깊을수록 그 마음을
너희들이 사랑하는 마음으로 다시 싹
틔우는 너그러운 마음이요, 용서하는
마음이요, 그와 같은 마음을 가졌을
때, 그것도 원수를 사랑하는 마음만큼
은 못함이니라.
15 그와 같이 작은 것도 행하지 못하며
지키지 못하는 너희들이 어찌하여 만
백성을 다스리고 깨우칠 수 있다 너희
들은 말하는가?
16 내가 너희들에게 무엇을 더 가르쳐 주
며 무엇을 더 손에 쥐여 주어야 한단
말이던가?
17 내가 너희들에게 뭐라 말하였느냐?
18 참는 자, 참아야만 된다고 했음이니라.
19 그게 사랑이라 했음이니라.
20 그리고 너희들은 남의 마음을 알 수
없으니 남의 마음을 함부로 평가하지
말라 하였음이니라.
21 너희들이 남의 마음의 평가를 함부로
하지 아니한다면 그 증오의 싹이 틀
수도 없을 것이니라.
22 상대방의 그 아름다운 마음을 모르기
에 너희들이 증오의 싹이 트며, 한번
증오의 싹이 트기 시작하면 훨훨 타는
불길처럼 막을 수 없는 것이 너희들
인간이니, 그 감정 위에 너희들이 얻
어지는 것이 무엇이 있으며 이루어지
는 것이 무엇이 있던가?
23 그 하나 다스리지 못하는 나의 백성이
요, 선택된 너희들이 되어서는 아니
됨이니라.
24 너희들은 사랑했던 마음이 증오로 변
한 그 증오의 싹을 잘라 버리며, 너희
들이 더 사랑하고 더 소중한 마음으
로, 용서하는 그와 같은 마음으로 돌
릴 수 있는 그 용기 있는 백성이 바로
선택된 나의 백성이 가야 할 길이며
너희들이 이루어야 할 길이니라.
25 그와 같은 마음이 없이는 너희들은 정
녕 변할 수 없으며 역사할 수 없음이
니라.
26 낙타와 같은 큰 짐승이 그 작은 바늘
구멍을 통과할 수 있는 것은 이보다
더 어려우니라, 더 어려우니라.
27 이룰 수 없는 길이 아니던가?
28 그러나 이는 너희들이 마음 하나 먹기
에 달렸으며 너희들이 생각하기에 달
렸으니, 모두를 이루고 거두는 것은
너희들에게 달렸음이니라.
29 어찌하여 복수의 칼이요, 증오의 칼을
가는 데는 그리 무섭게 갈아 대며, 사
랑하는 마음으로 돌리는 그 사랑의 싹
을 틔우는 데는 그리도 인색하던가,
그리도 사랑의 싹을 짓밟기를 즐겨 하
는가?
30 여기서 너희들이 깊은 깨달음을 얻도

록 그리하라, 사랑하는 나의 백성들아!

4,717 번째 하나님 말씀

2003년 1월 28일 18시 32분

1 사랑하는 나의 아들아!
2 "네, 아버님! 말씀하옵소서."
3 나의 법전을 만백성에게 전하는 그 대
업의 역사를 하고자 하는 그 여인에게
네가 다음과 같이 물으라.
4 '얼마만큼 네 마음 자세가 되어 있으
며, 네가 목숨을 다 바쳐 나의 이 뜻을
따라 이 대업을 이루겠는가?' 그걸 먼
저 물어보라.
5 그리하여 비록 그가 치마를 두른 여자
지만 그 목숨을 바쳐 이 사업을 다 성
공리에 매듭짓겠다는 각오가 있으며,
나의 아들 예수 못지않은 그 목숨을
바쳐 이 역사를 이룰 수 있는 마음 자
세가 되어 있다 하거든 그 여인에게
그 답을 받고 주라.
6 그는 약속을 지킬 것이니라.
7 그와 같은 답을 그가 약속하지 못하며
그걸 지킬 수 없다 하거든 너는 그로
부터 거둬들여야 할 것이니 그리 알라.
8 그의 마음 자세부터 네가 물으며, 그
에게 각오를 받아 그와 같은 역사를
이루어, 나의 법전이 이번에 60권의
그 모든 법전이 세상에 동시에 나갈
수 있는 그 역사를 이루도록 그리하라.
9 그것이 나의 뜻임을 네가 알아 행하도
록 그리하라, 사랑하는 나의 아들아!

4,718 번째 하나님 말씀

2003년 1월 28일 23시 29분

1 사랑하는 나의 아들아!
2 "네, 아버님! 말씀하옵소서."
3 너희들이 인간사에 살아가면서 사랑
이라는 것이 무엇이던가?
4 너희들은 부부간의 사랑이 있으며 자
식과의 사랑이 있으며, 모든 사람과의
인간관계에 사랑이라 함을 소중히 생
각하며 그를 지켜 가며 살아가느니라.
5 사랑이라는 그 의미는 간단함을 알아
야 할 것이니라.
6 너희들이 정녕 사랑한다면 사랑하는
사람이 원하지 않는 것, 그가 바라지
않는 것, 그가 싫어하는 짓, 이와 같은
모든 것을 너희들이 역으로 행함이 아
니요, 그 뜻을 따라 주는 것이 곧 사랑
의 마음이니라.
7 사랑하는 사람이 싫어하는 짓을 감히
하며 싫어하는 짓을 하는 것 그것은
사랑이 아니니라.
8 정녕 너희들이 사랑한다는 것은 그 사
랑하는 사람이 원하지 않는 행위를 하
지 아니하는 것이 사랑하는 사람의 기
본이요, 근본의 자세이니라.
9 너희들이 말로써 나 여호와를 사랑하
며 나에게 순종하며 나로부터 받은 그
모든 은혜에 감사하며 경배하는 마음
으로 살아간다면, 정녕 너희들 말대로
나를 사랑하며 나 여호와를 위해 모두
를 바치고 살아갈 수 있는 마음을 가
졌다 하면,
10 너희들은 바로 나 여호와가 원하지 아
니하는 길, 내가 바라지 아니하는 그

와 같은 행위를 하지 아니하면 그것이
나를 진정 사랑하는 자요, 나를 따르
는 백성임을 알아야 할 것이니라.
11 너희들은 나 여호와를 존경하며 나 여
호와를 공경한다 하며, 오로지 나 여
호와에게 오기 위하여 너희들의 모든
인생의 삶을 거기다 걸었다 하며, 또
는 너희들이 나 여호와를 존경하며 나
여호와를 정녕 사랑한다 함이니라.
12 너희들의 목숨과도, 무엇과도 바꿀 수
없이 나 여호와를 사랑한다 말함이니,
13 나 여호와를 정녕 사랑한다면 내가 너
희들에게 지키기 바란 십계명이요, 내
가 너희들을 구원하기 위해 새로 내린
성경이요, 나의 법전의 이 말씀을 듣
고 그대로 행하고 따르는 것이 너희들
이 나를 사랑하는 것이니라.
14 원수를 사랑하라 하였으며 나의 율법
을 지키며 법전을 지키라 하였음이니
라.
15 그리고 계명을 지키고 살라 하였음이
니라.
16 그리고 너희들이 사랑하라 하였음이
니라.
17 그와 같이 내가 너희들에게 명한 그를
지키지 아니하고 산다면 너희들은 나
를 사랑함이 아니니라.
18 내가 네 부모를 공경하며 살라 하였음
이니라.
19 너희들이 부모를 공경하지 않는 자,
나를 사랑함이 아님이니라.
20 너희들은 너희 부모를 공경하며 나 여
호와를 따르는 것은 그와 같이 구분되
었다 하나,
21 너희들이 너희 부모에게는 하기 싫어
하며, 나에게 하는 것이 너희 부모에
게 효도하며 효성 하는 것이라는 그와
같은 말도 안 되는 억지를 부리며,
22 너희들이 만든 율법이요, 너희들이 만
든 그 규칙에 의하여 그와 같이 내가
너희에게 바라고 원하는 것을 거역하
며 행하지 아니하는 백성, 그들이 정
녕 나를 사랑하는 백성이며 나를 따르
는 백성이라 말할 수 있는가?
23 그들은 나를 사랑하지 아니함이며 나
여호와에게 경배하지 아니하며, 나를
따르는 백성이 아님을 알라.
24 이제 너를 따르는 제자들이요, 만백성
너희들, 그리고 법전을 읽고 깨우친
선택된 백성, 너희들은 알라.
25 너희들이 나 여호와를 정녕 사랑한다
면 너희들은 나의 법전을 읽고 지키고
행하는 그와 같은 삶을 살아야 함을
알아야 할 것이니라.
26 너희들이 인간관계의 친구요, 이웃이
요, 그와 같은 모든 살아가는 사람들
이 불편한 일이요, 너희들이 해서는
안 되고 원하지 않는 일을 하는 것, 그
모두는 너희들이 정녕 그들을 사랑하
지 않는 자이기 때문에 그와 같이 할
수 있듯이,
27 너희들이 사랑으로써 모두를 내려다
보라.
28 부모가 어린 자식을 사랑하는 그 마음
이 어떻던가?
29 그리하여 너희들이 걸음마를 배우는
아이를 사랑하는 그 부모의 마음이 과
연 어떠하며 그를 어디까지 용서하며
그를 어디까지 사랑하는가 한번 들여
다보라.

30 너희들의 사랑하는 마음이 그와 같으
니라.
31 그와 같은 마음이 아닌 자, 너희들은
사랑하는 자가 아니며, 사랑하는 것이
위선이니라.
32 너희들은 내가 원하는 것, 내가 너희
들에게 지키라 하여 불로 써 내린 그
계명을 지키지 아니하며, 너희들이 살
아 하늘의 나에게 오르는 그 길을 하
나하나 깨우쳐 준 그를 지키지 아니하
고 역행하는 그 백성은 나를 사랑함이
아니요, 나와는 관계없는 백성임을 알
라.
33 정녕 나 여호와를 사랑하며 하늘에 오
르고자 하며 나의 뜻을 따르고자 하는
백성은 내가 내린 계명이요, 내가 지
금 나의 아들을 통하여 내린 법전, 그
모두를 지키고 그대로 행하는 것이 나
를 사랑하며 나를 경배하며 존경함이
니 그리 알라.
34 이제 많은 백성들이 성경에 대한 것을
지키지 아니하든 지키든 나 여호와는
그를 탓하고 싶지 아니하니라.
35 그 백성들로부터 내가 사랑을 받으며
그들로부터 나를 경배하는 기도를 듣
고자 하는 것은 아니니라.
36 이제 내가 새로운 성경이요, 새 시대
요, 새 심판의 시대를 열어 가며 내가
나의 법전이요, 새로운 성경을 내려
이를 보고 접한 나의 사랑하는 피조물
만백성 너희들에게 내가 전하노니,
37 너희들은 이대로 살고 이대로 행하는
것이 나를 기쁘게 하며 나를 공경하며
나를 따르는 백성이니, 그가 곧 나의
아들딸이며 내가 너희들을 기억함을
잊지 말라.

4,719 번째 하나님 말씀

2003년 1월 28일 23시 38분

1 사랑하는 나의 아들아!
2 **"네, 아버님! 말씀하옵소서."**
3 나의 피조물 만백성들이 인간 세속의
삶을 살아가면서 천 가지 만 가지 부
닥치는 모든 그 일들을 접할 때, 너희
들은 선이냐 악이냐 그 생각의 판단에
서 너희들이 악을 버리고 선을 선택할
수 있는 용기 있는 삶이 구원의 길이
라 내가 그리 너희들에게 전하였음이
니라.
4 이제는 내가 제3의 시대를 열어 너희
들에게 심판의 시대가 시작되었음이
니 너희들은 구원의 시간이 없음을 알
아야 할 것이며,
5 너희들이 선을 선택하며 구원의 길로
달려온다 하여도 그 시간이 없으며,
또 너희들이 그와 같이 충분히 선을
행할 수 있도록 기다려 줄 시간이 없
음을 알아야 할 것이니라.
6 지금 바로 심판의 시대가 열려 진행되
고 있음을 알아야 할 것이니라.
7 6천 년 동안의 준비 기간을 주었으면
너희들에게 그만큼 충분한 세월을 주
었으며, 6천 년 동안에 너희들이 어찌
변하고 안 변하는 것은 너희들이 살아
가는 삶에 따라서 그 결과를 얻게 되
는 그와 같은 것을 너희들이 연구하고
깨우칠 시간을 충분히 나의 피조물 만
백성들에게 주었음이니라.
8 그리하여 지금 내가 심판의 시대를 열

기 시작하였으며, 내가 나의 법전이
요, 새로운 성경을 내려보내 너희들
중에 구할 자와 버릴 자를 지금 구분
하고 있음이니, 그 심판의 시간이 흐
르는 급류처럼 빠르게 진행되고 있음
을 너희들은 모르고 있을 것이니라.
9 말없이 흐르는 급류처럼, 홍수에 밀려
서 흐르는 그 급류처럼 지금 너희들의
심판의 시험이 그보다도 더 빠르게 진
행되어 가고 있음을 알아야 할 것이니
라.
10 그러하기에 너희들이 정녕 시간이 없
음을 알아야 할 것이니라.
11 이 긴장 속에 돌아가는 심판에서 너희
들이 유죄판결을 받는 것을 나 여호와
는 원하지 아니하며, 그 속에서 나의
백성 너희들이 유죄판결을 받아 지옥
으로 달려가는 그와 같은 길을 가는
그를 나는 보기를 원하지 아니하며 그
를 보지 아니하려 함이니라.
12 너희들이 지금 선과 악의 선택의 길에
서 선을 선택할 수 있는 그 용기 하나
만 갖는다면 너희들은 유죄판결을 받
지 아니할 것이거늘,
13 너희들이 그 용기가 하나 없으며 그를
행하는 것이 없기에, 너희들이 지금
심판을 받아 지옥 불로 흘러가는 그와
같은 모습을 바라보는 나 여호와의 마
음이 얼마나 고통과 아픔이 있는가를
너희들은 한 번이라도 생각을 해 보았
는가?
14 나 여호와의 아픔을 기억해야 할 때가
되었음을 너희들은 알아야 할 것이니
라.
15 나 여호와가 내린 심판의 새로운 성경
이요, 나의 법전을 읽으려 하지도 아
니하는 것이 너희들이며, 강론을 하는
것도 듣지 않으려 하며, 나의 법전을
읽고 깨우친 백성들이 너희들에게 전
해 주고자 하나 그를 또한 듣지 아니
하고 귀를 막으며,
16 사탄이요, 이단이요, 마지막 시대에
거짓 선지자가 와 세상을 혼란케 하는
것이라 하여 너희들은 벌레 보듯이 이
법전을 찢어 버리고 태워 버리니, 너
희들을 어찌해야 하겠는가?
17 너희들이 이와 같은 만행을 부리며 어
리석은 삶을 살기 때문에, 악마는 나
의 백성들을 파멸로 이끌어 가기에 여
념이 없으며, 그들은 그와 같은 호기
를 만난 것처럼 나의 백성들을 지금
계속 지옥 불로 이끌어 가고 있음이니
라.
18 사탄이요, 악마들은 알고 있음이니라.
19 저희들이 존재하는 시대가 이제 끝나
가기 시작하며, 저희들이 이 세상의
나의 피조물 만백성을 지옥으로 이끌
어 가며, 악마요, 저희들의 뜻에 따라
움직이는 사탄으로 만드는 그 기간이
짧아지고 있다는 것을 그들은 너무나
도 잘 알고 있기 때문에,
20 지금 그들이 무너지는 시대가 시작되
었으며 저희들이 머지않아 그 뿌리조
차 나 여호와의 심판에 견딜 수 없다
는 것을 그들은 알고 있기에,
21 저희들이 존재하는 지금에 한 사람이
라도, 한 백성이라도 더 나 여호와로
부터 떨어지도록, 그리고 나로부터 등
을 돌리도록, 나를 비방하며 나를 욕
하며 나를 능멸하며 악을 쓰는 백성으

로 만들고자 하여 지금 모든 사탄들이
모든 힘을 다 경주하여 너희들을 유혹
하고 있음이니라.
22 그들이 머지않아 이 지상에서 뿌리를
내리지 못하며 존재하지 못한다는 것
을, 저희들이 서서히 죽어 가는 것을,
무너져 가는 것을 그들은 알고 있기에
지금 최후의 발악을 하고 있음을 알아
야 할 것이니라.
23 나의 백성들이 모든 죄로부터 벗어나
는 그 길을 가는 것이 나 여호와가 바
라는 바요, 너희들이 지옥으로 가며
사탄으로 가는 것을 바라는 나 여호와
가 아님이니라.
24 나로부터 받을 수 있는 모든 죄의 그
심판이요, 너희들이 살아가면서 지을
수 있는 그 모든 죄의 삶에서 벗어나
는 나의 백성들이 되기를 바라는 나
여호와이기에, 내가 160권의 이 장정
의 법전이요, 새로운 성경을 세상에
내려보내는 이 역사는 어떠한 기적의
역사보다 위대한 기적임을 너희들은
알아야 할 것이니라.
25 내가 유죄 판결을 받아 지옥으로 가는
나의 백성을 구하고자 나의 법전을 지
금 만들어 낸 나의 뜻을 모르고, 너희
들이 이를 역으로 나를 짓뭉개는 그와
같은 행위를 하며 나의 성령을 태워
버리고 찢어 버리는 그와 같은 행위를
하는 것이 지금 믿음의 길을 가고 있
는 백성 그들이니,
26 정녕 이를 진정한 나 여호와의 뜻이라
깨우치지 못하고 아집을 부리는 자,
너희들이 머지않아 심판대에 설 날이
머지않았음을 알아야 할 것이니라.
27 그때 너희들이 울고불고 통곡을 해도
그때는 너희들이 나를 부를 수 없으며
나를 찾을 수 없으며, 나 또한 너희들
을 기억하지 아니함을 알라.

4,720 번째 하나님 말씀

2003년 1월 28일 23시 44분

1 사랑하는 나의 아들아!
2 너희들이 믿음의 길이라 하여 수천 년
동안 흘러온 지금 그 믿음의 형태요,
이 방법으로써는, 그리고 나의 성서의
그 비유의 뜻을 알지도 못하는 종교
지도자들이 단상에 서서 교리를 가르
치며 이와 같은 형태로써 너희들이 계
속 간다 하면,
3 너희는 구원의 길이 아니라 참진리의
빛조차도 결코 볼 수 없는 것이 너희
들이며, 지옥행으로 달려가는 것이 너
희들임을 알아야 할 것이니라.
4 너희들이 믿음이라는 그 자체가 나
여호와요, 우리 부자의 이름을 팔아
상업적이요, 상술적으로 변모하고 변
질되어 타락할 대로 타락한 지금의 종
교 집단의 그 형국으로써는 너희들이
하늘에 오르는 참진리의 빛, 그 그림
자도 볼 수 없는 것이 지금의 너희들
임을 알아야 할 것이니라.
5 지금의 너희들이 가고 있는 믿음의 형
국이 그러하니라.
6 악마의 지도자들이 세상을 들끓게 하
고 있으니, 지금의 나의 피조물 만백
성을 구원한다는 그들이 다 악마의 백
성이 되어, 악마의 지도자들이 되어
이 세상을 들끓게 하고 있으며 이 세

상을 요란하게 하고 있음이니,
7 나의 사랑하는 백성들의 좌우에도 그
들이 지키고 서 있으며 앞뒤에도 악마
의 새끼들이 그들을 유혹하기 위하여
지금 지키고 있는 이와 같은 험악한
세상에서, 나의 백성들을 그 악의 소
굴에서 구원하여 하늘에 오르는 참진
리의 빛을 보기는 너무나도 어려운 길
임을 너희들은 알아야 할 것이니라.
8 지금 나의 피조물 만백성을 좌우 앞뒤
에서 유혹하는 악마의 새끼들이 그들
을 감싸고 있는 그 속에서 나의 피조
물 만백성을 구할 수 있는 것은 오로
지 나의 법전을 전하는 길뿐이요,
9 지금 나를 따르는 나의 사랑하는 백성
들이요, 나의 아들의 제자라 불리는
나로부터 선택된 너희들만이 이들을
구원할 수 있는 자들이며, 그들을 구
원할 수 있는 것이 너희들임을 알아야
할 것이니라.
10 사랑하는, 나로부터 선택된 백성, 너
희들은 알아야 할 것이니라.
11 지금의 사악한 이와 같은 형국으로써
세월이 이대로 좀 더 지나간다면 이
세상은 너희들이 정녕 구원할 수 없으
며, 지상의 낙원은 이루어질 수가 없
으며, 하늘에서 이루어진 것같이 이
땅에서 이루어질 수 없음을 너희들이
알아야 할 것이니라.
12 나 여호와가 이루고자 하는 그 새로운
세상이 건설되지 아니하며 새로운 나
라가 설립되지 아니하며 건설되지 못
할 때, 결국 그것은 무엇이던가?
13 분노한 나 여호와의 재앙뿐이니라.
14 분노한 나 여호와의 재앙만이 이 세상
을 덮을 것이며, 너희들이 그 참혹한
형벌을 받는 것은 너희들이 상상할 수
없음을 알아야 할 것이니라.
15 내가 나의 아들을 따르는 제자들이요,
나의 법전을 읽은 만백성 너희들에게
간곡히 전함이니,
16 나의 사랑하는 백성들에게 십계명대
로 지키며 내가 내리는 새로운 성경의
나의 이 법전대로 그리 지키고 살라
그리하라.
17 너희들이 악에서 헤어날 수 있는 길은
나의 법전을 읽고 정독하는 것, 그것
만이 너희들이 새로 태어날 수 있는
생명이라 그리 전하라.
18 지금 나 여호와가 너희들이 정녕 바른
길을 가며 진정한 믿음의 길을 가고
있다면 내가 160권의 장정의 법전을
세상에 내려보내지도 않을 것이며,
19 이 법전이 세상에 나가 만백성들이 이
를 보고 깨우치며 그들이 평가하며 심
사할 것이며 재판할 것이니,
20 감히 악마의 뜻이라면 이를 세상에 낼
수도 없으며, 사탄의 뜻이라면 낼 수
도 없음을 너희들은 알아야 할 것이니
라.
21 내가 세상에 한 사람의 의인이 있을
때, 사탄의 그 악이 세상을 지배하나,
그 한 사람의 의인 때문에 악의 세상
이라 말할 수 없으며 악이 이 세상을
지배할 수 없다 말하였음이니라.
22 내가 지금 160권의 법전을 세상에 내
보냄이니, 이가 사탄의 장난이라면 너
희들은 이 세상에서 없어질 것이나,
23 이는 나 여호와가 내리는 진정한 나의
뜻이기에 그들이 이를 감히 넘어트리

지 못하며 이를 쓰러트리지 못하며 그
들이 이 세상을 잠식하지 못함을 너희
들은 알아야 할 것이니라.
24 나의 법전이 세상에 나가 나의 피조물
만백성, 선택된 나의 아들딸들이 이를
보고 깨우쳐 변하고자 하는 그 무서운
싸움 속에서 그들이 하루하루 변하는
그 용기 있는 삶을 살지 아니한다면
사탄들이 이 세상을 지배할 것이며,
25 나는 이를 더 이상 보지 아니하며 내
가 분노한 그 마음을 내가 재앙으로써
세상에 벌로써 내릴 것이나,
26 지금 나의 법전이 세상에 나가 만백성
을 구하는 그 역사를 이루어 세상을
사탄들이 저희 마음대로 지배할 수 없
으며 이 세상을 저희 마음대로 할 수
없기에, 내가 오늘의 분노를 참고 너
희들이 변화되는 그 역사의 기회를 다
시 한 번 주며, 구원할 수 있는 백성들
이 그 길을 올 수 있도록 내가 너희들
을 기다림이니 그리 알라.

4,721 번째 하나님 말씀

2003년 1월 28일 23시 58분

1 사랑하는 나의 아들아!
2 "네, 아버님! 말씀하옵소서."
3 만백성을 구하며 만백성을 심판하며,
오로지 너희들이 읽고 깨우치지 아니
하면 하늘에 오르는 그 빛도 볼 수 없
는 것을, 너희들을 깨우쳐 하늘에 구
원하고자 내가 마지막 나의 가슴의 모
두를 태워 사랑하는 나의 아들을 통하
여 너희들에게 나의 법전을 세상에 전
함이니,
4 너희들은 이 법전을 만드는 것에 게을
리하지 말며, 나의 법전을 만들어 만
백성을 구하는 그 대명을 맡은 너희들
은 잠시도 게을리해서는 아니 됨을 알
아야 할 것이니라.
5 너희들은 알고 있지 않으냐?
6 지금의 믿음의 길을 가고 있는 백성이
어떠한 백성이던가?
7 그들은 어떠한 삶을 살아갔는가?
8 구약 시대의 4천 년이 흘러 신약 시대
의 백성들이 믿음이라 하여 나에게 오
른다 하며, 나에게 오르는 그 길을 간
다는 종교 집단 너희들이 가르치는 그
백성들의 믿음의 형국이 어찌 흘러왔
는가?
9 나의 아들 예수를 세상에 보내어 너희
들을 구원하고자 지금 내가 나의 아들
에게 법전을 내려보내어 나의 뜻을 기
록하여 너희들을 구하고자 하는 그보
다 더 2천 년 전에 나의 아들을 통하
여 너희들을 구원하고자 세상에 나의
아들 예수를 내보냈음이니, 너희들은
어떠했는가?
10 그 백성들은 유다처럼 나의 아들을 팔
아먹었고, 또한 그를 따르는 제자들이
요, 나의 아들 예수를 따랐으며 그가
부리는 기적을 봤으며 그 역사를 다
봤으며 그와 죽고 삶을 같이하겠다는
그 제자들 또한 다 한 사람도 남지 않
고 떠나 버렸음이니,
11 그것이 너희들의 사악한 믿음이요, 나
의 피조물 만백성 너희들이 오는 길이
며, 너희들이 행하는 길이니라.
12 그리하여 나 여호와에게 오르는 길을
인도한다는 종교 지도자요, 그곳에서

배우는 백성, 너희들이 가고 있는 그
믿음이라는 길을 가고 있는 백성, 너
희들이 어떠한 백성들이던가?
13 지금의 너희들의 종교 집단이요, 지금
의 구원의 길이요, 지금의 신도라 하
는 자들, 나의 아들 예수의 그 귀하고
귀한 피로써 구원을 받았다 말하는 백
성, 너희들이 과연 어떠한 백성이던가?
14 너희들은 나를 팔아먹었으며 나의 아
들 예수를 팔아먹은 유다처럼, 또 그
제자들이요, 그러한 백성들보다 지금
의 너희들이 더 간악하며 더 잔인한
백성들로 변해 있다 함을 너희들은 믿
지 않을 것이니라.
15 나의 아들을 통하여 너희들을 구원하
고자 예수가 피 흘려 죽은 그 아픔을
생각한다면, 예수를 팔았던 유다요,
그 백성들이요, 나와 예수에게 등을
돌렸던, 예수를 따랐던 그 제자들보다
는 너희들이 아름답고 고운 백성으로
변하여져 있어야 할 것이거늘,
16 너희들이 그들보다 더 간악하며 더 잔
인한 백성들로 지금 변해 가도록 가르
친 것이 지금의 종교 집단 너희들이
이끌어 온 형태이니라.
17 예수와 나를 등졌던, 그 예수를 따르
던 제자들보다 너희들이 더 사악한 자
들이 되어서 지금 무너져 가고 있음을
알아야 할 것이니라.
18 모두가 걷잡을 수 없이 무너지고 있으
며, 모두가 걷잡을 수 없이 사탄이 이
끄는 그대로 끌려가 지옥 불로 달려감
이니, 나로부터 유죄 판결을 받지 않
을 자가 한 사람도 없음이니,
19 모두가 무너져 가고 있는 것을 보는
나 여호와의 마음이 오죽이나 저리고
아프겠는가?
20 내가 그리하여 나의 법전을 세상에 내
려보내며, 나의 아들을 통하여 '하늘
에 오르는 길'이요, 만백성의 심판의
나의 법전을 세상에 내보내니,
21 너희들은 지금 나의 아들의 고통과 그
가는 고통을 너희 제자들이 같이 나누
며 나의 아들과 끝까지 가고자 하는
그 굳은 마음을 갖지 않은 자, 너희들
은 정녕 나의 아들을 따라 새로 이루
는 그 역사의 새로운 장을 열 수 없음
을 알아야 할 것이니라.
22 제자 너희들이 나의 아들이 가는 그
고통을 같이 겪고 같이 나에게 오르고
자 하는 그와 같은 굳은 마음을 갖고
지금 나의 아들과 목숨을 같이하여 가
고자 하는 그 굳은 결의가 없이는 내
가 새로 이루고자 하는 새 시대요, 새
역사가 정녕 이루어질 수 없음을 너희
들은 알아야 할 것이니라.
23 나의 백성들이 참진리의 길을 찾고 가
고자 함이 아니요, 지금 나 여호와를
배신하며 나 여호와를 매도하고 팔아
먹고 나에게 등을 돌렸던 그 백성보다
도 더 무서우리만큼 지금 사악한 사탄
쪽에 매달려 있는 지금의 이 종파들을
내가 더 이상 볼 수 없어,
24 이제 내가 그 뿌리를 뽑으며 그들에게
단죄를 내리고자 하여 내가 지금 나의
법전을 세상에 내보내 만백성에게 전
하는 그 역사가 시작됨이니,
25 그 사악하고 사악한 잘못된 종파들이
문을 닫을 것이며 그들을 벌할 날이
머지않았음이니, 너희들은 알아야 할

것이니라.
26 그때가 사탄들의 종말이 될 것이며,
사악한 자들의 뿌리를 뽑을 것이며,
내가 새로 이루고자 하는 그 역사를
내가 너희들을 통하여 이루고자 함이
니,
27 지금 바로 너희들에게 가장 소중한 것
은, 시간을 낭비할 때가 아님을 알아
야 할 것이니라.
28 나의 법전을 전하면서 너희들이 갑론
을박해서도 아니 되며, 나의 법전을
만드는 데 너희들이 시간을 낭비해서
도 아니 되며,
29 나의 법전을 전하는 데 시간을 낭비하
고 갑론을박하며 옳고 그른 것을 따지
고 시비할 때가 아님이니,
30 시간이 없음을 너희들은 알아야 할 것
이니라.
31 너희들은 그저 그 시간을 아끼며, 그
소중한 시간에 잠시도 쉬지 말며 나의
법전을 만들어 만백성에게 전하고 전
하는 일에 최선을 다하는 그와 같은
삶을 살도록 하라.
32 그리하여 한 사람이라도 더 나의 백성
을 구하는 역사를 단축하는 그 역사를
이루도록 그리하라, 사랑하는 나의 아
들딸들아!

4,722 번째 하나님 말씀

2003년 1월 29일 0시 04분

1 사랑하는 나의 아들아!
2 너희들이 밤과 낮을 가리지 아니하며
십계명보다 더 소중히 암송하며 그와
같은 뜻이 이루어지기를 바라는 그 구
절을 내가 성서에 기록하여 너희들에
게 전하였으니 너희들이 이를 암송하
니, 너희들은 암송하면서 그와 같이
이루어질 것이라는 그 생각만 하고 있
는 자들이 나의 피조물 만백성 너희들
이니라.
3 '하늘에 계신 우리 아버지여, 이름을
거룩히 여김을 받으시며 나라에 임하
옵시며 뜻이 하늘에서 이루어진 것같
이 땅에서도 이루어지이다.
4 오늘날 우리에게 일용한 양식을 주옵
시고 우리가 우리에게 죄지은 자를 사
하여 준 것같이 우리 죄를 사하여 주
옵시고 우리를 시험에 들게 하지 마옵
시고 다만 악에서 구원하소서.
5 나라와 권세와 영광이 아버지께 영원
히 있사옵나이다.'
6 이를 너희는 암송하며, 너희들은 이를
십계명보다 더 소중히 얘기하며 십계
명보다 더 귀히 여기고 기억하고, 이
를 이대로 이루어질 것을 바라고 소원
하는 것이 너희들의 마음이며, 반드시
이와 같이 이루어질 것이라 그리 말하
느니라.
7 지금 너희들의 믿음의 길을 가는 그
형태로써 이를 암송하며 내게 울부짖
으며 부르짖을 때 이는 이루어질 것이
라 그리 생각하나,
8 너희들은 이와 같이 이루어질 것이라,
그와 같은 역사를 할 것이라, 반드시
그리할 것이라, 그리고 너희들 앞에
그와 같은 역사가 이룰 것이라 그리
생각하는 마음을 접어 두어야 할 것이
며, 내가 오늘 전하는 이 뜻을 알라.
9 너희들이 지금 암송한 그 구절처럼 모

두가 이루어지며 이와 같은 역사 속에
서 너희들이 살아갈 수 있다는 것은,
나의 십계명대로 너희들이 살지 아니
할 때는 이는 절대로 이루어질 수 없
다는 것을 알라.
10 너희들은 십계명대로 살아가지 아니
하며 나의 율법대로 살아가지 아니하
며, 내가 기록하여 전한 성경의 그 비
유의 뜻을 깨우쳐 너희들이 내가 원하
는 그것을 알고 그대로 행하지 아니할
때, 이는 역으로 반대로써 이와 같은
것이 이루어질 수 없다는 것을 내가
너희들에게 전하니, 이 무서운 나의
뜻을 알아야 할 것이니라.
11 너희들은 이와 같이 이루어질 것이며,
지금의 믿음의 그 길이요, 재물을 바
치며 찬송 부르며 기도하며 광란의 짓
을 하며 너희들이 죄를 짓고 기도하면
용서를 받는다는 그 생활이며,
12 그리하여 너희들은 또 돌아서서 죄를
지으며 또 너희들이 와서 빌고 용서하
며 나가 열 발짝도 못 가서 죄를 짓는
그와 같은 삶을 산다 하면,
13 너희들은 지금 암송하고 기록한 그 뜻
이 너희들에게서는 이루어질 수 없으
며, 너희들은 그와 같은 영광을 볼 수
없으며 그와 같은 역사는 이루어질 수
도 없다는 것을 내가 너희들에게 의미
하며 가르침을 알아야 할 것이니라.
14 너희들이 그리 기도하고 경배할 때 그
와 같이 꼭 이루어지는 것을 의미해서
내가 기록한 것이 아니요,
15 너희들이 나의 계명대로 살지 아니할
때 이는 절대로 이루어질 수 없는 무
서운 벌이 너희들에게 내려진다는 그
뜻도 여기에 있음을 알아야 할 것이니
라.
16 하나만 보고 달려가지 말아야 할 것이
니라.
17 이는 너희들에게 반드시 기도하고 경
배함으로써 이루어지는 것이 아니요,
18 너희들이 아무리 기도하고 경배하고
울부짖으며 이를 암송하고 또 암송해
도, 내가 지키고 살라 내린 나의 계명
이요, 성서에 기록되어 있는 너희들의
어렵고 힘든 그 깨달음의 길을 그대로
행하고 지키지 아니할 때, 이와 같은
영광은 어떠한 백성에게도 이루어질
수 없으며,
19 특히나 잘못된 믿음으로 가고 있으면
서 이와 같이 부르짖으며 이 소원을
이루어지기를 갈구하는 백성, 너희들
의 울부짖는 그 소리는 내가 듣지 아
니하니,
20 그 백성들이요, 잘못된 믿음의 길을
가는 백성들에게는 이와 같은 영광이
요, 역사가 이루어지지 아니할 수 있
다는 것을 너희들에게 깨우쳐 줌이니
그리 알도록 하라.

4,723 번째 하나님 말씀

2003년 1월 29일 0시 18분

1 사랑하는 나의 아들아!
2 너희 성경에 기록되어 너희들에게 깨
우쳐 전하기를, '너희가 남을 구제할
때, 오른손이 하는 것을 왼손이 모르
게 하여 구제함을 은밀하게 하라' 하
였음이니라.
3 '은밀한 중에 너희들이 그 구제의 일

을 역사했을 때, 보는 나 여호와가 너
희들에게 상을 내릴 것이라' 그리 전
하여 기록하였음이니,
4 너희들은 이 대목을 읽고 하나 깊이
깨우쳐야 할 것이 있느니라.
5 과연 지금의 모든 종교 집단이요, 지
도자요, 그리고 구원을 받고자 하여
배우는 신도라 하는 그 만백성 너희들
이 과연 그렇게 행하며 살아가고 있으
며, 많은 종교 지도자들이 만백성에게
그 모범을 보이며 과연 그렇게 살아가
고 있는가?
6 내가 성서에 기록되어 있는 것은 한
자도 더해서도 빼서도 아니 되며, 획
을 고쳐서도 안 되며, 오로지 그리 행
하는 것만이 구원의 길이요, 하늘에
오를 수 있는 길이라 종교 지도자들이
만백성 앞에 그리 설교하고 가르치느
니라.
7 그리 가르치고 전하는 너희들이 과연
지금 그러한 생활을 하며 그와 같이
행하고 살아가는가?
8 내가 성서에 기록하여 깨우쳤듯이, 너
희들이 남을 구제할 때 오른손이 한
것을 왼손이 모르도록 그와 같이 은연
중에 은밀한 중에 그와 같은 역사를
행하고 산다 하면 너희들은 나의 참진
리를 전하는 종교 집단이요, 나의 참
진리를 가르치는 지도자이며,
9 그곳에서 배우는 백성은 참진리의 지
도자로부터 참진리의 아름다움을 배
우며 나 여호와의 뜻을 배우니, 너희
들은 구원을 받을 수 있는 백성인 것
이니라.
10 그리고 나로부터 선택된 백성으로서,
너희들이 그리 갈구하고 원하던 나의
나라에 올 수 있는 것이 너희들이니라.
11 그러나 너희들은 여기서 깨우쳐야 할
것이니라.
12 너희들이 만일 그와 같이 살아가지 아
니하며 그와 같이 행하지 않는 백성이
요, 지도자가 있다 하면, 그 종교 집단
은 사탄의 집단이요, 그를 가르치는
그 종교에 속해 있는 모든 지도자들은
사탄의 자식들이며,
13 그를 듣고 배우고 구원받고자 모여드
는 백성 또한 너희들도 사탄의 자식들
로서 변해가는 그와 같은 형국임을 알
아야 할 것이니라.
14 과연 너희들은 지금 어떠한 길에서 어
떠한 형국으로써 가고 있는가?
15 나 여호와의 백성으로서 너희들이 그
를 지키고 행하고 살아가는가, 그렇지
아니하면 사탄의 자식으로서 너희들
은 그를 행하지 못하고 실천하지 못하
며 그를 거역하고 살아가는가?
16 너희들 스스로 평가하며 스스로 깨우
치라.
17 그리고 만백성 너희들이 지금의 가고
있는 그 형태를 보고 그를 구분할 수
있는 그 지혜는 있을 것이니, 너희들
이 여기서 그를 보고 깨우쳐 행하도록
그리하라.
18 내가 너희들에게 법전에 기록하여 가
르치기를 뭐라고 말하였던가?
19 너희들이 똑같이 살아가는 백성이요,
세속에 살아가면서도 행함에 따라서
너희들이 일순간에 악이라는 것을 행
할 때는 사탄의 자식이라 하였으며,
너희들이 일순간에 행하는 그 작은 것

도 선을 행할 때는 나의 백성이라 내
가 그리 말하였음이니라.
20 가장 작은 악을 행할 때 그 순간에 사
탄의 자식이 되어 그리 전락한다는
그 의미를 너희들은 지금도 깨우치지
못하겠는가?
21 그렇다면 너희들을 하늘에 오르는 백
성으로서 깨우치고자 하여 내가 기록
한 성경의 그 내용대로 살지 못한다면
이는 어찌 되는가?
22 너희들은 사탄의 자식들로 가 있음을
알아야 할 것이니라.
23 내가 일찍이 뭐라 말하였느냐?
24 수십억의 너희들이 말하는 그 재물을
세상에 내놓았다 하여도, 그를 세상에
내놓은 사람이 이름 석 자를 만백성에
게 전하며 사람들에게 이를 자랑했을
때, 그는 그 자랑하는 것으로써 모든
복을 다 받았음이니 하늘나라에 와 나
로부터 받을 복은 하나도 없다 내가
그 무서운 말을 전하였음이니,
25 이게 바로 은밀한 중에 한 그자만이
나에게 복을 받을 수 있다 내가 너희
들에게 전했음을 알아야 할 것이니라.
26 사랑하는 나의 아들아!
27 "네, 아버님! 말씀하옵소서."
28 너의 제자들에게 들어 깨우치라 그리
전하라.
29 너희들이 악과 선을 금 저울로 달아,
악한 것이 무거울 때 너희들이 지옥행
이요, 선한 것이 무거울 때 너희들은
천국으로 간다 그리 말하였음이나, 너
희들은 여기서 알아야 할 것이니라.
30 너희들이 아무리 선한 일을 하고 또
선한 일을 했다 하여도, 남들이 알게
남들 앞에 자랑하며 남들 앞에 내보이
기 위해서 하는 그 선은 아무런 무게
가 나가지 아니함을 알라.
31 너희들이 내놓고 하는 선한 일이요,
너희 이름을 내기 위한 선한 일이요,
너희들을 자랑하기 위한 선이요, 너희
가 수십억, 수백억의 재물을 내놓아도
신문지상에, 남들이 읽을 수 있는 곳
에 그 이름 석 자가 기록되었을 때, 그
는 나에게 와서는 받을 복이 없다 하
였음이니,
32 너희들이 이를 알 때, 너희들이 선한
일을 할 때 남들이 알며 남들에게 자
랑하며 남들에게 보이기 위해 하는 선
은 금 저울에 달 때 무게가 나가지 아
니함이니,
33 그와 같이 하는 선으로써 너희들이 나
에게 악을 면제받을 수 있는 선한 것
이라 생각하지 말라.
34 너희들의 이 착각을 알아야 할 것이
니라.
35 내가 선한 것을 금 저울에 달아 너희
들의 점수를 매기는 것은 아무도 모르
게 은밀한 중에 행한 그 선만이 금 저
울에 무게가 있으니,
36 그 무게가 많을 때만이 악이 위로 올
라가며 선이 밑으로 내려갈 것이니라.
37 그러나 너희들은 여기서 알아야 할 것
이니라.
38 너희들이 악을 행하는 것, 남들이 모
를 것이라 하는 행위, 너희들이 남들
앞에 하는 행위 외에는 절대 모를 것
이라며 남을 속여 가면서 사악한 마음
으로 하는 행위는 그 무게가 열 배로
늘어난다는 그 무서움을 알라.

39 남들 모르게 은밀한 중에서 하는 행위
요, 은밀한 중에서 하는 악한 짓이요,
그 악한 행위는 하나를 했을 때 열 배
로써 그 무게가 무거워짐이니,
40 선이 내려가며 악이 올라가는 그와 같
은 역사를 하기 위하여 너희들이 어찌
살아가야 하는 것인가를 깨우쳐 행하
도록 하라.
41 이것이 하늘의 무서운 법도요, 이게
하늘의 이치이거늘, 너희들이 악을 행
하면서 나의 아들 예수의 이름으로써
그저 수다를 떠는 것으로 구원을 받았
다, 지금의 믿음으로 가는 그와 같은
행위로써 너희들이 구원을 받았다는
구원의 말도 감히 너희들의 그 추한
입으로 부르지 말라.
42 그 자격도 없음이니라.

4,724 번째 하나님 말씀

2003년 1월 29일 0시 35분

1 사랑하는 나의 아들아!
2 "네, 아버님! 말씀하옵소서."
3 너희들이 나의 아들딸로서 너희 어버
이라 부르는 나 여호와의 가슴에 오는
것이요, 내 나라에 오는 것은 자식이
부모의 품에 돌아옴이니, 얼마나 즐겁
고 행복한 마음으로써 오는 것인가?
4 가장 이 세상의 행복함을 알며 즐거움
을 아는 그와 같은 마음으로 너희들이
나에게 올 수 있도록 그리 가르치며
인도하는 것이 종교 지도자들이며,
5 또한 너희들이 나를 향하여 오는 그
마음이 나에게 오기 위하여 너희들이
악함을 행하지 아니하며 선한 행함을
하고 살면서 그 선한 일을 하나하나
이루어 갈 때 너희들이 그 선한 행위
를 한 그 기쁨에 만족을 얻어 가며 너
희들이 웃음 속에 살아오는 것이 나에
게 오르는 그 길이며, 그리하여 나에
게 오르는 길이라 하였음이니라.
6 그러나 지금 수천 년 동안 흘러가는
종교 지도자들의 가르침이요, 그 방법
이 오죽하던가?
7 내가 여기에 하나 기록하여 너희들에
게 전함이니, 너희들이 과연 그렇지
아니하다면 나의 법전을 덮을 것이며,
너희들이 그와 같이 지금의 믿음의 길
을 가고 있다면 나의 법전을 읽고 깨
우치는 그 눈을 떠야 할 것이니라.
8 너희들은 육의 세상에 살아가면서 너
희들이 실수하여 하나의 작은 그릇을
깼을 때도 그 모두는 너희들의 믿음이
잘못되어 나 여호와로부터 벌을 받는
다 그리 가르치나, 지금의 종교 지도
자들이 무엇을 말하는가?
9 너희들이 원하는 그 시간에 가지 아니
하며 너희들이 와서 경배하라는 시간
에 가지 아니하며 너희들에게 바치라
하는 재물을 잘 바치지 아니하는 자가
그저 가다 그릇 하나 제가 실수하여
깬 것을 보더라도, 그는 잘못 믿었으
며 그 날짜를 지키지 아니하였으며 성
전에 와 기도하고 경배하라는 그 날짜
에 오지 아니하였기에 그릇을 깨는 그
와 같은 벌을 받았다 그리하며, 나 여
호와에게 벌을 받았다 그리 가르치느
니라.
10 그리하여 그들을 옭아매 놓고 있으며,
그들을 공포의 분위기에 가도록 하였

으니, 그 또한 그 백성이 어찌 생각하
는가?
11 저희들이 작은 하나의 실수를 했을
때, 그는 세뇌되었기 때문에, 나 여호
와에게 잘못하여 나 여호와로부터 직
접 바로 벌을 받고 처벌을 받는다 하
여 불안해하며 공포에 떠는 그와 같은
나의 백성들로 만들어 놓아 너희들이
그를 끌고 감이니,
12 고문하는 사람보다도 더 무섭게 나의
피조물 만백성들을 고통 속에 평생 동
안 옭아매 그들이 불안 속에 살다 죽
어 나에게 오도록 그리 만드는 것이
사악한 지금의 종교 집단 너희들이 하
는 행위가 아니던가?
13 너희들은 여기서 깊이 깨우쳐 들으라.
14 내가 나의 법전을 통하여 너희들에게
가르치기를, 너희들이 살아오면서 지
은 죄는 하나도 너희들의 몸에서 떨어
져 나가지 아니한다 하였음이니라.
15 너희들이 울고불고 눈물 흘리며 기도
하고 손에서 피가 나도록 빌고 기도를
해도 너희들이 지은 죄는 정녕 떨어질
수가 없으며, 너희들이 선함을 행한
것도 너희들 몸에서 떨어지지 아니한
다 하였음이니라.
16 그와 같은 그 모두는 너희들이 죽어
내 앞에 와 심판을 받는 것이며,
17 그리하여 지은 죄가 하나도 떨어지지
아니하며, 너희들이 선함을 행한 것도
하나도 떨어지지 아니하며,
18 그를 갖다 놓고 엄밀히 내가 무게를
달아 너희들의 선한 것이 많이 밑으로
내려갈 때 나에게 구원을 받으며, 악
한 것이 밑으로 내려갈 때 지옥으로
간다 하였으니,
19 너희들이 모든 죄를 짓고 선한 것은
단 한 번, 마지막 너희를 심판할 때 내
가 그를 가지고 너희들을 다스리는 것
이요,
20 너희들이 육에 살아갈 때 순간순간에
하나의 실수를 하여 잘못된 것까지도
내가 너희들에게 그때그때 벌을 내리
며 너희 죄를 다스리는 그와 같은 무
서운 나 여호와 하나님이라 너희 종교
지도자들이 백성들에게 그리 가르침
이니,
21 그 백성들이 또한 그와 같이 세뇌되어
그 자신을 알지 못하고 살아감을 너희
들은 알아야 할 것이니라.
22 너희들이 이와 같은 방법으로 나의 피
조물들을 묶어 놓으며 공포 분위기로
이끌어 가지 아니한다면 너희들은 나
의 뜻을 가르치는 백성이요, 그렇지
않고 이와 같은 형태로 가는 종교 지
도자들은 사탄의 자식들이니라.
23 이와 같이 믿음의 길을 가는 나의 백
성들을 그리 이끌어 가지 않는 백성은
나의 법전을 읽지 않아도 내가 용서
하나,
24 그와 같이 행하는 자들이 나의 법전을
사탄이요, 이단이요, 마지막 시대에
거짓 선지자가 와 세상을 혼란케 하는
그와 같은 책이라 전하는 자, 그 죄를
용서받지 못할 것이니라.
25 너희들은 내가 단 한 번의 심판으로써
너희들을 다스림을 알라.
26 너희들이 살아가다 넘어져 코가 깨지
는 것, 그것까지도 나 여호와에게 죄
를 지어서 깨졌으며 나에게 죄를 지어

나 여호와가 너희들에게 벌을 내려 너
희들을 그리 다스렸다 함이니,
27 너희들이 인간 세상에 살아가는 속에
서도 너희 자식이 잘못되었다 하여
어떠한 형국에도 부모가 자식들에게
상처를 내며 그와 같이 다스리지 아
니하며, 또한 죄로 인하여 그와 같이
되었다 생각하지 아니하느니라.
28 일단 그를 깨우쳐 다스리도록 그를 훈
계하며, 그 훈계에도 그가 듣지 않을
때, 가혹한 매로 또한 다스리니, 그래
도 그 자식에게 상처를 내 가면서 다
스리는 부모는 없음이니라.
29 너희들은 어찌하여 나 여호와가 너희
들이 육의 세상에서 자식을 다스리도
록 하는 것처럼 내가 매일매일 건수마
다 너희들이 하나를 잘못했을 때 그
죄를 다스리는 그와 같은 나 여호와의
체벌의 방법이 내려진다 하여 나의 피
조물 만백성들을 그리 무섭게 이끌어
가는가?
30 절대 이 말에 속지 말며 이 말을 너희
들은 믿지 말라.
31 너희들이 지은 죄는 차곡차곡 너희
몸에 들러붙어 떨어지지 아니하고 있
다가 너희들이 나에게 와 심판받을 때
한 번에 그 죄를 물으며, 선한 것을 그
때 내가 한 번에 심판하여 옳고 그름
을 구분하여 구원할 자와 구원하지 못
할 자를 구분함이니,
32 이게 바로 내가 너희들이 살아가는 세
상 속에 60점이라는 그 점수를 줘 그
속에서 모두를 얻고 이루고 살아가도
록 너희들에게 전했다는 그 뜻을 이
제는 너희들이 알아야 할 것이며,
33 내가 너희들에게 60점이라는 그 세상
사에 자유롭게 살게 해 준 그 한계를
알라.
34 그 속에서 너희들이 그릇을 깨든 코가
깨지든 그것은 너희들이 잘못하여 너
희 실수로 깨지는 것이고 너희들이
넘어져서 터지면 피가 나는 것이요,
35 너희들이 잘했을 때 그와 같이 그릇
을 깨는 것이 아니요, 너희들이 조심
했을 때 넘어지는 것이 아니니라.
36 너희들이 잘못했기 때문에 넘어지며
그릇을 깨며 너희들이 실수를 하는 것
이니, 그것은 너희들의 마음의 다스림
이요, 너희들이 살아가는 태도에 따라
서 이루어지는 것이니, 그때마다 내가
너희들에게 벌을 준다 하지 말라.
37 너희들이 안식일이라 정해 놓은 그날
너희들이 와서 기도하고 헌금을 바치
지 아니한다 하여, 그가 잘못되었을
때 그가 그를 지키지 아니하여 죄를
지었다 그리 협박하지 말라.
38 그리하여 너희들이 하도 세뇌를 시키
며 그와 같이 강요하고 또 강요하기
에, 나의 사랑하는 백성들이 그와 같
은 착각 속에 그저 코 꿴 송아지처럼
끌려가는 이와 같은 형국이 되어 있으
니, 거기에서 벗어나라.
39 사악한 자들의 사악한, 그 간교한 방
법을 듣지 말라.
40 그것이 너희들이 지금의 가고 있는 형
국이 아니라면 나의 법전이 잘못된 것
이라 너희들이 전하라.
41 그러나 지금 내가 전한 이와 같은 믿
음의 형국으로써 나의 피조물 만백성
을 이끌어 가는 종교 지도자가 있거

든, 너희들은 나의 법전이 사탄이요,
이단의 장난이라 감히 입에 담지도 말
며, 나의 법전을 논할 자격도 없는 자
들임을 알라.

4,725 번째 하나님 말씀

2003년 1월 29일 0시 43분

1 사랑하는 나의 아들아!
2 "네, 아버님! 말씀하옵소서."
3 이 세상의 모든 동식물, 나로부터 생
명을 받아 나간 그 모든 동식물들은
나 여호와를 부르지 아니함이니라.
4 그리고 그들은 나를 아버지라 부르지
도 아니하며, 나 여호와를 아버지라
부르지도 못하는 것이 그 동식물들이
며 나로부터 생명을 받아 나간 그들
이니라.
5 그리고 그들은 기도하지 아니하느니
라.
6 그리고 그들은 죄를 짓고 나서 나의
피조물 만백성처럼 울고불고 회개하
며 눈물로써 반성하며 다시는 그와 같
은 짓을 하지 아니하겠다고 나 여호
와에게 약속하며 고개 숙여 눈물을
흘리며 광란의 짓을 하고 나서 그 성
전을 나가는 순간에 다시 죄를 짓는
그와 같은 추하고 더러운 기도를 하지
도 않고 사는 것이 그들이니라.
7 오로지 나에게 회개요, 반성의 기도
요, 눈물을 지으며 너희들이 그 죄를
용서를 빌며 또 애절하게 나에게 용서
를 빎이니,
8 너희들이 나에게 정녕 깨우치며 다시
는 그와 같은 죄를 짓지 않겠다는 너
희들의 말을 듣고 나 여호와가 그 기
도 소리를 들으며 너희들을 용서했을
때, 너희들은 열 발짝도 나가지 못하
여 또 그와 같은 죄를 짓고 돌아서서
추하고 더러운 기도 소리로 나 여호와
가 있는 하늘까지 오염시키는 것이
너희들이니라.
9 과연 그렇다면 너희들의 존재는 무엇
이던가?
10 짐승들은 나에게 기도하지 아니하며
나에게 아버지라 부르지 아니하느니
라.
11 그렇다면 너희들은 무엇인가?
12 나를 믿지 않으며 나 여호와가 세상의
모두를 너희들에게 은혜를 내려 준 것
을 모르는 자, 그리고 내가 존재함을
모르는 자, 나 여호와를 찾지 않는 자,
그와 같은 백성들은 짐승이 생각하는
것과 같이 그 단순한 생각으로 살아가
는 백성이라 그리 말하자.
13 그러나 믿음이라는 길을 가고 나 여호
와의 뜻에 따라 하늘에 오르는 길이
요, 만백성을 하늘에 오르는 길로 인
도하는 백성 너희들은 어찌하는가?
14 죄를 짓고 회개하며 눈물을 흘리며 용
서를 빌고 또 용서를 비느니라.
15 그리하고 너희들이 또 죄를 지으며 언
제 반성했느냐는 듯이 그 사악한 짓을
반복하고 또 반복함이니,
16 그와 같이 반복하는 자, 그들은 짐승
만도 못한 자들이 아니던가?
17 나를 기만하며 나를 속이는 자들이니
라.
18 그러니 나에게 오르는 그 백성이라 하
여 믿음의 길을 가는 자, 죄를 짓고 용

서를 빌며 다시는 죄짓지 않겠다는 그
굳은 약속을 하며 눈물로써 용서를 빌
며 약속을 하고 열 발짝도 가지 못하
여 돌아서서 또 그와 같은 죄를 짓는
너희들이야말로 짐승만도 못한 자들
이 아니던가?
19 너희들이 여기에 할 말이 있으면 대답
을 하도록 그리하라.
20 너희들은 짐승만도 못한 자들이니라.
21 나 여호와를 속이며 나를 빙자하며 나
에게 고통을 주고자 하는 것이 너희들
이니라.
22 너희들이 그와 같은 용서를 빌며 회개
하며 너희들의 기도를 믿었던 나를 또
속이며 또 추악한 죄를 짓는 것은 나
여호와가 존재함을 믿지 아니하며, 나
와의 약속이 두려운 것을 모르기 때문
이니,
23 나와의 약속을 어겼을 때 너희들이 받
는 그 죄가 얼마나 무서운 것인가를
생각조차도 아니 하고 사는 백성들이
니라.
24 나에게 고통을 주며 나를 의식하지 아
니하는 자, 그리고 너희들이 인간으로
서 처절하게 용서를 빌고 그 죄를 짓
고 또 짓고 반복하는 그와 같은 삶을
살아간 백성, 너희들을 내가 하나하나
분석하고 들여다볼 때 너희들 마음과
가슴속에는 아무것도 있지 않으니라.
25 사랑도 없으며 믿음도 없으며 신뢰함
도 없음이니라.
26 다만, 탐욕스러운 그 욕심만이 너희들
가슴에 그득 차 있음이니, 과연 정녕
너희들이 짐승과 다른 것이 무엇이 있
는가?
27 나를 아버지라 부르지도 못하며 부르
지도 아니하는 그 짐승들도 너희들처
럼 그리 나에게 약속을 하고 또 그를
위배하며 또 약속을 하고 또 그를 위
배하는 그와 같은 삶을 살지 않음이니
너희들이 부끄러움을 알아야 할 것이
며,
28 그러면서 너희들이 나에게 구원을 받
는다 하니, 차라리 약속을 하지 아니
하고 죄를 범하지 않는 들짐승들의 살
아가는 형태보다도 못한 자들이 너희
들임을 알라.
29 너희들이 정녕 회개하고 눈물로써 반
성하며 그 죄를 돌아서서 또 짓는 것
은 짐승만도 못한 것이니라.
30 너희들 하나하나를 분석해 볼 때 너희
들은 사랑도 없으며 믿음도 없으며 아
무것도 없음이니라.
31 오로지 탐욕스러운 그 욕심만 가지고
있음이니 과연 너희들이 어찌하는가?
32 나를 아버지라 부를 자격도 없는 자
들, 부를 수도 없는 그 짐승들이 살아
가는 모습보다도 더 추하고 더러운 것
이 죄를 짓고 용서를 빌며 행하지 않
겠다 약속하고 또 죄를 짓는 그 백성
들이 그와 같은 자들임을 알라.

4,726 번째 하나님 말씀

2003년 1월 29일 09시 04분

1 사랑하는 나의 아들아!
2 "네, 아버님! 말씀하옵소서."
3 너희들이 살아가면서 선한 일을 하는
것으로써 너희들이 사악한 짓을 한 것
의 그 죄를 감면할 수 있으며, 너희가

용서를 받을 수 있는 것은 그 길밖에
없다 하였음이니라.
4 그리하여 네가 너의 제자들과 나의 만
백성에게 가르쳐 전하는 것은 선을 선
택하여 선을 행하라 그리 말하나,
5 너희들이 선을 행하는 것도 중요한 것
이나 악을 행하지 아니함이 더 중요함
을 알라.
6 너희들이 추한 일, 더러운 일, 그리고
용서받지 못할 일, 그와 같은 일들을
너희 스스로 하지 않도록 노력하는 것
이며, 그와 같은 곳에서 너희들이 빠
져나오며 그와 같은 것에 신경 쓰지
아니하는 너희들의 마음이 중요함을
알아야 할 것이니라.
7 선을 행하는 것이 그만큼 중요한 만
큼, 너희들이 악을 행하지 않는 삶을
사는 것이 또한 중요함이니, 너희들이
악을 행하지 않는 그와 같은 삶을 사
는 그것에 모든 역점을 두고 바로 서
야 함을 잊지 말아야 할 것이니라.
8 너희들이 악을 행한다는 것은 선을 무
너트리는 것이며, 또한 너희들이 선을
행하고자 아무리 노력하며 선을 위해
살아간다 해도 악한 행위를 너희들이
스스로 할 때 그를 자제하지 못하며
무너지는 그와 같은 삶을 살아서는 아
니 되는 것이니라.
9 선과 악을 선택할 때 악을 버리고 선
을 선택할 수 있는 그 용기는 또한 필
요하나, 너희들 스스로 모르며 악에
대한 것이 선을 선택하는 것처럼 너
희들이 끊지 못하고 그를 수없이 행
하는 그와 같은 삶을 살아서는 아니
됨이니,
10 너희들이 악한 행위요, 죄를 짓는 그
행위를 하지 않는 굳건한 마음 자세를
갖는 것이 또한 얼마나 중요한가를 알
아야 할 것이니라.
11 선을 행하면서 또한 악을 더불어 행한
다면 이는 너희들이 구원의 길에 들어
설 수가 없음이니라.
12 선을 행하는 만큼 너희들은 악을 자
제하며 악을 행하지 않는 그와 같은
삶을 살도록 그리하라.
13 그것만이 너희들이 나에게 오를 수 있
음이니라.
14 너희들이 악을 행하고 후회하고 또 후
회하며 반성하고 또 깨우치나, 너희
자신이 또한 악을 행하는 그와 같은
반복된 삶을 살아서는 아니 됨을 알라.
15 한번 너희들이 결심했으며 한번 나
여호와에게 약속했으면 그와 같은 악
한 행위를 하지 않음을 지키고 행하는
용기가 필요하며 그와 같은 결단성이
필요한 것이 너희들임을 잊어서는 아
니 됨을 알라.

4,727 번째 하나님 말씀

2003년 1월 29일 13시 23분

1 사랑하는 나의 아들아!
2 "네, 아버님! 말씀하옵소서."
3 내가 너희들을 깨우치고자 기록된 그
성경에 '이 세상이 없어지며 천지가
변화되어 없어져도 나 여호와의 말이
요, 나의 뜻이 전해지는 것은 없어지
지 아니한다' 그리 전하여 기록되어
있음이니라.
4 너희들은 이 뜻을 아는가?

5 구약 시대에 구약이 기록된 것은 무엇이던가?

6 내가 모세에게 이룬 기적의 역사를 기록하였으며 그 시대에 이루어졌던 것을 기록하여 너희들에게 깨우치고자 전한 것이며 그리하여 구약이 형성되었으며,

7 신약은 내가 나의 아들을 통하여 나의 뜻을 전하고자 하였으며, 그리하여 그로부터 기적과 역사를 이루며 너희들을 다스리고자 하였음이니, 그 신약의 모체의 기록은 과연 무엇이던가?

8 나의 아들이 행했던 것을 그 제자들이 각자 쓴 그 이름 앞에 복음서라 붙여 누구의 복음서요, 누구의 복음서라 하여 그 이루었던 역사를 기록하여 그것으로써 나의 피조물 만백성 너희들을 구원하고자 하였음이니,

9 나의 성령이요, 내가 직접 터치하고 가르친 시대가 아니었음이니라.

10 지금 내가 나의 법전을 나의 아들을 통하여 너희들이 행할 것을 하나하나 명하여 기록하여 내림이니, 바로 내가 너희들에게 뭐라 말하였느냐?

11 이 법전 외에는 다시 새로운 법전이 내려오지 않으며 새로운 성경이 내려가지 아니하며 마지막이라 내가 그리 말하였음이니,

12 지금 내가 너희들을 깨우치고자 직접 다스리는 이것이 바로 내가 말한 '천지가 변해도 나의 말씀이요, 나의 뜻은 없어지지 아니한다'는 그 법전이며, 지금 내가 그를 의미하여 너희들에게 깨우쳐 주었음을 알아야 될 것이니라.

13 구약 시대는 모세가 이루었던 그 역사를 기록하였으며, 그가 행한 기적들을 기록하여 그로 하여금 나 여호와가 존재함을 알리도록 그들에게 깨우쳐 주어 너희들을 다스리고자 하였음이니라.

14 그리하여 신약 시대는 또 예수가 내가 존재함을 너희들에게 깨우쳐 전했으며, 말로써 전하며 기적으로써 행한 그 역사를 그 제자들이 기록하여 복음서를 엮어 놓은 것이 성경이 아니던가?

15 그렇다면 지금 내가 나의 아들을 통하여 내리는 이 법전이야말로 나의 뜻이요, 나의 마음이니라.

16 그리하여 이 세상이, 지구가, 천지가 변한다 해도 지금 내가 내리는 마지막 나의 법전이요, 새로운 성경은 영원히 불변함이라 내가 전한 뜻이 여기에 있음이니라.

17 내가 구약 시대를 지나 신약을 보내며, 신약의 시대에서 내가 제3의 시대에 나의 법전을 내려보내 내가 직접 관리하는 시대를 엶이니,

18 이후에는 이와 같은 성경이요, 법전이 내려올 것이 없음이니, 이게 바로 내가 너희들에게 내리는 나의 말이니라.

19 너희들이 말하는 나의 '말씀'이라 말하는 그 나의 말이 지금 나의 아들을 통하여 내리는 160권의 법전이니라.

20 그리하여 이 법전은 영원히 세상에 존재하며, 너희들을 악으로부터 구원하며, 내가 이루고자 하는 새로운 세상을, 하늘에서 이루어진 것같이 아름다운 지상의 낙원을 이루는 그 역사요, 그를 행하고자 하는 것이 지금이니라.

21 그리하여 내가 지금 나의 아들을 통하
여 나의 뜻을 직접 전하여 기록함이니,
22 이는 그가 행한 역사를 기록하는 것도
아니요, 예수가 기적을 이룬 것과 행
한 것을 그 제자들이 기록하여 너희들
에게 전하는 것이 아니요, 모세의 시
대에 모세가 이루었던 그 역사의 기적
을 기록하여 그를 전하는 것이 아니니
라.
23 이는 직접 내가 나의 아들을 통하여
나의 성령을 책으로, 글로 만들어 너
희들에게 전하는 것이니, 이게 바로
천지가 변한다 해도 변하지 않는 나의
'말씀'이라는 것을 이야기함이며 이를
의미함이니라.
24 그리하여 나의 법전을 읽고 내가 지금
새로 내리는 이 성경을 읽고 접하지
아니한 자는 구원의 길을 볼 수가 없
으며, 너희들을 다스릴 수 없으며, 나
에게 심판을 받을 자격을 얻지 못한다
하였음이니라.
25 그러니 이와 같은 무서운 의미를 너희
들이 안다면, 나의 법전을 이단이요,
사탄이요, 거짓 선지자가 마지막에 너
희들을 지옥으로 이끄는 그와 같은 환
란의 시대를 이루고자 하는 책이라 그
리 말하지 말라.
26 지금까지 나의 뜻이요, 내가 직접 내
리는 그 성경이 없었기에 많은 자들
이 지도자요, 예수요, 또는 모세요, 그
리고 나로부터 명을 받은 자요, 선택
된 백성이라 하며,
27 또 나로부터 은사를 받은 자며 방언의
은사요, 병 고치는 은사요, 말씀을 전
하는 은사요, 수천수만 가지 은사를
받아서 선택되었다는 그 백성들이 우
후죽순 있었으나 그들이 다 허상임을
알라.
28 나의 아들 예수의 신약 시대에 나의
아들이 행한 것을 그 제자들이 기록한
그 복음서요, 성경이 있기 때문에 저
희들이 그와 같이 여유가 있으며 저희
들이 말을 돌려 할 수 있으며 이유를
댈 수 있으나,
29 이제는 내가 직접 너희들에게 행하는
것을 내림이니, 여기에는 내가 나의
아들을 통하여 역사한 것을 그 경험
을 기록한 것도 아니요, 역사한 것을
그 제자들이 기록한 것이 아니라,
30 내가 직접 하늘의 뜻을 나의 아들에게
내려보내며 나의 성령이요, 나의 뜻을
내려보내니,
31 이 법전이 세상에 나가 덮었을 때, 그
누구도 이 법전을 능가할 수가 없으며
이 성경을 능가할 수 없음이니,
32 저희들이 제사장이요, 예수요, 부활한
자요, 그 온갖 행패를 부려 저희들이
선택된 자라는 그와 같은 말을 할 수
없음이니라.
33 그들이 아무리 날고 기고 어떠한 수법
으로써 나의 백성을 우롱하고 이용한
다 해도 160권 안에 답이 없는 게 없
으며 그걸 바로잡지 못할 게 없으며,
34 너희들이 잘못 갔을 때 바로잡을 내용
이 있으며, 너희들이 거짓 할 때 그를
밝힐 수 있는 그 모든 내용이 나의 법
전에 기록되어 있으니,
35 이것이 나의 말씀이요, 나의 뜻이며,
세상이 변화되고 천지가 깨져 변화된
다 해도 나의 말씀이요, 나의 뜻이 변

하지 아니한다는 것이 지금 내가 내려
보내는 나의 새로운 성경이요, '하나
님! 말씀하옵소서', '하늘에 오르는
길'이라는 나의 법전을 예시한 것이
며, 이를 예언하였음이 지금 내려감을
알라.
36 이는 내가 존재하며 내가 직접 관장하
며, 너희들이 나의 법전의 뚜껑을 열
때 내가 너희들과 같이한다 하였음이
니, 이는 나의 '말씀'이니라.
37 이를 너희들이 깨우쳐 구원의 길을 얻
도록 그리하라.

4,728 번째 하나님 말씀

2003년 1월 29일 13시 28분

1 사랑하는 나의 아들아!
2 "네, 아버님! 말씀하옵소서."
3 구약 시대의 몇천 년이 지났으며 신
약 시대의 몇천 년의 그 역사가 지나,
너희들이 사랑을 베풀며 나 여호와의
뜻에 따라 천사와 같이 변하는 그와
같은 삶으로 사는 것이 구원의 길이
라 하며 아름답게 사는 삶을 영위하
여 구원에 오른다 하여 너희 손으로
지은 그 성전에서 나의 피조물 만백성
을 몇천 년 동안 깨우치고 가르쳐 왔
더라면,
4 지금까지 너희들이 몇천 년에 흘러온
그 가르침이요, 그 종교 집단이 바로
가르치고 바로 역사했더라면 지금 나
의 피조물 만백성은 천사와 같이 변화
되었으며, 천사와 같이 아름다운 자들
이 이 세상에 살아가는 그와 같은 세
상이 되었을 것이니라.
5 그러나 너희들이 잘못 가르쳤으며 나
의 뜻을 잘못 전하였으니, 그리하여
내가 너희들과 아무런 관계가 없다는
것이 여기에 있음이니라.
6 나의 백성을 몇천 년 동안 너희들이
이끌어 오면서 너희들은 아름답게 살
며 베풀며 살라, 사랑을 베풀라, 그게
나 여호와의 뜻이라 그리했지만, 지금
의 백성이 천사처럼 변했던가?
7 그들은 천사처럼 변한 것이 아니요,
내가 감히 들여다보고 내려다볼 수 없
는 그와 같은 무서운 형국으로 변화되
었으니, 너희들이 그들의 마음을 그
리 사악하게 만들었느니라.
8 몇천 년 동안에 가르침을 전했으며 그
를 제대로 배워 가르쳤다면 천사가 되
어 있을 나의 백성이 지금 어떠한 형
국으로 변화되어 있는가?
9 그저 이웃을 모르며, 좌우를 모르며,
약육강식의 그 방법에만 의존하여 강
자만 존재하며 약자는 존재하지 못하
는 그와 같은 형국으로 변했으며,
10 살인하는 것을 두려워하지 아니하며
살인을 죄라 생각지 아니하며,
11 자식이 부모를 버리며 부모가 자식을
버리는 이와 같은 험악한 세상이 되었
는가 하면,
12 강도질하는 것을 죄라 생각하지 아니
하며 그를 부끄럽게 생각지 아니하며,
강도질하여 편하게 살 수 있다면 강도
질하지 아니할 백성이 없는 것처럼 이
렇게 무섭게 변한 세상이 되었음이니
라.
13 강간을 두려워하지 아니하며 사기 치
는 것을 두려워하지 아니하며 거짓말

하는 것을 두려워하지 않는 이와 같이
험악한 세상으로 변했음이니, 이 모두
의 죄를 누가 져야 한다고 생각하는가?
14 그리고 이제는 우상을 숭배하며 잡신
을 믿으며 잡신을 받들며 너희들의 소
원을 비는 그와 같은 인간의 형태로써
변한 것이 나의 백성의 오늘의 현주
소요,
15 육의 향락을 위하여 온갖 범죄를 저지
르면서도 너희들이 저지르고 있는 그
죄가 죄인 줄도 모르고 죄를 지으며
죄를 망각하고 살아가는 이와 같은 시
대로 만들어 놓은 것이 과연 누구의
책임이던가?
16 몇천 년 동안 가장 큰 집단이요, 가장
아름답게 살며 하늘에 오르는 길로 인
도한다는 백성, 나의 피조물 만백성을
이끌어 온 종교 집단이요, 그 지도자
들이 물질만능주의에 젖어 잘못 가르
쳤기 때문에 오늘과 같은 형국이 생겼
음을 너희들은 알아야 될 것이니라.
17 정녕 이와 같은 시대를 정화하고 깨우
치는 것이 너희들이 해야 하는 길이
니, 이를 이루는 길에 어찌해야 된다
너희들은 생각하는가?
18 지금의 종교 집단들이 나의 백성을 이
끌어 오면서 상술적으로 모두가 타락
되었으며 상업적으로 그 믿음이 타락
되어 더 이상 타락될 곳이 없을 정도
로 지금 바닥에 내려온 이와 같은 형
국이 되었으며,
19 나 여호와와 점점 멀어지는 그와 같
은 길로 나의 피조물 만백성을 몰고
간 것이 지금의 그 집단의 형국이니
라.
20 너희들이 진정한 종교 지도자로서 진
정한 참진리를 가르쳤다면 지금 나의
피조물 만백성은 나와 거리가 단축되
어 서로 가까운 그 자리에 와 있을 것
이니 그리하여 천국의 문을 들어올
수 있을 것이거늘,
21 너희들이 사악한 방법으로써 물질만
능주의요, 상업적이요, 상술적으로 우
리 부자의 이름을 팔아먹으며 너희들
이 만든 그 종교 집단들이 독버섯처럼
존속하는 그와 같은 세월이 흘렀기에,
22 그 속에서 나의 피조물 만백성은 나와
가까워지는 것이 아니요, 나와 거리가
점점 멀어지고 멀어지는 그와 같은 형
국으로 지금 만들어 놓았음이니,
23 이제는 더 이상 단축시킬 길이 없으
며, 멀어지는 나의 백성을 돌이킬 수
없는 것이 지금의 형국이니라.
24 지금 너희들의 종교 집단이요, 너희들
이 지은 성전이 아직까지도 이 세상을
덮고 존재하는 이상 나의 피조물 만백
성을 다스리고 깨우치기는 너무나도
어렵고 힘들기에,
25 내가 160권의 나의 말이요, 나의 뜻을
전하여 책으로 만들어 그들을 깨우쳐,
너희들이 지은 그 성전의 문을 닫으며
그 성전에 거미줄을 쳐 너희들을 심판
하는 그 역사를 이루고자 하는 것이
나 여호와의 뜻임을 너희들은 알아야
할 것이니라.

4,729 번째 하나님 말씀

2003년 1월 29일 13시 32분

1 사랑하는 나의 아들아!

2 "네, 아버님! 말씀하옵소서."
3 내가 나의 법전에 기록하여 너희들에
게 전하기를 뭐라 말하였느냐?
4 나 여호와에게 무엇을 원하며 구원하
며 너희들의 소원을 위해 드리는 그와
같은 기도를 하지 말라 내가 너희들에
게 말하였느니라.
5 너희들이 나로부터 생명을 받아 나가
세상에 존재할 수 있도록 모두를 다
내려 준 그 은혜에 감사하는 기도를
드리는 것으로써도 기도할 시간이 부
족할 것이거늘,
6 내가 너희들에게 베풀어 준 그 은혜에
감사하는 기도를 드린다 해도 너희들
이 죽을 때까지 나 여호와에게 드려도
못 드리는 그와 같은 형국이거늘,
7 어찌하여 너희들은 그와 같은 감사의
기도를 드리기 전에, 나에게 달라 하
며 무엇을 원하는 그와 같은 추한 기
도를 감히 드릴 수 있단 말이던가?
8 너희들이 기도를 할 수 있는 것은 나
에게 감사의 기도요, 너희들이 살아오
면서 잘못하여 지은 그 죄의 대가를
깨우치며 거기에 대한 심판을 기다리
는 뉘우침의 기도를 드리는 것이 너희
들이 할 길이거늘,
9 어찌하여 너희들은 그리도 감히 나에
게 무엇을 원하며 이루어 달라 하며,
가진 자 더 갖기 위한 그와 같은 기도
를 나에게 드린다는 말이던가?
10 너희들은 이를 알아야 할 것이니라.
11 그와 같은 기도 속에서 그와 같은 기
도에 연연하며 사는 백성, 너희들은
정녕 나의 앞에 와 심판을 받을 때 손
에 남는 것이 아무것도 없음을 알아야
될 것이니라.
12 내가 선과 악을 행한 것을 놓고 저울
로 달아, 선한 것을 많이 한 자에게 상
을 내린다 하였음이니,
13 너희들은 선함이요, 아름다움이요, 사
랑을 베푼 것이 아니라, 오로지 너희
들이 그저 무엇을 얻고자 이루고자 그
와 같은 울부짖는 기도만을 나에게 드
려 왔음이니,
14 너희들이 나에게 와 심판을 받을 때
너희들은 아무런 선의 무게도 없으며,
오로지 수다를 떨며 울부짖으며 달라
하며 기원하는 그 메아리만이 너희들
앞에 남을 것이니,
15 너희들은 선의 무게가 없으니 그것이
바로 너희들이 지옥으로 가는 길이요,
지금 너희들이 가고 있는 그 삶이 지
옥의 열차를 타고 가는 것이라 내가
너희들에게 말한 뜻이 여기에 있음이
니라.
16 너희들은 이제 변화될 시간이 없음이
니라.
17 너희들이 변화되는 그와 같은 약속을
할 시간도 없음이니라.
18 너희들이 얼마나 시간이 없으며 너희
들이 변할 수 있는 그 삶의 시간이 없
는지 아는가?
19 너희들이 지금까지 살아오면서 지은
죄요, 잘못된 믿음에 가서 저지른 그
모든 죄를 스스로 사하고 용서받기에
도 시간이 없거늘,
20 아직도 너희들은 꿈을 깨지 못하며 무
엇을 이루고자 달라 하며 소원을 비
는 그와 같은 기도를 드리며, 재물을
바치면서 열배 백배를 더 얻을 것을

말하며, 재물을 바침으로 하늘의 창고
에 그득히 쌓인다는 그와 같은 허황
된 속에서 허덕이며,
21 잘못된 종교 지도자요, 사탄이요, 사
악한 자들의 자식이요, 앞잡이인 그들
에게, 너희들이 재물을 하늘에 쌓으면
축복을 받는다 하여 수없이 바침이니,
22 그게 다 사탄을 길러 주는 원동력의
에너지를 비축해 주며 그 사탄들이 존
속하도록 함이니, 이것이 너희들이 짓
고 있는 그 죄임을 알아야 될 것이니
라.
23 이 무서움을 행하고 있는 것이 너희들
의 행위임을 알라.

4,730 번째 하나님 말씀

2003년 1월 29일 13시 39분

1 사랑하는 나의 아들아!
2 "네, 아버님! 말씀하옵소서."
3 너희들이 모세가 행한 역사를 기록하
였으며, 예수가 행한 역사를 그 제자
들이 기록하여 저희 이름을 붙여 복음
서라 하여 신약의 성서라 하여 세상에
내보내 너희들이 지금까지 그 길을 왔
음이니라.
4 그러한 지금 내가 제3의 시대를 열어
나의 법전을 160권으로 나의 아들을
통하여 너희들이 가장 깨우치기 쉽도
록 나의 참진리의 뜻을 밝히며 너희들
에게 전하여 너희들을 쉽게 깨우치고
자 하는 그 역사를 함을 너희들은 알
고 있는가?
5 지금 이것이 나의 뜻이요, 내가 너희
들에게 마지막 전하는 것이며 나의 성
령의 뜻이기에 내가 직접 너희들에게
전함이니라.
6 내가 너희들에게 쉽게 밝혀 하늘의 뜻
을 전하며 쉽게 너희들에게 깨우침으
로 인하여 너희들이 나의 뜻을 알 수
있으며 나의 뜻과 그 깊이를 알 수 있
기 때문이니라.
7 그리하여 내가 지금 나의 아들을 통하
여 너희들의 가장 낮은 자세요, 가장
낮은 진리의 그 뜻을 하나하나 풀어서
전하고 있으며, 너희들이 가장 나의
뜻을 잘 알 수 있도록 지금 내가 법전
을 만들어 세상에 다시 내려보냄이니,
8 이것이 마지막 나의 뜻이요, 나의 말
이요, 너희들이 말하는 나의 '말씀'이
니라.
9 나 여호와가 하늘의 진리를, 나의 뜻
을 쉽게 깨우쳐 너희들에게 전하고자
함은, 내가 어렵게 이를 내려보내며
비유로써 내려보낼 때, 너희들이 나의
뜻을 알 수 없으며 이를 깨달을 수가
없으니 너희들이 나의 뜻대로 제대로
행하지 못하며 역사할 수 없기에,
10 내가 지금 하늘의 참진리를 간단하게
그리고 너희들이 깨우치기 쉽게 그리
밝히고 있음을 너희들은 알아야 될 것
이니라.
11 오로지 이는 나 여호와만이 할 수 있
으며 내가 역사할 수 있는 것이니라.
12 그리하여 제3의 시대가 마지막이며,
지금은 내가 직접 너희들을 통제하는
시대라 말하였음이니라.
13 지금 내가 마지막으로 너희들을 깨우
치며 너희들을 인도함에 있어서 너희
들에게 어려운 뜻으로써 전했을 때 너

희들이 이를 알 수가 없음이니,
14 내가 너희들을 구원하는 마지막 시대
의 나의 새로운 성경이기에, 이제는
이후에 이와 같은 성경이요, 이와 같
은 법전이요, 깨달음의 말씀이 내려가
지 아니하기에,
15 내가 여기서 너희들을 완전히 바로잡
고 깨우치기 위하여 너희들에게 하늘
의 뜻과 참진리요, 내가 원하는 그 뜻
을 쉽게 전하고자 함을 너희들은 알아
야 할 것이니라.
16 내가 너희들에게 어렵게 전하며 너희
들이 깨우치지 못하도록 진리를 전한
다 하면 너희들은 이를 깨우쳐 구원을
받을 수 없으며 구원의 길에 오를 수
없기 때문이니, 너희들은 이 뜻을 알
아야 할 것이니라.
17 내가 나의 뜻을 가장 쉽고 편안하게,
너희들이 쉽게 알아들을 수 있도록 전
하는 그 의미는, 내가 심판의 시대를
열어 가며 내가 사랑하는 모든 나의
백성들에게 균등한 기회를 주고자 하
여 또한 그와 같은 역사를 이룸을 알
아야 될 것이니라.
18 내가 어렵고 힘들게 나의 뜻을 전하여
너희들이 깨우치지 못할 때, 만백성이
다 같이 균등한 대우를 받지 못하며
똑같은 조건에서 너희들이 깨우치지
못함이니, 이는 바로 무엇이더냐?
19 나 여호와가 공의의 하나님이라 할 수
없음이니라.
20 이는 내가 마지막 시대에 너희들을 다
스리며 심판하는 것이기에, 가장 낮은
진리로써 쉽게 전하며 쉽게 깨우치며
쉽게 읽어 알 수 있도록 가장 낮은 자
세로써 너희들에게 모두를 전함이니,
이게 곧 가장 무서운 심판임을 알라.
21 가장 낮은 자세로써 너희들이 행할 것
을 기록하였으며,
22 너희들이 살아가야 할 것과 너희들이
이루어야 할 것과, 하늘에 오르는 길
이 무엇이며 나 여호와의 뜻이 무엇이
며 내가 이루고자 하는 것이 무엇인지
를 가장 간단하고 쉽게 전함이니, 이
것이 가장 무서운 나 여호와의 뜻이
요, 너희들이 말하는 창조주의 '말씀'
임을 알라.

4,731 번째 하나님 말씀

2003년 1월 29일 13시 47분

1 사랑하는 나의 아들아!
2 "네, 아버님! 말씀하옵소서."
3 창조주 나 여호와가 나의 피조물 만백
성을 구하기 위하여 나 여호와의 말이
요, 나의 뜻을 쉽게 전해 주고자 하는
그 역사의 뜻을 너희들은 알고 있는가?
4 내가 너희들에게 쉽게 전하지 아니한
다면 너희들은 지금과 같이 나 여호와
의 뜻을 깨우치지 못하며, 참진리요,
하늘에 오르는 길을 보지도 못하며,
5 지금의 믿음의 길을 가고 있는 그 백
성이 캄캄한 밤길을 헤매는 것처럼 너
희들도 또한 그와 같이 캄캄한 밤길을
헤매는 그와 같은 백성이 될 것이기
에, 내가 쉽게 너희들에게 전함을 알
라.
6 구약과 신약을 가지고 하늘에 오르는
길이라 배우며 깨우치는 그 백성들이
요, 그를 가르치는 종교 집단이요, 지

도자들이 나 여호와의 뜻을 알지 못하
기에 저희들이 오리무중인 캄캄한 밤
길을 헤매고 있는 것이며,
7 하늘에 오르는 참진리의 그 빛조차도
보지 못하고 있는 것이 지금의 믿음으
로 가고 있는 백성이 헤매고 있는 실
정임을 나는 알고 있음이니라.
8 그러나 너희들은 이를 모름이니라.
9 너의 제자들과 만백성은 그와 같은 의
미를 알라.
10 지금 수천 년 동안 구원의 길이라 하
여 달려오는 믿음의 길을 가고 있는
모든 종교 집단이 하늘에 오르는 빛조
차도 진리조차도 찾지 못하며, 캄캄
한 밤중에 저희들이 헤매고 또 헤매
는 그 굴에서 벗어나지 못하고 있는
그와 같은 역사를 하고 있음을 알라.
11 지금의 믿음에서 정녕 너희들은 헤어
날 수 없음이니라.
12 지금의 그와 같은 형국에서 너희들이
종교의 대개혁이요, 나의 십계명대로
지키고 산다는 굳은 결의와, 너희들이
나의 법전을 보고 읽고 깨우쳐 그 뜻
이 나 여호와의 참진리요, 마지막 심
판의 시대가 열렸음을 알고 바로 깨우
쳤을 때, 너희들은 지금의 그 캄캄한
믿음의 길에서 헤어날 수 있는 것이며,
13 그렇지 아니한 자, 너희들은 정녕 헤
어날 수 없음을 알아야 할 것이니라.
14 너희들 깨우친 자는 나의 진리가 어
떠한 특수 단체나 특정한 제한된 백성
에게 전해진다는 그와 같은 제한된 마
음 자세부터 버려야 할 것이니라.
15 나 여호와의 진리는 만백성에게 똑같
이 전해지며, 누구나 그를 보고 연구
하며 깨우쳐 구원을 받도록 하는 것이
나의 진리요, 나 여호와의 참뜻이니라.
16 그러나 지금의 믿음의 길을 가고 있
는 너희들이 얼마나 편협하며 얼마나
폐쇄된 믿음에서 살고 있는가?
17 너희들이 깨우쳐 하늘에 오르는 길이
요, 참진리라 하여 연구하고 달려가는
그와 같은 길을 어찌 가르치는가?
18 참진리는 나 여호와가 만백성에게 똑
같이 균등한 방법으로써 기회를 주거
늘,
19 너희들은 특정한 단체요, 특정한 제한
된 백성에게만 나의 참진리가 전해지
는 것같이 너희들이 그러한 제한된 속
에서 너희 백성에게만 전해진다는 그
와 같은 착각 속에 살아가고 있음이니,
20 이것부터 너희들이 개혁하지 아니하
면 너희들은 정녕 나의 백성으로서 하
늘에 오르는 길을 볼 수 없음을 알아
야 할 것이니라.
21 제한된 백성만을 깨우치게 되어 있다
면 이는 참진리가 아니요, 나 여호와
의 뜻이 아니요, 내가 가르치고자 하
는 것이 아님을 알아야 할 것이니라.
22 너희들은 참진리가 무엇과 같은지 아
는가?
23 너희들은 내가 세상에 무상으로 내려
준 공기요, 산소를 만백성이 똑같이
마시며 호흡하며 그와 더불어 너희들
이 삶의 길을 똑같이 균등히 가지고
있으며 그 산소를 똑같이 사용하고 마
시며 살아가고 있지 아니하던가?
24 잘난 자, 못난 자, 가진 자, 갖지 않은
자, 부족한 자, 똑똑한 자, 그 모두를
떠나서 나의 산소는 내가 만백성에게

똑같이 가지고 사용할 수 있도록 주었
으며, 너희들이 그를 갖고 삶을 유지
하는 것처럼 똑같이 주었듯이,
25 나 여호와의 진리요, 나 여호와의 뜻
이요, 하늘에 오르는 길은, 산소를 만
백성이 똑같이 마시듯이 내가 만백성
에게 똑같이 그 기회를 주었건만,
26 어찌하여 너희들은 특정한 집단이요,
특수한 백성이요, 선택된 백성만이 그
길을 간다는 그리 어리석은 속에서 아
직도 헤매고 있는가?
27 참진리의 가르침은 그와 같으니라.
28 산소와 같은 것이 참진리의 가르침임
을 너희들은 알아야 될 것이니라.
29 나 여호와의 진리요, 나 여호와의 뜻
이요, 하늘의 나에게 구원을 받는 모
든 것은, 내가 너희들을 똑같이 사랑
하는 나의 백성임을 알아야 될 것이니
라.
30 내가 차별화를 두어 너희들을 구원하
고자 하는 것이 아니며, 차별화를 두
어 너희들을 사랑함이 아님을 알라.
31 너희들은 어찌하여 그 믿음이요, 나
여호와의 뜻이요, 나의 가르침이요,
나의 참진리를 특정한 개인과 특정한
단체의 소유물로 만들어 이를 남용하
며,
32 이를 나의 피조물 만백성에게 차별화
를 두며 그들로부터 격리하며, 너희들
은 나로부터 특혜를 받으며, 그들은
나로부터 사랑을 받지 못하는 백성인
것처럼 그리 너희들이 모든 나의 믿음
이요, 진리요, 하늘에 오르는 구원의
그 길마저도 너희들의 소유물이요, 너
희들만이 하늘에 오르는 길을 올 수
있으며 밟을 수 있는 것처럼, 그리고
모든 백성은 그와 같은 자격이 없는
것처럼 가르치는가?
33 지금 너희들 자신이 꿈속을 헤매고 있
음을 알라.
34 너희들은 특정 단체에게 하늘에 오르
는 그것을 너희들의 소유물로써 특허
처럼 준 것이 아님을 알라.
35 그와 같이 생각하는 너희들은 편협한
자요, 욕심이 가득 찬 자이니,
36 나의 참진리를 볼 수도 없으며 볼 자
격도 없으며, 보지도 못하는 것이 너
희들임을 알라.

4,732 번째 하나님 말씀

2003년 1월 29일 13시 55분

1 사랑하는 나의 아들아!
2 "네, 아버님! 말씀하옵소서."
3 내가 내린 나의 뜻이요, 나의 아들을
통하여 내린 신약 성경이요, 구약 성
경이요, 그 이루어졌던 모든 역사가
행해지며 너희들이 혜택을 받으며 그
와 같이 은혜를 입는 것을,
4 특정 집단만이 그를 이룰 수 있으며,
특정 집단만이 성경을 독점하며, 너희
손으로 지은 그 죄의 온상인 교회라는
그 안에서만 성경이 존재하며 그 말씀
이 살아나며,
5 그곳에서만 성경을 가르치며, 그곳에
서만 성경을 연구하며, 그곳에서만 성
경에 대한 시시비비를 가리는 그와 같
은 착각 속에 살아가는 것이 지금 특
정 종교 너희들의 집단임을 알아야 할
것이니라.

6 나의 성경이 어찌하여 특정 종교 집단
의 성전이라는 곳에서만 존재하며, 그
곳에서만 나 여호와의 이름이 존재하
며, 그곳에서만 나의 아들 예수가 피
흘려 죽어 간 그것이 존재한다 그리
가르치는가?
7 그곳에서만 나 여호와를 연구하며, 그
곳에서만 나의 아들의 고통이요, 나의
아들이 죽어 간 그 시련을 연구하고,
그곳에서만 나와 나의 아들이 존재한
다 생각하는 너희들의 깨우침 속에서,
8 그 틀에서 벗어나지 못하는 그와 같은
백성이 지금 모든 만백성을 구하는 종
교 집단에서 이끌어 가는 자들이라 그
리 말하느니라.
9 너희들이 손으로 지은 그곳에서만 나
의 성경이 연구되며, 그곳에서만 강론
되며, 그곳에서만 은혜가 있다 생각하
는 그와 같은 백성 너희들이 어떠한
백성인지 알고 있는가?
10 특권 의식에 젖어 있는 백성이며, 아
집과 고집에 의하여 변할 줄 모르는
그와 같은 집단들임을 알아야 될 것이
니라.
11 성경은 그 좁고도 좁은 죄의 온상인
교회라는 그 안에서만 연구되며 그 안
에서만 나의 백성을 깨우치는 그와 같
은 것이 아님이니라.
12 성경이 교회라는 그 밖에서 연구되며,
이 세상 온 천지 어느 곳에서든지 내
가 만든 이 지상의 아름다운 성전에서
나의 피조물 만백성이 성경의 그 구절
을 알고 스스로 깨우쳐 하늘의 참진리
를 알며 그대로 행하면 되는 것이니라.
13 누구나 다 연구할 수 있으며, 어떠한
장소와 시간과 때를 가리지 아니하고
연구하고 공부할 수 있는 것이 나의
성경이니라.
14 그 모두는 똑같이 선택된 나의 백성들
이며 내가 똑같이 사랑하는 백성들이
기 때문이니라.
15 나 여호와는 만백성을 사랑하며 똑같
은 은혜를 베풀고자 함임을 너희들은
알아야 할 것이니라.
16 지금 잘못된 종교 집단이 저희 목숨을
걸고 싸워서라도 저희들만이, 저희 손
으로 지은 성전에서만 성서를 논할 수
있으며, 그곳에 오는 것만이 우리 부
자로부터 사랑을 받으며 은혜를 받는
다는 그와 같은 독점욕과 폐쇄된 마음
을 버리지 못하고 있으니,
17 스스로 거기에 젖어 있어 세상의 넓고
아름다운 것을 보지 못하는 백성들이
니라.
18 그리하여 너희들이 가르치는 것은 나
의 참진리를 가르치는 것이 아니요,
19 독점욕과 폐쇄된 그와 같은 속에서 살
아갈수록 나의 피조물 만백성을 외부
와 단절하는 높고도 높은 담을 쌓고
있음이니,
20 그리하여 외부와 폐쇄된 그 담을 쌓고
쌓음으로 인해서 모든 백성들이 갈등
속에서 살아가느니라.
21 하나로 이루어지지 못하며 서로 갈등
이요, 반목 속에서 너희들이 살아가는
것이니라.
22 나의 사랑하는 피조물 만백성이 나의
은혜 속에 세상의 아름다움이요, 즐거
움이요, 행복함을 느끼고 살도록 하는
것이 아니라, 우물 안 개구리처럼 제

한된 속에서 살아가도록 나의 백성을 만들고 이끌어 가는 것이 지금 너희들의 행위임을 알고 있는가?

23 이는 너희가 진정한 참교리요, 나 여호와의 참뜻을 모르며 그를 가르치지 못하기 때문이니라.

24 나 여호와가 이루고자 하는 새로운 역사요, 새 역사의 이루는 그 뜻을 모르며 내가 원하는 것을 모르기 때문에, 너희들 자신이 불안하며 너희들이 지표가 없고 자신이 없는 가르침을 가르치기에,

25 너희들이 나의 피조물 만백성을 폐쇄시키는 것은 너희들 자신의 부족함을 위장하기 위한 수단으로써, 수단과 방법을 가리지 아니하고 나의 백성들을 그와 같이 끌고 감을 알아야 할 것이니라.

26 너희들이 나의 백성을 그리 끌고 감으로 인하여 나의 백성이 사랑하며 이웃과 더불어 사는 그 마음에 갈등의 골을 깊게 만들어 놓았으며,

27 자신들의 우매함과 어리석음을 은폐하고자 하는 너희들의 수단과 방법에 나의 백성이 우롱되어, 사랑하며 나누며 내가 내린 세상에서 행복하며 웃으며 즐거운 속에서 나에게 오는 삶을 살지 못하도록 너희들이 그리 만들었음이니라.

28 내가 나의 법전을 통하여 너희들에게 뭐라 말하였느냐?

29 진정한 보석을 가지고 있는 자는 남에게 보이기 위하여 여러 가지 말이 필요 없으며 설명이 필요 없다 내가 말하였음이니라.

30 너희들은 진정한 보석을 갖지 못하였기에 두려움을 느끼며, 너희들이 버려질 것을 두려워하며, 너희들의 끝이 보일 것을 두려워하며, 너희들이 죽기 전에 너희들의 가르침이 잘못된 것을 깨닫는 자가 있을까 봐 두려워하여 너희들이 이와 같은 위장된 수법으로써 나의 피조물 만백성을 가르침이니,

31 너희들이 진정한 보석을 가진 자처럼 진정한 진리를 가르치며 하늘에 오르는 길이요, 정의의 길을 안다면, 그리고 너희들이 그와 같은 길로 살아간다면, 지금과 같이 폐쇄적이요, 봉쇄된 벽을 쌓아 놓아 나의 백성끼리 갈등하는 소지를 만들지 아니하였을 것이니라.

32 이 하나를 봐도 너희들이 참진리의 뜻을 모르며, 내가 원하는 길을 모르며, 너희들이 가르치고 있는 그 자체의 원뜻도 모르면서

33 그저 앵무새처럼 지껄이면서 나의 피조물 만백성을 우롱하여 재물을 긁어모아 너희 육신의 편안한 삶을 살아가는 것이 지금의 모든 믿음을 가르치는 종교 집단이요, 가르치는 지도자의 목적이며, 그 수단과 방법이며,

34 그 이상도 그 이하도 아무것도 없는 것이 지금의 믿음의 길을 가고 있는 백성의 집단의 형태임을 알라.

4,733 번째 하나님 말씀

2003년 1월 29일 14시 23분

1 사랑하는 나의 아들아!

2 "네, 아버님! 말씀하옵소서."

3 사막에 사는 낙타가 작은 바늘구멍이라는 것을 통과하는 것보다 하늘에 오르는 길이 더 어렵다 하였음이니,

4 너 자신이 바늘구멍을 통과할 수 있도록 네 마음의 정신을 줄이고 줄인다면 과연 얼마나 그 고통이 따르겠는가?

5 그는 네가 상상할 수 없는 그 고통이 따르게 될 것이니라.

6 네가 바로 서고 너의 제자들이 바로 가기 위해서는 그보다 더한 고통의 길을 가야 하는 것이며, 그를 지키고 가는 것이 너희들이 가야 함을 알아야 할 것이니라.

7 낙타라는 그 동물이 얼마나 고통스럽게 줄이고 줄였을 때, 머리카락만이 통과할 수 있는 그 구멍에 몸이 통과할 수 있도록 줄일 수 있다 말하는가?

8 네가 네 몸을 가지고 그 구멍을 통과할 수 있는 그 길을 가야 됨이니, 너는 네 머리카락처럼 너 자신을 줄일 때 얼마나 힘들고 어렵고 고통이 있겠는가?

9 그는 불가능한 일이니라.

10 이는 네 마음을 다스리라 함이니라.

11 네 마음이 그와 같이 악을 버리고 선한 마음으로써 뭉쳐지고 또 굳어졌을 때, 그리고 네 마음이 선한 마음으로써 모두가 다 태워졌을 때, 나 여호와가 그를 통과할 수 있는 그 역사를 이루어 줌이니라.

12 그러니 네가 생각하기를 그보다 더 어렵고 힘든 오늘의 그 길을 너는 가야 함이니라.

13 그보다 더 어렵고 힘든 고통을 인내할 수 없거든 네가 무너지며 네가 나를 속이며 나에게 부끄러운 짓을 해도 나 여호와가 너를 원망하지 아니할 것이니라.

14 네가 바늘구멍을 통과할 수 있도록 네 몸을 줄이는 그 고통보다 못한 그와 같은 고통 속에서 네가 죄를 범하며 무너지며 쓰러지는 것은 나 여호와가 용서하지 아니할 것이며, 너의 제자들 또한 용서치 아니할 것이니라.

15 낙타가 바늘구멍을 통과하는 그 고통보다도 더한 고통이 있거든 너희들이 나를 등지며 나를 버리라.

16 그렇지 아니하면 너는 절대 용서할 수 없으며 너의 제자들 또한 용서할 수 없음이니라.

17 어떠한 고통과 시련이 있어도 그를 인내하며 참고 견디는 그와 같은 모습으로 너희들이 살아갈 때, 내가 너에게 말했듯이, 너의 사진을 넣어 보낸 나의 법전의 네 눈에서 빛이 날 것이니,

18 빛이 나고 안 나는 것은 네가 얼마나 깨끗하게 살고 안 사느냐에 그 답이 있을 것이니라.

19 만백성이 나의 법전의 뚜껑을 열어 그 눈에서 빛이 나지 않으며 그 눈에서 흐르는 눈물을 보지 못한다 하면, 너는 고통의 깨달음의 길을 가지 아니하며 잘못 가고 있는 자임을 알라.

20 너 자신이 바늘구멍보다 더 작은 몸으로써 줄여 그 고통의 시련을 겪고 그 바늘구멍을 통과하여 나에게 온다 하면, 네가 얼마나 고통과 시련 속에 그 길을 갔겠는가?

21 나의 법전에 그려진 너의 사진이요, 네 모습에서 그 고통의 눈물을 볼 수

있을 때, 만백성은 네가 진정 바로 선
나의 아들이라 그리 깨달을 것이니라.
22 네가 바로 섰을 때, 너의 제자들이 바
로 섰을 때, 나의 법전에 그려져 있는
너의 사진에 네가 그 고통에 인내하기
힘들고 어려워 흘리는 그 눈물을 그들
이 볼 것이며, 네가 인내하는 그 눈빛
을 그들이 볼 것이니, 그 광채는 온 세
상을 다 덮을 것이니라.
23 나의 법전을 읽는 백성이 네가 흘리는
그 사진 속의 눈물을 보며 네 눈에서
그 빛을 볼 수 있는 것은, 네가 완벽하
게 서지 아니하면 그와 같은 역사가
이루어질 수 없음이니,
24 그 역사는 예수가 죽은 자를 살리는
것이요, 앉은뱅이를 일어서게 하는 것
이요, 눈먼 자를 눈뜨게 하는 역사보
다 더 위대한 역사임이니, 그것으로써
네가 나의 아들임을 증명하고자 함이
니,
25 너는 명심하고 또 명심해서 바로 서도
록 그리하라.
26 네 사진에서 흐르는 눈물을 나의 백성
들이 볼 수 있으며 네 눈에서 나는 그
눈빛을 나의 백성들이 볼 때,
27 그는 네가 낙타가 바늘구멍을 통과하
는 그 고통이요, 그 시련을 딛고 네가
거기를 통과하는 순간에 그리 보일 것
이니, 이를 명심하고 또 명심하여 너
자신을 다스려 나가도록 그리하라.
28 사랑하는 나의 아들아, 그것이 예수가
죽은 자를 살리는 것보다도 더 위대한
역사이며, 수천, 수만, 수십억 권의 책
이 세상에 나감이니, 네가 낙타가 바
늘구멍을 통과하는 그와 같은 역사를
이룰 때, 그 속에서 흐르는 눈물을 법
전을 읽는 백성들이 볼 것이니, 그것
이 최대의 기적이니라.
29 네가 네 몸을 줄여 바늘구멍을 통과하
기에 그 고통과 인내의 시련을 겪고,
네가 더럽고 추한 것을 행하지 아니하
고 천사와 같이 바로 섰을 때, 그 피눈
물을 흘리는 것을 그들이 볼 것이니,
30 그것이 바로 예수가 이룬 역사보다도
위대한 마지막 시대의 역사임을 잊지
말라.

4,734 번째 하나님 말씀

2003년 1월 29일 14시 28분

1 사랑하는 나의 아들아!
2 "네, 아버님! 말씀하옵소서."
3 나 여호와의 뜻이요, 참진리를 만백성
에게 심어 주고 깨우치고 가르쳐 그
들을 하늘에 오르는 길로 인도할 수
있는, 가장 신성시되어야 하는, 너희
손으로 지은 그 성전이라는 곳이 과연
지금은 모든 죄악의 온상으로 변하여
졌으며 그와 같이 탈바꿈된 그것을 너
희들은 알고 있는가?
4 나의 피조물 만백성에게 참진리를 심
어 줘 그들을 가르치지 못하기 때문에
너희들이 지금 지은 그 성전이 죄악
의 온상이며, 만백성을 이리 혼란케
만든 것이 지금 이루어진 종교 집단이
흘러온 역사의 산 증거이니라.
5 종교 집단이, 나의 피조물 만백성을
구원하는 그 신성시되어야 하는 그 아
름다운 성전이 물질문명에 굴복하며,
물질문명에 굴복하여 상업주의로 타

락한 것이 너희들이 지금 말하는 성전
이요,
6 물건을 사고파는 장사꾼들이 우글거
리는 그보다도 더 추악한 것이 지금
너희들이 가고 있는 그 성전이라는 곳
이요, 너희들이 말하는 성서를 가르치
며 그 교리를 전달하는 교회라는 그
타락한 곳이니라.
7 나의 참진리를 깨우치며 하늘에 오르
는 믿음을 깨우쳐 주는 그 참진리의
연구는 뒷전으로 밀려 있으며, 그것은
짓밟혀 땅에 짓이겨졌으며, 진리를 가
르치는 그 빛이요, 음성이요, 뜻은 들
을 수 없으며,
8 너희들은 그저 물욕이요, 재물을 긁어
모으는 데만 모든 역점을 두어 모든
두뇌를 다 거기다 쏟으며,
9 진리를 가르치며 깨우치는 것도 재물
을 모으기 위해 거기에 초점을 맞추고
너희들이 나의 피조물 만백성을 그리
이끌고 가고 있음이니,
10 인간 본연의 자세요, 인간의 인정마저
도 저버렸으며 악화될 대로 악화되어
이 세상에 나의 참진리의 뿌리를 내릴
곳이 없으며 나의 참진리를 내리지 못
하고 있는 이와 같은 사악한 시대를
만든 것이 지금 종교 집단이니라.
11 그리하여 내가 나의 아들을 따르는 제
자들과 나의 법전을 읽고 깨우친 백성
들에게 내 참진리요, 나의 뜻을 심을
수 있는 그 터전을 지금 만들고 있으
며 닦고 있음이니라.
12 그리하여 그 뿌리가 심어지고 내려지
는 그 역사를 이룰 때, 너희들은 그가
성장하는 것을 감히 감당하지 못하며,
그를 대적할 자, 사탄이요, 마귀도 세
상에 없음을 너희들은 그때 가서 알게
될 것이니라.

4,735 번째 하나님 말씀

2003년 1월 29일 14시 37분

1 사랑하는 나의 아들아!
2 "네, 아버님! 말씀하옵소서."
3 구약과 신약의 역사에 흐르는 그 종교
집단들의 뿌리요, 그들이 제대로 가르
쳤다면 오늘의 이와 같은 형국은 이루
어지지 아니하였을 것이니라.
4 구약의 성서를 가지고 공부하며 신약
의 성서를 가지고 공부하며, 나의 아
들 예수의 죽음으로써 그와 같이 너희
들을 깨우치고자 했고 또 기적으로써
깨우치고자 했던 그 모든 역사를 이어
받은 종교 집단 너희들의 잘못 가는
형태로 인하여
5 지금 진리의 참뿌리가 몇천 년의 역사
에 걸쳐서도 이 지상에 내리지 못하고
오늘의 이와 같이 사악한 형국으로 돌
변하였음이니, 이를 보는 나 여호와의
마음이 어떠하겠는가?
6 내가 이 지상을 만들었으며 너희들을
세상에 내려보낸 것은, 내가 만든 이
지상에서 나의 피조물 만백성이 행복
과 즐거움 속에서 살다 나에게 올 수
있도록 그와 같은 역사의 세상을 만들
었음이니,
7 그게 바로 하늘의 천국이 지상의 낙원
으로 이루어지는 그와 같은 형국이니
라.
8 그러나 너희들은 구약이요, 신약의 그

세월의 흐름 속에서 지금 사악해질 대
로 사악해졌음이니,
9 이와 같은 형국이 되어 있는 것을 나
여호와가 어찌 너희들을 다스려 나갈
수 있겠는가?
10 이는 어떠한 방법으로도 너희들의 그
사악한 마음을 다스리기가 너무나 어
렵고 힘든 것이니, 어떠한 종교 집단
도 이를 다스려 하나로써 나의 뜻을
전하는 그 역사를 이룰 수는 없는 것
이니라.
11 내가 행복과 즐거움 속에서 너희들이
삶을 살다 나에게 오르라 하여 세상의
모두를 다 너희들에게 주었건만,
12 너희들은 지금의 종교 집단이 잘못 가
르치고 잘못 전하는 그 세월 속에 공
포 속에서 하루하루를 살아가는 나의
백성이 되었으며,
13 종말의 형국이요, 도둑이 들끓고 사기
하는 자가 들끓으며, 나의 계명을 헌
신짝처럼 짓밟아 뭉개며 인간이기에
그를 지킬 수 없다는 그와 같은 위압
적인 자세로써 이 세상이 종말의 공포
속에 떨고 있는 이와 같은 세상을 만
들었으며,
14 이와 같은 현실이 바로 지금까지 흘러
온 종교 집단이 짓고 있는 죄이며, 너
희들이 잘못 살아왔으며 잘못 가르친
산물임을 알아야 할 것이니라.
15 이와 같이 험악하고 험악해진 세상을
이제는 더 이상 감당할 수도 없으며,
이 형국으로 더 이상 너희들이 지속된
다면 이는 영원히 구제할 수 없는 그
와 같은 형국이 되게 되어 있음이니라.
16 송두리째 썩어져 있는 이 세상을 그
누구도 잡을 수가 없으며, 다만 나의
법전밖에는 이를 다스리며 그들을 깨
우칠 수 있는 길이 없음이니라.
17 그리하여 내가 나 여호와의 뜻이요,
하늘의 비밀을 나의 아들을 통하여 너
희들이 쉽게 전하며 쉽게 읽으며 쉽게
깨우칠 수 있는 그와 같은 방법으로써
160권의 법전을 세상에 내려보냄이니,
18 이게 바로 새로운 역사가 시작하는 근
거이며 새로운 역사가 시작됨을 너희
들은 알아야 할 것이니라.
19 내가 너희들이 읽기 쉽고 깨우치기 쉽
게 하여 160권을 세상에 내보내니,
20 이는 완전한 너희 인간의 본성이요,
본질을 회복하며, 내가 너희들에게 주
어 세상에 나간 그 아름다운 마음을
되찾는 그와 같은 역사를 이루는 것
이며,
21 너희들이 참진리에 눈을 뜨며 하늘에
오르는 그 길을 볼 수 있도록 하기 위
하여 내가 나의 성령을 가장 쉽고 편
안하고 너희들이 가장 쉽게 알아들을
수 있도록 나의 아들을 통하여 하늘의
비밀을 하나하나 나열하여 세상에 내
려보냄이니,
22 지금 이 사악한 마음이요, 공포 속에
서 살아가며 공포 속에 종말의 세상을
너희들이 편안하고 즐겁고 행복한 세
상으로 이루며 하늘에서 이루어진 것
같이 지상에서 낙원을 이루는 그 역사
는 나의 160권의 법전밖에 없음을 너
희들은 깊이 깨우쳐,
23 너희들의 후손이요, 너희들이 사는 이
아름다운 지상에서 천국과 같이 아름
다운 세상을 이룰 수 있는 그 기틀을

지금에 있는 너희들이 다져 놓아야 함
을 잊어서는 아니 될 것이니라.
24 지상의 낙원이 무엇이며, 나로부터 생
명을 받아 나가 세상에 사는 것이 얼
마나 행복이며 즐거우며 축복의 세상
에서 사는 것이며, 지상의 낙원이 얼
마나 아름다운 것인가를 너희 후손들
이 체험하며, 그와 같이 그들이 낙원
에서 살 수 있는 길을 만드는 것은,
25 오늘 내가 내린 160권의 법전을 정독
하고 깨우쳐 노력하는 그 속에서 너희
들이 오늘의 완벽한 터전을 닦는 그
역사를 이루지 아니하면 그와 같은 천
국의 나라가 지상에서 이루어질 수 없
음을 너희들은 알아야 할 것이니라.

4,736 번째 하나님 말씀

2003년 1월 29일 21시 09분

1 사랑하는 나의 아들아!
2 "네, 아버님! 말씀하옵소서."
3 수천 년 동안 흘러오는 그 역사 속에
서 그 모든 믿음의 길이 나를 향하는
길이 아니요, 나를 역행하는 그와 같
은 믿음의 형국으로써 흘러왔음이니,
4 그 뿌리가 너무도 깊고 깊어 그를 뽑
아 버린다는 것이 그리 쉬운 일이 아
님을 너는 알고 있을 것이니라.
5 나의 피조물 만백성을 그 사악한 자들
이 이끌어 사악한 백성으로 만들어 가
고 있음이니, 그들을 사악한 쪽으로
만드는 사악한 자들이 세상을 덮고 있
으며,
6 의로운 인자요, 의로운 백성을 만드는
자는 이 세상에 아무도 없으며 그를
깨우치는 자가 없음이니,
7 이제 내가 나의 법전을 세상에 덮어
의로운 백성을 만들며 인자를 만들기
위하여 오늘에 이리 시작되었음이니,
이 싸움이야말로 너무나도 어렵고 힘
든 길임을 너는 이제 알고 있을 것이
니라.
8 그러나 이 길은 가야 하며 반드시 이
루어야 하는 길임을 또한 네가 알고
있을 것이니, 너는 주저하지 말며 두
려워하지 말라.
9 아무리 사악한 자들이 이 세상을 지배
하고 있다 해도 나 여호와가 그들을
다스릴 것이며, 그들이 이 아름다운
지상에 존재할 수 없도록 내가 모두를
다스릴 것이며,
10 새로운 역사의 새로운 시대를 건설하
는 것은 엄연한 사실이며 그 역사가
이루어진다는 것을 너희들은 알아야
할 것이니라.
11 이제 그들을 정리할 때가 되었으며 그
들을 다스릴 때가 되었음이니라.
12 구약과 신약의 시대에 너희들이 그를
보고 충분히 깨우쳐 나에게 오를 수
있는 그와 같은 시간과 깨달음의 시간
을 주었건만,
13 너희들은 그 속에서 깨우쳐 하늘에 오
르는 참진리의 길을 보는 것이 아니
요, 사악한 쪽으로 무너지며 쓰러지는
그와 같은 삶이 계속 지탱되었음이니,
14 아무리 그 뿌리가 깊고 깊다 해도 이
제 내가 그를 뽑아내기 시작하며 그를
단죄하기 시작함이니, 너희들은 그를
알아야 할 것이니라.

4,737 번째 하나님 말씀

2003년 1월 29일 21시 15분

1 사랑하는 나의 아들아!
2 "네, 아버님! 말씀하옵소서."
3 너희들의 육신을 지탱하는 그 에너지
가 발생하여 너희들이 바로 서고 지탱
할 수 있는 것이 너희들의 육의 삶이
아니던가?
4 너희들이 생활의 기초를 다져 가기 위
해서는 너희들 자신의 정신적인 깨우
침이요, 도덕적이요, 윤리적인 것을
파괴하지 않으며 살아가는 그 정도의
삶의 정신적인 세계와,
5 그 정신세계를 받쳐 주는 육의 삶의
물질의 그 중요함이 같이 동반하여 너
희들이 균형을 이루어 가며 존재하게
되어 있음이니라.
6 너희들이 정신적인 믿음은 높으나 물
질적인 그것이 따르지 아니할 때, 너
희들은 균형을 잃게 되며 파괴되며 지
탱할 수 없는 것이 너희들 인간의 삶
의 형태가 아니던가?
7 지금 이와 같은 이치를 깨닫지 못하는
나의 백성들이기에, 너희들은 말로써
만 믿음을 부르짖으며,
8 나의 아들 예수의 보혈로써 구원받았
다 하며, 너희가 지은 성전에 가 말로
써 수다를 떨며 기도를 하면 구원받는
다 그리 이야기하면서, 육의 중요함은
의식하지 아니하며 그를 가르치지 아
니함이니,
9 여기서 너희들이 깨달아야 할 것이니
라.
10 너희들의 육이 존재하며 육의 세상에
서 너희들이 존재하는 것은 너희들이
아름다운 정신적인 변화요, 또한 물질
적인 그 받침이 서로 동반하여 너희들
이 의식주를 해결하며 남에게 구걸하
지 않는 그와 같은 삶을 살아갈 때, 너
희들은 균형이 깨지지 아니하며 존재
하며 살아갈 수 있는 것처럼,
11 너희들이 나에게 오르는 것은 믿음의
깨달음도 중요하며, 또한 그 믿음을
깨닫고 지켜 가기 위해서는 너희들의
행함이 중요함을 알아야 할 것이니라.
12 그리하여 인간 세상에서 그 깨달음이
요, 질서를 파괴하지 아니하는 정신세
계의 다스려 나감과 물질이 같이 동반
하여 너희들이 지탱하듯이,
13 너희들이 구원을 받아 하늘에 오르는
길은 지금에 가고 있는, 나 여호와를
경배하며 나의 성경이요, 나의 법전이
요, 나의 십계명에 따라 살아가는 그
와 같은 너희들의 행함이 중요하며,
또한 거기에 동반하여 너희들의 육이
살아가는 행동의 그 삶이 같이 소중함
을 너희들은 알아야 할 것이니라.
14 그러나 너희들은 살아가는 너희들의
육에서도 물질과 질서를 파괴하지 않
는 그 숭고한 마음이 동반되었을 때
너희들이 지탱한다는 그 이치를 알지
못함이니,
15 너희들은 말로써 믿음만을 구하며 행
함을 소홀히 해도 된다는 그와 같은
착각 속에 살고 있음이니, 너희들은
오늘 이후부터 그 깨달음을 얻어야 할
것이니라.
16 세속에 살아가는 너희들이 질서를 파
괴하지 않는 인간 생각의 아름다움과

거기에 따르는 물질적인 것이 같이 수
반하여 남에게 폐를 끼치지 아니하고
의식주를 해결할 수 있는 그 삶을 사
는 것이, 그 모두가 동반되는 삶이 정
상적인 삶을 살 수 있듯이,
17 너희들이 나에게 구원을 받는 것은 믿
음의 행위와 행함을 중요시하는 그와
같은 삶이 같이 간다는 것을 잊어서는
아니 될 것이니라.
18 너희들이 말로 수다를 떨며 말로 믿음
을 부르짖으며 말로 구원을 받으며 너
희 손으로 지은 성전에 가 기도하고
경배하며 종교 지도자의 강론이요, 교
리를 듣는 그것으로써 구원을 받는다
하면서 사랑의 실천과 행함은 소중하
게 생각하지 아니하는 것은,
19 인간 세상에 너희들이 정신적인 것은
차원이 높으나 물질은 없어도 살아갈
수 있다 말하는 자, 또한 물질만 있으
면 되는 것이며 정신적인 삶의 질서를
지키는 것은 관계없다 말하는 자, 갖
춰지지 아니한 그와 같은 삶을 살고자
하며 그와 같이 살 수 있다 생각하는
자들과 똑같음을 알아야 할 것이니라.
20 너희들이 나에게 구원을 받고자 하는
것은 나를 경배하는 그 믿음이요, 그
깨달음 속에서 너희들의 육이 살아가
는 그 행동이 바르고 곧으며 정의로운
행위를 하고 살아갈 때, 너희들이 같
이 나에게 올 수 있는 그 기틀이 다져
짐을 알아야 할 것이니라.
21 말로써 믿는 것만이 소중하며 행하는
것은 소중하지 않다 가르치는 너희들
이 얼마나 어리석고 잘못 가르치며 우
매한 가르침인가를 너희들은 이 대목
을 읽고 깨우쳐 구원의 길을 보도록
그리하여야 될 것임을 알라.

4,738 번째 하나님 말씀

2003년 1월 29일 21시 19분

1 사랑하는 나의 아들아!
2 "네, 아버님! 말씀하옵소서."
3 인간 세속에 너희들이 살아가는 인간
관계에서도 너희들이 어떠한 역사를
이루며 어떠한 뜻을 이루는 것은 서로
가 더불어 세상을 살아가면서 쌍방 간
에 계약이라는 것을 체결하며, 계약이
라는 그 조건하에 너희들은 그 모두를
문서화하며 서로 그 계약을 체결하며,
4 그 계약이라는 것이 완료되고 체결되
었을 때 너희들은 쌍방 간에 신뢰로써
무엇을 이루며 그 효력이 발생하는 그
와 같은 계약의 체결이라는 것이 있음
이니라.
5 너희들이 부부지간에 만나 사는 생활
도, 또한 가정생활도 그 모두를 엄밀
히 따질 때, 계약의 과정에서 이루어
지는 것이며 또한 약속의 행위에서 이
루어지는 것이니라.
6 원만한 가정의 그 삶도 묵시적인 계약
과 약속이 잘 이행되고 시행되며 지켜
질 때 그는 행복한 가정이 이루어지는
것이니라.
7 부모와 자식 간에도 또한 그러하니라.
8 부모는 자식을 지켜 줄 그와 같은 약
속이 있는 것이며, 또 맺어진 계약은
없으나 자식은 부모에게 위로를 받으
며 가르침을 받으며 도움을 받으면서
성장하며,

9 부모는 그 자식을 다스리고 관리하며
그리고 그를 보호하는 그와 같은 묵시
적인 계약의 약속에서 너희들이 이행
하며,
10 그것이 잘 지켜졌을 때 너희들은 원만
한 가정의 삶을 살아가는 것이니라.
11 너희들이 나 여호와로부터 구원을 받
으며 하늘에 오르는 그것 또한 약속의
한 부분임을 알아야 할 것이니라.
12 너희가 구원을 받고자 한다면 너희들
이 나 여호와와의 그 계약의 체결을
철저히 지키며 잘 이행하여 나갈 때,
너희들은 나를 알 수 있으며 나에게
올 수 있는 그와 같은 길이 열림을 알
아야 할 것이니라.
13 나 여호와가 너희들에게 이 세상의 아
름다움을 다 주었으며, 너희들이 모두
를 취하여 살아갈 수 있도록 내가 다
주었음이니라.
14 그리하면서 내가 너희들에게 원한 그
것이 무엇이던가?
15 내가 너희들에게 이 세상 모두를 관장
하며 너희들이 노력하는 만큼 얻고 아
름답게 살아갈 수 있는 그 모두를 다
주었으며,
16 그와 같은 속에서 사는 과정에 나의
십계명을 지키며 나의 율법을 지키며
너희들이 나에게 구원을 받아 나에게
오르는 그와 같은 삶을 살도록 하라
내가 그리 너희들에게 명하였음이니,
이 또한 너희들과 나와의 그 계약의
체결임을 너희들은 알아야 할 것이니
라.
17 나의 피조물 만백성 너희들과 내가 체
결한 이 계약을 잘 이행하고 지키지
아니할 때, 너희들은 구원을 받을 수
없음을 알아야 할 것이니라.
18 내가 이 세상의 모두를 다 주며 너희
들의 생명을 주어 세상에 내보내고,
너희들에게 십계명을 지키고 살라 한
그와 같은 계약의 체결임을 너희들은
알아야 할 것이니라.
19 이와 같은 너희들과 나와의 그 관계가
깨어지며 그것이 이행되지 아니할 때,
너희들이 충실히 이를 지키지 아니할
때, 너희들은 정녕 나에게 오르는 길
이 아니요, 지옥 불로 가는 그와 같은
길을 가는 백성들임을 알아야 할 것이
니라.
20 너희들이 인간관계에서 이웃 사람과
서로 신뢰하며 지키고 살아가는 것도
보이지 않는 묵시적인 계약이며 또한
약속의 형태가 아니던가?
21 너희들은 이제 깨우쳐야 할 것이니라.
22 내가 모두를 다 너희들에게 주며, 내
가 내린 십계명이요, 나의 율법대로
살아 너희들이 나에게 오르는 그것이
내가 너희들과 맺은 계약이며 내가 너
희들에게 한 약속이니라.
23 그리고 이 약속을 지키며 이 계약을
잘 수행하고 충실히 행했을 때, 너희
들이 나의 품에 올 수 있다는 것을 잊
지 말도록 그리하라.

4,739 번째 하나님 말씀

2003년 1월 29일 21시 27분

1 사랑하는 나의 아들아!
2 "네, 아버님! 말씀하옵소서."
3 나 여호와가 존재함을 아는 것도 아니

요, 나 여호와를 향하여 기도해 본 적
도 없으며, 너희들이 그리 손으로 많
이 지어 놓은 그 성전이라는 그곳에
가 갑론을박을 들어 본 적이 없으며,
성경이라는 것을 한 줄도 읽어 보지
아니한 나의 아들 너를 내가 선택하여,
4 내가 너에게 명하기를 '나는 여호와
하나님이니라. 너는 지금서부터 내가
내리는 그 모두를 받아 기록하여 이를
책으로 만들어 만백성을 구하는 그 역
사를 이루도록 하라.' 하는 나 여호와
의 그 명령에 따라,
5 믿음이 무엇이며, 천국이 무엇이며,
지옥이 무엇이며, 하나님이 무엇이며,
여호와가 무엇이며, 창조주가 누구신
가 그 아무것도 모르는 네가 두 무릎
꿇고 내가 내리는 그 뜻을 받아 기록
하기 시작하여,
6 이제 288쪽이라는 그 책들이 60권에
임박하는 그와 같은 대장정의 역사를
네가 지금 이루고 있으며, 160권의 법
전을 세상에 만들어 전하는 그 일을
네가 쉴 새 없이 달려가고 있음이니,
7 과연 이 세상 수십억 인구 중에, 나의
아들이라 부르짖으며 나의 딸이라 부
르짖는 그들 중에 과연 내가 단 한마
디로써 '나는 여호와 하나님이니, 너
는 나의 명령에 따라 내가 내리는 이
성령을 받아 책으로 만들어 기록하라'
는 그 명령을 내렸을 때,
8 그를 듣고 밤과 낮을 가리지 아니하며
288쪽이라는 그 책의 60여 권을 쉬지
않고 써 나가는 그 역사를 이룰 수 있
는 자가 누가 있겠는가?
9 배웠다 하는 자들이 그를 할 수 있겠
는가, 종교 지도자라는 자들이 할 수
있겠는가, 나로부터 명받은 자들이 그
리할 수 있는가?
10 때로는 구약과 신약을 덮어야 한다며,
때로는 구약과 신약의 잘못된 부분을
가르치며, 너희들이 우상과 같이 나를
팔았다며, 나의 아들 예수의 그 제자
들이 등 돌린 자들이라는 그와 같은
무서운 깨달음의 가르침을, 그 누구도
이를 받아 기록할 수 있는 백성은 아
무도 없음이니라.
11 그리고 단 한 번의 그 명령에 무릎 꿇
고 나에게 기도하며 경배하며 나의 음
성을 들어 기록하는 너와 같은 자는
이 세상에 아무도 없음이니라.
12 이는 곧 나의 아들이요, 내가 선택한
목자요, 만백성을 구하는 나의 아들이
기 때문에 네가 나 여호와의 명에 이
와 같이 충실하게 행하고 살아감을 그
누구도 모르고 있음이니라.
13 그 누구도 행할 수 없는 이 길을 가는
것은 네가 나의 아들이요, 만백성을
구하는 나로부터 선택된 목자요, 지금
제3의 시대에 내가 심판하는 이 시대
에 심판하는 법전을 만백성에게 전하
여 그들을 구원할 자와 버릴 자를 구
분하는 그 대명의 역사를 이루는 것은
오로지 나의 아들이기 때문에 행할 수
있으며, 너이기 때문에 행할 수 있다
는 것을 나의 피조물 만백성은 알아야
할 것이니라.
14 그 누구도 나의 음성을 듣고 이와 같
은 역사를 이룰 수 없음이니,
15 나의 아들이요, 내가 명한 자요, 너희
들을 구원하기 위해 세상에 보낸 나의

아들이요, 마지막 시대에 마지막 나의 성령이요, 너희들에게 구원의 길이요, 진리의 빛을 가르치는 나의 법전이 마지막이기에, 이를 전하고 행하는 것은 나의 아들밖에는 할 수 없는 것임을 너희들은 알아야 할 것이니라.

16 이를 보고도 너희들이 사탄이요, 이단이요, 사악한 자라 말함이니,

17 너희들을 구원하기 위함이요, 너희들을 내가 하늘나라에 인도하기 위해 나의 아들을 너희들에게 내려보내 밤낮을 가리지 아니하며, 그의 고통을 내가 들여다보지 아니하며, 그에게 나의 성령이요, 나의 뜻을 내려 법전으로 만들어 책으로 만들어 너희들에게 전하는 이 역사에,

18 너희들이 두 무릎 꿇고 감사의 눈물로 받아 이를 정독하고 깨우쳐 나에게 경배의 기도를 드리는 것도 너희들이 그 은혜에 보답할 길이 없건만,

19 어찌하여 이를 사탄이요, 이단의 장난이요, 사악한 자의 거짓 행위라 너희들이 그리 매도하며, 나의 아들을 세상에 존재치 못하게 하며 나의 법전이 세상에 존재하지 못하도록 너희들이 그리 사악한 행위를 하고 있는가?

20 나의 백성 너희들 모두는 들어야 할 것이니라.

21 그리고 나의 법전을 접하는 백성 너희들은 이 대목을 읽고 들어 깨우쳐야 할 것이니라.

22 나의 아들이 아니면 이 역사를 이룰 수 없음이니라.

23 나의 아들이 아니면 나의 음성을 들을 수가 없으며,

24 한 번도 기도해 본 적이 없으며, 성경책을 들어 본 적이 없으며, 너희들이 손으로 만든 그 성전이라는 곳에 가 목사요, 종교 지도자라는 자들의 강론이요, 설교요, 설법을 들어 본 적이 없는 나의 아들이 나의 음성에 따라 이와 같이 대역사를 이루는 것은 오로지 나의 아들이기 때문임을 너희들은 이 법전을 보고 이제는 깨우칠 때가 되었음이니,

25 의심하지 말며 두드려 보지 말며, 나의 법전을 태우고 찢고 버리는 그와 같은 행위를 하지 말라.

26 그것이 너희들이 얼마나 위대한 기회를 놓치는 것이며, 기회를 놓치는 것이요, 구원의 그 길을 놓치는 것보다도, 너희들이 얼마나 무서운 죄의 대가를 받는지를 알 날이 머지않았기 때문임이니, 이를 명심하도록 그리하라.

4,740 번째 하나님 말씀

2003년 1월 29일 21시 42분

1 사랑하는 나의 아들아!

2 "네, 아버님! 말씀하옵소서."

3 내가 너희들에게 일찍이 깨우쳐 전하기를, 믿을 수 없는 자며 같이 갈 수 없는 자며 나의 뜻에 따라 행할 수 없는 자, 그리고 내가 선택하여 쓸 수 없는 자는 바로 무어라 말하였는가?

4 내가 선택하지 못할 백성이라는 것은 너희들이 살아가며 행동하는 그 모두에 있어서 속의 마음과 겉의 행동하는 것이 다른 행위를 하는 자, 그와 같은 마음을 갖고 행동하는 자는 내가 중히

쓸 수 없으며, 내가 선택할 수 없으며,
가장 사악한 나의 백성이라 그리 전하
였느니라.
5 수천 년 동안 흘러오는 그 믿음의 종
교 지도자들이라든지 그곳에 가 구원
을 받고자 하는 나의 백성이요, 또한
나의 법전을 읽고 깨우침의 길을 가는
백성이며 나의 성령을 직접 들어 공부
하는 백성 중에 속과 겉이 다른 행동
을 하는 자는 남을 속이는 자이며,
6 남을 속이기도 부족하여 저 자신까지
속이는 어리석은 백성이기 때문에 그
와 같은 백성에게 어떠한 임무도 어떠
한 뜻도 내가 명할 수 없다 그리 말하
였음이니라.
7 너희 자신까지도 속이는 자가 과연 얼
마나 사악한 자인가 너희들은 알아야
할 것이니라.
8 자신을 속이면서까지 살아가는 자가
남을 속이는 것을 두려워하겠는가?
9 그와 같은 자는 내가 정녕 쓸 수 없음
이니라.
10 나의 피조물 만백성 너희들이 지금까
지 살아오는 것이 그와 같은 마음에서
살아왔으며, 그와 같은 생각에서 살아
왔으며, 그와 같은 행동을 하며 사는
백성, 너희들은 그와 같은 마음을 이
제는 지워 버릴 때가 되었으며, 그와
같은 마음을 가지고 살아서는 아니 됨
을 알라.
11 내가 새로운 시대를 열며, 새로운 역
사를 이루며, 내가 기록하여 전하는
나의 법전을 전하는 선택된 너희들이
그와 같은 마음을 가지고서는 아무것
도 이룰 수가 없음이니,
12 너희들이 육의 세상의 삶을 위하여 속
과 겉이 다른 그와 같은 행동이요, 그
와 같은 마음 자세로써 살아가는 나의
백성이라면, 너희들은 오늘 나의 법전
을 읽는 이 순간부터 그 모두를 다 고
쳐, 바른 백성으로서 바로 서는 그와
같은 길을 가야 할 것이니라.
13 그와 같이 마음을 가진 자가 그를 다
스리며 바로 섰을 때, 나 여호와가 대
명의 뜻을 너희들에게 내릴 것이며,
내가 이룬 하늘에서 이루어진 것같이
지상에 이루어지는 그 낙원에 너희들
을 동참하게 할 것이니라.
14 너희들 스스로 너희 자신을 속일 수는
있으나 나 여호와를 속일 수 없는 것
이 너희들임을 알아야 할 것이니라.
15 지금 나의 피조물 만백성 중에 진실한
믿음이요, 진정한 깨달음으로 가고 있
는 백성이 과연 얼마나 있는가?
16 너희들은 속의 마음과 겉의 마음이 다
름이니,
17 속의 마음을 표 내지 아니하고 그를
감춰 두며 겉의 마음을 가지고 행하는
그와 같은 자는 양떼 속에 양의 탈을
쓰고 들어가 있는 이리와 같은 형국이
니, 이를 너희들이 잊어서는 아니 될
것이니라.
18 그와 같은 마음 자세를 갖고 지금 살
아가는 나의 선택된 백성, 너희들은
그러한 마음을 다 버리며 겉과 속이
하얀 백성으로서 바로 서야 되며, 너
희들이 그와 같은 삶을 살아가는 데
최선을 다하라.
19 겉과 속이 다른 행동을 하고 살아가던
백성 너희들이 나의 법전을 읽고 깨우

쳐, 그와 같은 마음을 다스려, 나 여호
와의 법전을 기록하여 전하며 나의 법
전을 가지고 만백성을 구하는 그 역사
로써 겉과 속이 하얀 마음으로 변화되
는 그와 같은 백성이 하나가 나올 때,
나 여호와의 기쁨이 얼마나 크며 행복
한지 너희들이 알겠는가?
20 나 여호와가 즐거워하는 것, 나 여호
와가 원하지 아니하는 그와 같은 행동
을 너희들이 고쳐 가는 것이 나 여호
와를 정녕 사랑함임을 너희들은 알아
야 할 것이니라.
21 말로써 너희들이 나를 사랑하며 나를
경배한다 부르짖지 말라.
22 너희들이 정녕 나를 사랑하며 나를 경
배하며 나의 품에 돌아오고자 하는 그
와 같은 백성으로서 거듭난다 하면,
23 나 여호와가 명한 대로 내가 하지 말
라 하는 것, 내가 원하지 않는 것을 스
스로 하지 않는 그와 같은 마음으로
너희들이 다스려,
24 나 여호와가 기뻐하는 것, 나 여호와
가 하고자 명하는 것을 순종하며 따라
오는 것이 나를 가장 사랑하는 것이며
나를 경배하는 나의 아들딸임을 너희
들은 알라.
25 나 여호와가 오죽하면 속과 겉이 다른
백성이 되지 말라 하며, 그와 같은 백
성이 자신을 속이니 가장 어리석은 자
며, 믿을 수 없는 자며, 같이 더불어
역사할 수 없는 자며, 내가 이루고자
하는 새로운 천 년이요, 새로운 역사
속에 동참할 수 없는 자라 말하겠는가?
26 그곳에 동참하며 그 길을 가고자 하는
백성 너희들은 깨우쳐 바로 서라.
27 너희들의 마음이 변하여 바로 섰을
때, 나 여호와는 기쁜 마음으로 너희
들을 가슴에 안을 것이니 그리 알라,
사랑하는 나의 백성들아!

4,741 번째 하나님 말씀

2003년 1월 29일 21시 59분

1 사랑하는 나의 아들아!
2 "네, 아버님! 말씀하옵소서."
3 나의 피조물 만백성 너희들이 자유롭
고 평화로운 삶이며 가장 행복한 삶을
살아가도록 하기 위하여 나 여호와가
만들어 놓은 이 지상의 낙원을 내가
너희들에게 관리하며 잘 다스려 너희
들이 살아갈 수 있도록 그리 만들었건
만,
4 지금 잘못 가르치는 지도자요, 잘못
가고 있는 종교 집단들이 이 세상을
지배하며 이 세상에 뿌리를 내리기 시
작한 그 후부터, 그 종교 집단이요, 잘
못 가르치는 종교 지도자의 만행으로
인하여, 아름다우며 웃으며 평화로우
며 자유롭게 살아야 할 이 나의 지상
의 낙원이 다 썩어져 가며,
5 그 썩어져 간 쓰레기 냄새로 오염이
되어 이제는 더 이상 냄새를 맡을 수
없이 그와 같이 썩어져 가고 있는가
하면,
6 나의 피조물 만백성을 계속 진흙덩이
의 그 수렁으로 종교 집단들이 끌고
가는 그와 같은 형국이 되었으며,
7 그들의 감언이설에 의하여 저희들이
어디로 가는 줄 모르며 또한 나의 백
성이 그들에게 빠져들어 가는 이와

같은 형국이 이루어짐이니,
8 이와 같은 역사의 시대를 만든 종교
집단은 가면 갈수록 강성을 부리며 저
희들만이 이 세상을 지배하는 것이라
생각하며, 저희들만이 특별히 선택된
백성으로 이 세상을 지배한다는 그와
같은 오만과 자만에 빠져 있으니,
9 저희들을 따르던 그 백성들이 나의 법
전을 읽고 깨우쳐 지금까지 믿음이라
달려갔던 그 길이 잘못된 것을 깨달으
며 그 잘못 감을 알게 되어 그들로부
터 등을 돌리기 시작하여 저희들이 손
으로 지은 그 성전이 뿌리째 흔들리는
그와 같은 어렵고 힘든 형국이 도래한
다 하면, 그들은 무서우리만큼 변질되
며 돌변하는 그와 같은 사태가 벌어짐
을 알아야 할 것이니라.
10 지금의 모든 종교 집단들이 저희들 앞
으로는 높은 성벽을 쌓아 놓았음이니
라.
11 믿지 않는 자는 저희들과 같이 갈 수
없으며, 믿음을 같이 아니 가는 저의
형제요, 이웃과도 같이할 수 없으며,
오로지 저희들만이 구원을 받으며 하
늘에 오르는 길을 가고 있다는 그 백
성이요,
12 그리하여 자만과 오만에 빠진 그 백성
들이 앞으로는 넘을 수 없는 아집의
성을 쌓아 놓고 있으나 뒷면으로는 그
성벽이 무너져 흐르고 있음을 지금
모르고 있음이니라.
13 아무리 앞에서 철벽을 쌓은 것 같으며
너희들만이 위대한 백성이요, 너희들
만이 하늘에 오르는 백성이라 우월주
의에 빠져 있는 너희 집단들이, 앞은
철벽같은 성벽을 쌓은 것 같으나 뒤의
담이요, 성벽들이 지금 무너져 있는
것을 너희들은 모르고 있으며,
14 그 성벽이 무너져 너희들이 그를 지탱
하고 지키지 못하게 되었을 때, 너희
들은 무엇인가 돌파구를 찾으며 새로
운 변화의 역사를 찾으며 변명의 구실
을 찾기에 혈안이 될 것이니,
15 그때 바로 너희들은 그 강성한 모두의
쓰러져 가는 그와 같은 형태를 나의
법전이요, 나의 아들이요, 내가 내리
는 새로운 성경에 초점을 맞춰, 이로
인하여 사탄이요, 이단이 세상에 내려
와 너희들이 쓰러지는 것이라 그리
거기에 밀착시켜, 나의 아들이 존재하
지 못하도록 하며 나의 법전이 존재하
지 못하도록 그와 같은 만행이요, 사
악한 행위를 할 때가 머지아니하였음
이니,
16 너희들 스스로 잘못 가며 잘못 가르치
며 너희들 스스로 참진리로 인도하지
못하기에,
17 나의 백성이 나의 진정한 새로 내리는
성경을 읽고 너희들에게서 등을 돌려
너희들이 지은 그 성전에 거미줄을 치
며 그 문을 닫게 되는 그와 같은 역사
가 이루어질 때,
18 너희들은 잘못됨을 후회하고 깨닫기
전에, 이는 새로 내려온 성경이요, 나
의 아들과 같은 자로 하여금 저희들
이 고통을 당하는 것이라는 그것으로
돌파구를 찾아 그때 공격하는 그와 같
은 형태는 감히 상상을 초월하는 무서
운 형국으로 이루어질 것이니라.
19 너희들이 나의 법전을 읽고 깨우쳐 너

희들에게서 떠나는 그 백성들을 바로
잡기 위하여 지구상에 여태껏 역사에
없는 정말 볼 수 없는 비참한 비극적
인 그 역사의 한 획을 그을 것이며,
20 무서우리만큼 도전적인 마음으로, 살
인하는 것보다도 더 강한 마음으로써
환란의 시대요, 대변혁을 이루고자 할
것이니라.
21 그리하여 너희들이 대환란을 이루며
문을 닫으며 쓰러지는 것은 너희 탓이
아니요,
22 나의 법전이요, 새로운 성경이요, 나
의 아들로 하여금 이와 같은 역사의
변화를 초래하는 것이니, 이는 사탄이
요, 이단이 하는 것이라 하여 모든 사
탄들이 하나로 모여 결속하여 이를 공
격하게 될 것이며,
23 그리하여 이 환란의 시대는 감당하지
못하는 무서운 한 번의 그 형국을 넘
어야 되는 그와 같은 형국을 이루어
가고 있음이니라.
24 그리하여 내가 이를 막기 위하여 나의
법전을 지금 세상에 시급히 전하며,
그리하여 내가 시간이 없다 함을 너희
들은 알아야 할 것이니라.
25 저희들이 만든 성전이 문을 닫으며 저
희들이 쓰러져 가며 저희들이 발을 붙
일 수 없을 때, 그들은 이 세상 지구상
의 역사에 6백만 명의 인구를 죽인 것
보다도, 몇천만 명을 죽인 그 전쟁의
무서움보다도 더 무서우리만큼 환란
의 시대를 이루어 이 세상을 혼동케
할 것이며, 이 세상을 뒤집어엎으려
할 것이 그들이 행하는 작태임을 알아
야 할 것이니라.
26 그와 같이 처참한 것을 내가 볼 수 없
기에, 내가 지금 조용히 나의 법전을
내려 바람을 타고 세상에 전하여, 그
들을 반격할 수 있는 나의 백성을 만
들어 놓고자 하는 것이 나의 뜻임이니,
27 너희들이 나의 법전을 전하여, 그들이
공격하기 전에 그들이 공격할 수 있는
그 예봉을 꺾어 그들 스스로 자멸할
수 있는 그와 같은 힘을 기르고자 하
는 것이 나의 뜻이니라.
28 이는 곧 나의 법전이 세상 방방곡곡에
전해져, 만백성이 이를 읽으며 깨우치
는 자가 수없이 너희들을 따르는 그
대변화를 이루는 그것만이 처참하고
무서운 대환란의 그 바람을 막을 수
있음을 알아야 할 것이니라.
29 이제 나의 법전을 세상에 전함에 시간
이 없음이니라.
30 너희들이 이를 전하여 너희가 전한 그
법전을 읽고 깨우친 자들이 너희들이
환란 속에 짓밟힐 때 그들을 반격하
며, 그들을 대혁명의 길로 성공시킬
수 있는 자는 바로 그들임이니라.
31 그러니 너희들에게 시간이 없음이라
함이니라.
32 그리하여 너희들에게 준비를 철저히
하라 함이니라.
33 그리하여 나의 법전을 만들어 너희들
이 세상에 전하는 데 게을리하지 말며
주저하지 말라 내가 너희들에게 깨우
치는 것이니라.
34 이 환란의 소용돌이를 막으려 하며 너
희들로 하여금 이 역사를 이루고자 하
는 것이 나 여호와의 뜻이니,
35 너희들은 오늘의 이 고난의 길을 두려

워하지 말며, 불어 닥치는 환란의 그
역사의 변화가 이루어진다 해도 너희
들은 두려워하지 말며 겁먹지 말라.
36 너희들이 두려워하여 멈춘다면, 너희
들이 두려워 가지 못한다면, 너희들이
역사하지 못한다면, 너희들이 용기를
저버린다 하면 그 소용돌이를 막을 수
가 없으며, 그 처참한 환경은 이루 말
할 수 없음이니,
37 너희들이 오늘의 가는 그 길을 두려워
하지 말며, 나 여호와가 너희들을 지
켜 주며 나 여호와가 역사한다는 그와
같은 자신을 가지고 나의 법전을 세상
에 전하는 것을 두려워하지 말며, 짧
은 시간에 많은 법전을 전하여,
38 그들이 결속하여 너희들을 공격하고
자 할 때는 이미 나의 법전을 읽은 백
성이 그들을 반격할 수 있는 만반의
전투태세가 되어 있는 그 모습을 보아
그들이 두려워 감히 공격하지 못하도
록 하는 그 방법밖에는 없음을 너희들
은 알아야 할 것이니라.
39 그 길만이 나의 아들을 지킬 수 있는
길이며, 나의 법전을 지킬 수 있는 길
이며, 하늘로부터 내가 이루고자 하는
새로운 시대요, 새로운 역사의 천 년
에 걸쳐 지상의 낙원을 이루는 것이니,
40 지상의 낙원에 살던 백성이 고통과 괴
로움이 없으며 병마가 없으며 아름답
게 살다 그대로 하늘나라에 오를 수
있는, 그와 같은 하늘과 땅이 하나가
되는 그 아름다운 시대를 열 수 있음
이니라.
41 이를 열지 못하는 것도 너희들이 게으
른 탓이요, 너희들이 시간을 아끼지
아니하며 준비를 철저히 하지 아니할
때, 그 무서운 환란이 생김이니라.
42 너희들이 나의 법전을 만들어 동시에
전하며 나의 법전을 전하는 데 게을리
하지 아니하는 역사를 이룰 때, 반대
의 아름다운 지상과 하늘이 하나가 되
는 그 찬란한 역사가 이 지상에 이루
어질 것이며 낙원이 될 것임을 잊지
말라, 사랑하는 나의 아들딸들아!

4,742 번째 하나님 말씀

2003년 1월 29일 22시 09분

1 사랑하는 나의 아들아!
2 너희들이 변화되며 그리도 갈구하는
하늘에 오르는 길이요, 그 축복을 받
는 것이며 영원히 사는 나의 나라에
올라올 수 있는 길을 가기 위해서는,
또한 너희들이 진정한 나 여호와의 뜻
을 보며 나를 보며 나의 음성을 들으
며 너희들이 변화되어 하늘에 오르고
자 하는 그 역사를 이룰 수 있는 길은
과연 무엇인지 알겠는가?
3 이 모두는 다 너희들 스스로 자신에
게 달렸다는 것을 너희들은 잘 알고
있을 것이니라.
4 그 누구도 너희들이 하늘에 오르는 길
을 인도할 수 없으며, 안내해 줄 수 없
으며, 너희들을 대신하여 보내 줄 자
가 없음을 너희들은 알아야 할 것이니
라.
5 너희들이 정녕 나의 품에 돌아올 수
있는 그 대변화의 축복과 역사의 영광
을 얻고자 한다면,
6 너희들은 지금까지 너희들 스스로 살

아오면서 알며 지은 죄, 모르며 지은
죄, 그리 가슴에 안고 있는 그 모든 허
물을 다 스스로 벗어나는 그 무서운
고통과 시련의 싸움에서 이겨 새로 태
어나 아름답게 성장하는 그와 같은 변
화의 역사를 가졌을 때 너희들 개인이
나에게 구원을 받을 수 있으며 나에게
오를 수 있는 그와 같은 축복과 영광
을 얻는 것처럼,
7 이 세상 나의 피조물 만백성 너희들이
구원을 받으며 변하는 그 역사 또한
새로운 변화의 역사 속에서 너희들이
새로 태어나며 모든 나의 백성들이
변하는 그 역사를 볼 수 있음이니라.
8 그리하여 너희들이 새로 태어나고 새
로 변화되는 그 역사 속에서 믿음의
길이 변화가 되며 깨달음 또한 그와
같이 변화가 되는 것을 너희들은 알아
야 될 것이니라.
9 너희들이 새로 태어나는 고통과 시련
의 싸움에서, 그 고독한 여정에서 자
신과 싸워 이기는 자만이 나에게 올
수 있듯이,
10 이 세상 모든 백성이요, 시대의 역사
의 흐름도 새로 태어나는 대변화요,
변혁이 없이는 너희들이 변화될 수 없
음을 알아야 할 것이니라.
11 새로운 변화요, 새로운 역사에 의해
너희가 다시 태어나게 되며, 새 시대
의 역사가 이루어짐을 너희들은 알아
야 할 것이니라.
12 그리하여 항상 새 시대의 변화를 요구
하는 것이며, 또한 그와 같은 역사의
소용돌이 속에서 모두가 변화되고 새
로운 시대를 요구하게 되며, 새로운
가르침과 변화의 역사가 요구되는 것
이 나의 뜻이며 내가 행하는 것임을
너희들은 알아야 할 것이니라.
13 개인의 변화의 그 역사가 너희들 스스
로 이루어지듯이, 이 세상의 모든 변
화요, 이 지상의 아름다운 역사를 이
루는 그 모두도, 사악한 자들이 오염
시켜 놓은 썩어져 가는 이 지상의 세
상을 바로잡는 것도 대변화요, 개혁의
역사의 그 소용돌이 속에서만 이루어
질 수 있음을 알아야 할 것이니라.
14 너희들 개인이 짓고 가슴에 안은 수많
은 추한 죄를 너희들 스스로 사할 수
없음이니, 너희들 자신이 그 허물에서
벗어나는 무서운 노력과 고통만이 그
를 벗어던질 수 있듯이,
15 이 시대에 잘못 가고 썩어져 있는 것
이 만연된 이 지상을 바로잡으며 이
세상의 흐름을 바로잡는 그것도 이 시
대의 변화를 이루지 아니하면 할 수가
없음이니라.
16 그리하여 너희들이 흘러온 지난날의
그 역사를 돌이켜 볼 때, 나 여호와가
새로운 역사의 시대를 변화시키며 변
화를 요구하고 있음을 너희들은 알아
야 할 것이니라.
17 노아의 방주의 역사가 무엇이던가?
18 내가 새로운 시대를 원했던 것이며,
새로운 방법으로써 새로운 변혁이요,
새로운 개혁을 위하여 내가 노아의 방
주와 같은 그 역사를 이루었으며,
19 모세를 통하여 그 백성들의 애굽의 탈
출이요, 그들이 또한 새로운 시대를
열어 가며 새로운 역사를 이루며 그
많은 개혁의 기적과 역사를 이루어 그

들을 인도했던 그 모두도 새로운 개혁
이요, 새로운 변화요, 새로운 시대의
역사를 이루고자 하며 변화하고자 한
것이니라.
20 그와 같이 변화되는 속에서 너희들이
다시 태어나는 그 역사가 이루어짐이
니라.
21 모세의 구약 시대가 지나며 또 내가
다음의 시대에 변화를 요구한 것이 바
로 무엇이던가?
22 내가 새로운 시대요, 새로운 역사의
변혁을 이루기 위하여 예수가 탄생하
는 신약의 시대를 이루었음이니,
23 그리하여 예수에게 그와 같은 기적과
역사를 이루며 나의 아들이 고통 속에
죽어 온 그 죽음이 바로 무엇이던가?
24 모든 새로운 시대에 새로운 변화와 새
로운 변혁의 역사를 이루기 위해서 내
가 그와 같은 한 시대의 획을 그었거
늘,
25 너희들은 나의 아들 예수가 피 흘려
죽은 그 피로써 너희들 개개인을 구원
하는 그 역사를 위한 것이라며 그것만
을 바라보며 그와 같이 생각하고 지금
가고 있으나,
26 이것은 지상을 바꿔 놓고자 하는 대역
사의 변화이며, 나의 뜻이며, 변화의
그 뜻이 내가 계획한 것이며, 나의 주
관하에 이루어진 역사이니라.
27 그리하여 지금 내가 제3의 시대에
160권의 법전을 세상에 전하여 만백
성을 구하고자 하는 그 역사를 이루는
것도 새로운 시대의 변화를 요구하는
것이며,
28 내가 새로운 시대의 변혁을 위해서 지
금 역사하고 있음을 너희들은 알아야
할 것이니라.
29 이제 그 마지막 시대인, 신약의 시대
에서 제3의 시대의 변화요, 심판의 시
대가 이루어짐이며, 구할 자와 버릴
자를 완벽하게 선택하는 이와 같은 마
지막 심판의 역사가 이루어짐이니, 이
또한 무엇을 원하는가?
30 천 년에 걸쳐서 천사와 같은 백성들이
이 지상에 사는 그 세상을 만들며,
31 악의 씨와 악의 잔재들을 다 뽑아내어
하늘에서 이루어진 낙원을 지상에 이
루어, 너희들이 하늘과 땅이 없이 영
원히 연결하여 아름다운 세상의 삶을
추구할 수 있도록 그 역사를 이루기
위하여 오늘의 대변화를 이루는 것이
니라.
32 흘러오는 역사 속에 너희들이 돌이켜
보라.
33 모든 역사는 내가 변화하는 시대를 열
기 위함이요, 새로운 변혁의 시대를
이루기 위하여 그와 같이 주기적인 역
사의 소용돌이 속에 나의 주관하에 변
하여져 왔음이니,
34 이것이 마지막 변화요, 마지막 시대의
변혁을 내가 이루어 놓은 것임을 알라.
35 그리하여 지금이 심판의 시대요, 알곡
식과 쭉정이를 구분하는, 가라지를 치
우며 영원히 존재하는 알곡식을 추수
하여 거둬들이는 그 역사를 지금 이루
고 있음을 너희들은 알아야 할 것이니
라.

4,743 번째 하나님 말씀

2003년 1월 30일 0시 31분

1 사랑하는 나의 아들아!
2 "네, 아버님! 말씀하옵소서."
3 네가 정녕 낙타가 바늘구멍을 통과하
는 그와 같은 고통과 시련을 겪고 그
보다 더한 시련과 고통을 견디며 악의
마음의 뿌리를 뽑아 천사와 같은 마음
으로 변하는 너의 삶을 살아갈 때, 그
법전을 읽는 백성이 나의 법전에 기록
되어 있는 너의 사진에서 네가 우는
그 눈물을 볼 수 있다 하였음이니,
4 그것이 모세 시대의 기적이요, 예수가
역사했던 신약 시대의 기적보다도 더
무서운 산 증거의 기적이니, 만백성이
그를 보고 깨우쳐 하늘에 오르는 그
길을 본다 하였음이니라.
5 그러니 나의 아들이 그와 같은 길을
감에 있어서 그를 따르는 제자들이요,
나의 법전을 읽고 깨우쳐 나의 아들의
강론을 듣는 백성 너희들은 과연 또
어떠한가?
6 그것은 나의 아들에게만 국한된 것이
아니니라.
7 너희들도 그 못지않은 마음의 변화의
역사를 이루지 아니하면 너희들이 나
로부터 선택된 백성이 아니요, 너희들
이 그리 갈구하는 하늘에 오르는 그
구원의 길을 얻을 수 없음을 알라.
8 나의 아들이 그와 같이 자신의 몸보다
도 더 큰 낙타가 바늘구멍을 통과하는
고통과 인내를 쌓아서 바로 섰을 때
모두는 다 이루어진다 하였음이니,
9 그를 따르는 제자들 또한 그보다 더한
시련과 고통으로써 변화되지 아니하
면 나의 아들 예수를 등 돌리고 팔았
던 그 제자들과 똑같은 형국이 될 것
이니라.
10 인간으로서는 이룰 수 없는 일이요,
인간으로서는 갈 수 없는 그와 같은
고통의 세월 속에서 나의 명을 따르며
나의 뜻을 따라 나의 아들이 변하여
견고히 그 길을 가고자 하니,
11 그를 따르는 제자 너희들이 먼저 변하
여야 할 것이며, 너희들도 같이 변하
는 그 역사를 이루어야 됨을 잊지 말
라.
12 나의 아들 혼자만이 완벽한 천사와 같
은 마음으로 변한다 하여 모든 역사가
이루는 것이 아니요,
13 그를 따르는 제자 너희들이 의인이요,
인자요, 그와 같은 삶을 살아가는 자
가 있을 때 이 세상이 그와 같이 변화
됨이니,
14 너희들은 나의 아들보다 더 피나는 노
력으로써 한 점의 부끄러움이 없으며
변화되는 그와 같은 삶을 살아야 할
것이니,
15 너희들이 지금까지 살아오면서 짓고
있는 죄를 갈기갈기 찢어 헤치는 그
아픔의 고통이 아니면 견디고 이룰 수
없음을 알아야 할 것이니라.
16 뼈아픈 고통과 뼈아픈 회개와 피눈물
보다 더 진한 눈물의 반성과 회개의
그 기도의 길을 거치지 아니하면 너희
들은 변화될 수 없음을 알아야 할 것
이니라.
17 너희들이 손으로 지은 성전에 가서 나
의 아들 예수의 보혈로써 구원을 받았

으며 재물을 바치는 것으로써 구원을
받았다 그리하지 말라, 이 불쌍한 백
성들아!
18 너희들이 하늘에 오르는 길이요, 영원
히 구원을 받는 그 길이 너희들이 말
하는 일주일 내내 너희들이 6일 동안
죄를 짓고 사악한 생활을 하며, 너희
손으로 만든 안식일이라는 그 7일째
노는 날에 너희들이 성전에 가 눈물로
써 기도하며 지전 몇 푼을 바쳐 나를
찾고 용서를 빌었다 하여 너희들의 죄
가 떨어지니 너희들이 새로 태어난 백
성이라는 착각 속에서 하늘에 오르는
길을 올 수 있다 생각하지 말라.
19 나의 아들의 몸보다 큰 낙타의 몸이
바늘구멍을 통과할 수 있는 그와 같은
고초와 노력과 그 역사를 이루어, 그
어떠한 고통도, 어떠한 사탄의 유혹
도, 어떠한 사탄의 향락도, 사탄이 이
루고자 하는 그 모든 유혹을 뿌리치고
바로 서지 아니하면 나의 아들 또한
하늘에 오를 수 없다 하였으며,
20 그를 따르는 나의 피조물 선택된 백성
도 그보다 더한 고통과 시련을 이기고
오지 아니하면 하늘에 오를 수 없다
하였거늘,
21 너희들은 그저 말로써 나의 아들 예수
의 보혈로써 구원을 받았으며 재물을
하늘에 많이 쌓으며 너희 손으로 지은
그 죄악의 사악한 온상에 재물을 바침
으로 너희들이 구원을 받았으며,
22 너희들이 6일 동안에 죄짓고 추하고
더럽게 산 그 모두를 너희들이 주일이
라 하여 안식일이라 하는 날 너희 손
으로 지은 성전에 와 잘못 가르치는
종교 지도자요, 나의 뜻과는 관계도
없는 교리를 가지고 구원의 길이라 하
여 가르치는 그들의 말을 듣고 너희들
이 회개하여 죄를 덜었다 하여 그리
구원받는다는 생각을 하지 말라.
23 어리석은 그와 같은 너희들이 다 지옥
불로 가는 길이며, 너희들이 가고 있
는 것이 잘못됨을 알라.
24 나의 아들과 나의 법전을 읽는 백성들
이 지켜야 할 그 길과 너희들이 지켜
가는 길 중에 어떤 것이 나 여호와의
뜻이며 내가 원하는 깨달음이요, 내가
원하는 변화의 역사인가를 이제는 너
희들 스스로 평가하고 너희들 스스로
판정하여, 너희들이 구원의 길을 오든
말든 그것은 너희들 자신에게 달린 일
임을 알라.
25 나 여호와가 너희들에게 더 이상 강요
하지 아니하며,
26 내가 너희들에게 가르친 나의 법전을
지키고 사는 것이요, 십계명을 지키고
사는 것이요, 너희들이 어렵고 힘든
깨달음 속에서 자신을 버리며 악과 싸
워 이기는 그와 같은 고통의 노력이
없이는 하늘에 오를 수 없다는 그 뜻
을 명심하여 듣고 너희 것으로 만들든
말든 그는 너희들의 선택에 달렸으니,
27 이를 선택할 때, 그와 같은 고통의 길
을 가지 아니하고 너희들이 그 길을
따르지 아니하면 구원의 길을 받을 수
없음을 알라.
28 나의 아들 예수는 고통 속에 십자가에
몸을 바쳐 그 길을 선택하여 나에게
왔음이니,
29 너희들이 그와 같은 고통의 역사와 그

와 같은 고통의 시련과 싸워서 악을
물리치고 선을 행하는 길을 가지 아니
하면 오를 수 없는 것이기에,
30 그것이 나의 아들을 통하여 너희들에
게 가르치기 위한 견본이요, 근본임을
너희들은 알아야 할 것이니라.

4,744 번째 하나님 말씀

2003년 1월 30일 0시 36분

1 사랑하는 나의 아들아!
2 "네, 아버님! 말씀하옵소서."
3 만물의 창조주요, 이 세상에 낙원을
창조한 나 여호와가, 바로 너희들을
지상에 존재하도록 한 나 창조주가 지
상의 낙원을 건설하며 천국과 같이 아
름다운 세상을 이곳에 만들기 위하여
모두를 계획하였으며 그 역사를 이끌
어 가고 있음이니,
4 너희들이 나의 뜻에 의하여 순종하지
아니할 때, 정녕 너희들 자신이 구원
을 받을 수 없으며, 내가 이루는 지상
의 낙원을 하늘과 똑같이 이 땅에 이
룰 수 없음을 너희들은 알아야 할 것
이니라.
5 그리하여 너희들이 나의 뜻에 불순종
하여 내가 이루고자 하는 그 역사를
거부하며 거역할 때, 나 여호와는 무
서운 재앙으로써, 엄청난 징계의 방법
으로써 지금까지 너희들을 훈련시켜
왔음이니라.
6 너희들이 내가 이루고자 하는 그 뜻을
따르지 아니하며 순종하지 아니하며
그 길을 가지 아니하고 인간 삶의 향
락을 위하여 변질된 믿음을 옴으로 인
하여 너희들에게 무서운 재앙의 역사
를 보여 주었으며, 엄청난 징계의 방
법으로써 역사함을 너희들에게 보여
주어 너희들을 변화시키고자 하였음
이니,
7 그것이 나 여호와가 노아의 방주요,
모세의 시대요, 예수의 시대요, 그 모
든 변화 속에서 이루어진 재앙과 엄청
난 징계의 방법으로써 너희들을 다스
려 온 것이니라.
8 그리하여 지금까지 너희들은 그와 같
이 모든 방법을 다 체험하였으며 경험
한 백성들이니라.
9 나 여호와가 징계한 것도, 내가 재앙
으로 다스린 그 어떠한 형태든, 어떠
한 징계의 방법이든, 내가 강권으로써
너희들을 다스렸던 그 무서운 재앙의
시대요, 그 역사의 기적의 모두를 너
희들은 너희 조상으로부터 체험하고
왔으며 그 모두를 겪고 온 백성들이며,
10 그 조상의 후예들이며 그를 겪고 본
그들의 후손이 지금 너희들이 가고 있
는 길이며, 너희들이 지금 이 세상에
존재해 있지 않은가?
11 너희 조상들이 내가 강권으로써 이루
었던 재앙이요, 무서운 그 징계의 역
사함을 다 보고 들어 온 그 백성들이
지금 이와 같이 사악한 시대가 되었으
며 이와 같이 사악한 나의 백성들로
되어 있어, 나의 가슴의 뜻을 너희들
이 따르지 아니하며, 그를 이루고자
하는 나의 뜻을 거역함이니,
12 내가 새로운 성경이요, 새로운 법전이
라 하여 너희들을 다스리는 것을 내가
세상에 지금 말로써 글로써 전하는 이

것이 마지막이라 말하였음이니라.
13 그와 같은 징계의 역사요, 재앙의 역
사를 보고 듣고 온 너희들이 지금 바
로 서지 못하며, 너희들이 스스로 다
스려 새로운 역사요, 새로운 뜻에 따
라서 행하지 아니하며, 그 모두를 경
험한 그 후손인 너희들이 지금 이와
같이 사악한 시대에 살아가며 사악한
자들이 되었음이니,
14 나의 가슴의 성령을 내려보내 내가 새
로운 성경으로써 새로운 법전으로써
너희들을 구원하고 심판하는 이 법전
을 책으로 만들어 너희들을 마지막 구
원하고자 내가 내려보내니,
15 너희들이 스스로 다스리고 깨우쳐 순
종하며 나의 계명을 지키는 그와 같은
백성으로 변하지 아니할 때, 너희들은
정녕 나를 만날 수 없음을 알아야 할
것이니라.
16 너희들이 나 여호와의 뜻에 순종하지
아니하며, 내 뜻에 복종하지 아니하
며, 그 뜻을 따라 변하는 그와 같은 삶
을 이루어 가지 아니할 때, 나 여호와
는 너희들의 손을 놓을 것이니라.
17 그때는 지금까지 내가 강권으로 했던
모든 재앙이요, 징계보다도 더 무서운
고통이요, 인간으로서 상상할 수 없는
그 무서운 징계를 내가 너희들에게 내
리는 그 역사가 반복됨을 알아야 할
것이니라.
18 그를 막기 위하여 내가 나로부터 선택
된 백성을 지금 세상에 내려보내며,
그들로 하여금 알곡식을 심어 뿌리를
내릴 수 있고 씨앗을 내릴 수 있는 옥
토를 만들고자 하는 것이 나의 뜻이니
라.
19 그 옥토의 근본이 나의 법전이요, 이
를 전하여 듣고 깨우치는 백성들이,
변하는 백성 너희들이 옥토로 변하는
것이니,
20 바로 너희들의 마음이 비워지며 나의
성령이요, 나의 뜻이 너희들 가슴에
심어짐이니, 바로 그게 변해진 옥토에
내가 새로운 나무의 씨앗을 심는 그와
같은 것임을 알라.

4,745 번째 하나님 말씀

2003년 1월 30일 0시 53분

1 사랑하는 나의 아들아!
2 "네, 아버님! 말씀하옵소서."
3 나의 아들 예수가 세상에 내려가 이루
고자 했던 그 모두는 기존의 제도권에
대한 대반격이요, 종교적인 대개혁의
혁명의 역사를 이루고자 하였음이니
라.
4 그것이 바로 나의 아들이 세상에 나가
이루고자 했던 그 역사이니라.
5 단단히 뿌리내려져 있으며 저희들 나
름대로 믿어 가고 있는 그 종교 집단
의 제도에 대하여 그를 개혁하고 다스
리고자 대반격의 역사를 이루었음이
니,
6 그리하여 예수는 그와 같은 그 새로운
역사의 변화를 이루고자 모두를 다 바
쳤음을 알아야 할 것이니라.
7 잘못 가고 있는 그들의 믿음이요, 지
금 나의 아들을 통하여 나의 법전에
기록하여 너희들이 가고 있는 그 믿음
이 잘못되며 나 여호와와는 관계없다

전하듯이, 구약 시대에 그 믿음의 길
을 가는 백성들이, 지금의 너희들이
나의 뜻과 관계없이 잘못 가듯이, 그
들 또한 잘못 가고 잘못 흘러갔음이니
라.
8 그리하여 그들을 바로잡고자 하여 종
교의 대변혁이요, 대개혁의 역사를 이
루고자 했던 것이 나의 아들 예수이
니, 기존의 제도권에 대반격을 실시했
던 것이니라.
9 그리하여 나의 아들 예수는 같은 종족
이요, 같은 믿음의 길을 가고 있는 나
여호와를 찾는 그 집단의 백성에게 변
화를 요구하다 도리어 그들에게 처참
하게 죽임을 당했으며, 그 뜻을 이루
지 못한 것이 바로 나의 아들이 죽어
간 그 역사이니라.
10 지금도 너희들이 어떠한 백성들이 이
와 같이 가고 있는가?
11 나의 아들 예수를 따르던 그 제자들이
예수를 팔았으며 예수로부터 도망간
자들이요, 숨어 버린 백성들이요, 고
난을 이기지 못하여 그를 따르던 모든
백성들이 그 시대에 나의 아들이 이루
고자 하는 그 종교의 변혁이요, 혁명
을 이루지 못하며 그 뜻을 또한 이루
지 못하였음이니라.
12 나의 아들을 따르던 그 백성들이 힘을
합쳐 그 뜻을 이루지 못하고 죽음과
핍박의 생애를 마친 것이 나의 아들을
따르던 그 백성들이요, 그 제자들이
살아온 과정이니라.
13 이는 어떠한 백성들이 그와 같이 사악
한 역사를 이루었던가?
14 같은 믿음의 길을 가며 같은 종족으로
서 기득권을 버리지 아니하려는 그 사
악한 자들의 형태이니,
15 지금의 모든 믿음의 길을 가고 있는
종파요, 그 지도자들이, 내가 나의 새
로운 성경을 세상에 내려보내니, 저희
들이 이끌어 온 그 종파의 조직의 형
태를 버릴 수 없으며 그를 지키기 위
하여 사탄이요, 이단이라 말하는 그것
과 똑같은 그 시대의 현상이 이루어졌
음을 너희들은 알아야 할 것이니라.
16 지금 믿음의 길을 가고 있으며 새로운
성경을 내려보내는 나의 법전을 이단
이요, 사탄이요, 마지막 시대에 거짓
선지자가 하는 것이라 너희들이 매도
하고 밀어붙이는 것이 바로 무엇이던
가?
17 나의 아들 예수가 대종교의 혁명을 이
루려 했던 그 뜻을 이루지 못하도록
했으며 그를 죽게 했던 그 후손들이,
바로 그 후예들이 지금 종교 개혁의
대변혁을 이루고자 하는 나의 뜻을 거
부하는 자들이며,
18 너희들은 안일하게 지탱하며 안일한
방법으로써 지금의 그 믿음을 그대로
지탱하고자 하는 욕심이요, 변화할 수
없는 너희들이기 때문에 지금도 너희
들이 나의 아들을 통하여 이루고자 하
는 그 종교 개혁을 방해함이니,
19 예수의 시대에 방해했던 그 백성과 지
금에 이루고자 하는 그 백성은 같은
뿌리로서 너희들이 변화된 것이 없음
이니, 이를 보는 나 여호와의 아픔이
어떠하겠는가?
20 예수도 도전하여 그 종지부를 찍지 못
하였으며 그 역사를 이루지 못하였음

이니라.
21 그 믿음과 그 형태의 뿌리가 지금도
이 세상을 지배하고 있으며, 그들이
지금 다스리고 있으며,
22 그들이 말로써만 모든 나의 백성을 하
늘로 인도하는 그 길을 가며 구원의
길이라 지금 그리 가르치고 있으며,
나의 백성들로부터 재물을 받아들이
며 그들로부터 모든 자유와 노동력을
착취하며,
23 오로지 하늘에 오르는 길이요, 참진리
의 길이라 말하는 것이 썩어져 가는
구렁텅이로 그들을 끌고 가며 몰아넣
고 있는 것임을 너희들은 알아야 할
것이니라.
24 그리하여 내가 다시 2천 년이라는 그
세월이 흐른 다음 나의 아들을 통하여
나의 새로운 법전이요, 새로운 성령을
내려보내어, 나의 아들 예수를 통하여
이루지 못했던 종교의 대개혁이요, 변
화요, 혁명을 이루고자 하는 것이 나
의 뜻임을 너희들은 알아야 할 것이니
라.
25 그리하여 나의 아들을 따르며 나로부
터 선택된 나의 아들의 제자요, 나로
부터 선택된 나의 아들딸 백성 너희들
을 통하여 이를 다시 이루고자 함이니,
26 이것이 내가 마지막 너희들을 사랑하
는 것이요, 너희들에게 내릴 수 있는
사랑이요, 너희들을 위하여 내가 내릴
수 있는 모든 은혜의 마지막임을 너희
들은 알아야 되느니라.
27 그리하여 나로부터 선택된 백성들이
요, 나의 아들을 따르는 제자 너희들
은 더 물러설 수도 없으며 물러서도
아니 되며, 어떠한 상황에서도 너희들
이 양보해서도 아니 되며, 너희들은
핍박과 죽음을 두려워해서도 아니 되
며,
28 오로지 마지막 시대, 내가 이루고자
하는 이 시대에 좌절하지 아니하며 그
뜻을 이루는 그 역사를 이루는 것만이
너희들이 나의 피조물 만백성을 구하
는 길이요, 너희들이 나에게 왔을 때
크나큰 은혜와 영광을 받을 수 있는
그와 같은 것을 너희들이 해야 할 일
임을 알아야 할 것이니라.
29 너희들은 그와 같은 전철을 그대로 밟
아서는 아니 될 것이니라.
30 나의 아들 예수가 새로운 개혁이요,
혁명을 이루려 했던 그 당시 그를 핍
박하는 백성의 위압적이고 물리적인
행동이요, 집단적인 행동에 의하여 나
의 아들을 팔았으며 나의 아들에게 등
지고 도망간 그와 같은 제자들이 지금
의 시대에도 너희들 제자들이 그와 같
은 행위를 이루어서는 아니 될 것이
니, 이를 너희들이 명심하여 지켜 가
도록 하라.
31 지금 너를 따르는 제자들 그 백성은
이것이 마지막이며 너희들이 양보해
서도 안 되며 물러나서도 안 되며 용
기를 잃어서도 아니 됨을 알라.
32 어떠한 형태든 나 여호와가 너희들을
받치고 있으며 내가 이루고자 함이니,
너희들이 터를 닦고 용감히 일어서서
앞으로 전진하는 길밖에 없음을 알라.
33 그리하여 전진하러 나가는 너희들의
그 용기에 내가 성령으로써 힘을 실어
줄 것이며 모든 역사로써 내가 너희들

을 받쳐 줄 것이니 그리 알라.

4,746 번째 하나님 말씀

2003년 1월 30일 01시 02분

1 사랑하는 나의 아들아!
2 지금 믿음의 그 형태가 어찌 되어 가는가?
3 사랑의 진리요, 참진리의 뜻을 따라 내가 명한 그 모두를 지키고 살아온다면 세상에 너희들은 가장 행복이요, 즐거움이니라.
4 나 여호와를 사랑하는 마음으로써 살아가며 나의 뜻을 거역하지 아니하고 살겠다는 그 마음을 갖고 세상을 살아가는 자는 얼마나 이 세상이 아름답고 얼마나 살기 좋은 세상인지 알겠는가?
5 그와 같은 마음을 갖지 못하며 지금의 종교 집단에 가 구원을 받은 자들이요, 구원을 받는 길이라 하여 너희들이 광분하고 있는 그 모순 덩어리가 지금에 잘못 가고 있는 믿음의 그 형태이니라.
6 지금 잘못 가고 있는 그 믿음의 모순 덩어리가 너무나 두꺼워 그 장막을 깰 수도 없으며 헤칠 수도 없는 그와 같이 두꺼운 장막으로서 이루어져 있음이니라.
7 깰 수도 없으며 무너뜨릴 수도 없는 잘못 가는 그 믿음의 장막이 너무나 두꺼워 이를 최소한의 피해로써 그 장막을 뜯어내고 헤치고 나올 수 있는 그 명분을 만들고자 하는 것이 나 여호와 뜻임이니라.
8 지금 믿음의 길을 가고 있는 그 백성은 저희들을 둘러싸고 있는 잘못된 그 믿음의 장벽이 너무나 두껍고 강하여 스스로 깨고 나올 수 있는 능력이 없음이니라.
9 그리하여 그들에게 명분을 주며 용기를 주어 그들이 스스로 깨고 나올 수 있도록 그리하여 그 방법을 제시하고자 함이 나 여호와의 뜻이니, 이는 바로 무엇이더냐?
10 유하고 부드러운 그와 같은 새로 내려온 성경이요, 나의 말씀이요, 나의 법전의 책으로써만이 그들을 다스릴 수 있으며, 글로써 그들이 읽고 깨우치는 그와 같은 방법밖에는 길이 없음을 알아야 할 것이니라.
11 내가 강권을 발휘하여 너희들에게 재앙을 내렸으며 내가 너희들에게 징계의 심판을 내렸으며, 그와 같은 역사 속에서도 너희들이 변하지 아니하여 지금같이 사악한 믿음의 길을 가고 있음이니 어찌해야겠는가?
12 나 여호와가 지금의 믿음의 길을 가고 있는 그 잘못 가는 백성들이 광란의 짓이요, 열정적인 그들의 우매한 믿음이 식을 때까지, 스스로 그들이 무너지기까지 기다릴 시간이 없음이니라.
13 나 여호와가 기다리며 더 두고 보며 내가 그들에게 관여하고 싶지 아니하나, 내가 또한 일찍이 그들을 기다려 준 그 시간이 2천 년이란 길고 긴 시간 동안에 충분히 나 여호와가 그들을 기다려 주었음을 너희들은 알아야 할 것이니라.
14 2천 년이라는 길고도 긴 세월을 기다

려 준 동안에 너희들은 더 무너지고
더 썩어지며 더 구렁텅이로 빠지는 그
와 같은 변화만 이루어졌음이니, 내가
너희들을 더 이상 방치할 수 없으며,
15 더 이상 내가 너희들을 방치하는 동안
에 너희들을 영원히 구할 수 없으며
나의 법전이 세상에 내려가 뿌리를 내
릴 수도 없는 그와 같은 형국이 이루
어질 것이니라.
16 그리하여 내가 새로운 시대요, 새로운
창조의 대변혁이 없이는 변화될 수 없
는 지금의 그 형태이니,
17 이와 같이 그 모두의 대변혁이요, 새
로운 종교의 혁명을 이루는 주역이 바
로 누구던가?
18 나로부터 선택된 백성들이요, 나의 아
들을 따르는 그의 제자들이요, 나의
법전을 읽고 깨우쳐 가고 있는 백성
너희들이 아니면 그 누구도 이 대역사
의 변화를 이룰 수 없느니라.
19 그리하여 나로부터 선택된 너희들이
소중한 나의 백성들이며, 내가 너희들
을 무엇과도 바꿀 수 없는 그와 같은
소중한 나의 아들딸임을 알아야 할 것
이며,
20 그리하여 내가 너희들에게 용기와 희
망을 주어 너희들이 역사할 수 있도록
너희들을 받쳐 주며 이끌어 가고자 함
이니, 그것이 나의 뜻이니라.
21 지금 잘못 가는 종교 집단들이 얽히고
설키어 있는 그 장막이 너무나 두껍고
너무나 강하여, 그를 깨고 나올 수 있
도록 너희들밖에는 그 누구도 인도할
수 없음이니라.
22 저희들 스스로 이를 깰 수도 없으며
그를 벗어날 수도 없으며 그 믿음의
길에서 헤어날 수도 없음이니라.
23 그들은 오로지 잘못 가르치는 종교 지
도자들이 믿음의 그 길을 가기 위하여
가르치는 것이 아니요, 재물을 거둬들
이는 데 물질만능주의로 변화되어 있
음이니,
24 진리를 가르치기 전에 저희들이 갖은
수단과 방법을 가리지 아니하고 저희
들이 만든 계명에 따라서 서로 저희들
이 재물을 긁어모으기에 급급하며,
25 저희들과 같이 가고 있는 같은 교리
를 연구하는 집단끼리도 서로 이단이
요, 사탄이라며 저희들의 힘과 정력을
낭비하며 소모전을 벌이고 있으며 지
금 서로 저희들끼리 싸우고 있는 이
와 같은 시기이니,
26 이때가 바로 그들을 바로잡을 수 있는
길이며,
27 그들에게 나의 법전을 전하여 그 백성
들이 깨우치는 대변화의 역사를 이루
어 주어, 그들이 뒤로 무너지고 있는
그 현실을 알지 못할 때, 너희들이 그
들에게 반격의 기회를 가져, 일시에
그들이 더 이상 너희들에게 반격할 수
없는 그와 같은 대반격의 변화의 역사
를 이루어야 하기 때문이니라.
28 지금 저희들이 같은 종교요, 같은 진
리를 가지고 배우는 자들끼리, 저희들
이 같은 성경을 가지고 교리를 가르치
는 자들끼리 서로 물고 뜯으며 이단이
요, 사탄이라 저희들 자신이 소모전을
벌이고 있는 이때가 그들을 무너뜨릴
수 있는 기회이기에,
29 내가 지금 무절제한 지표가 없는, 그

리고 깨달음이 없는, 그리고 신념이
없는 그와 같은 집단들이 끌고 가는
그들의 만행을 단죄할 때가 지금이라
생각하여, 밤과 낮을 가리지 아니하고
나의 아들을 이리 독촉하여 나의 성령
을 기록하여 전하도록 함이니,
30 너희들이 나의 법전으로 일시에 이 세
상을 덮는 대역사의 변화를 이루어,
31 그들이 너희들을 공격하며 저희들이
무너지며 뿌리가 흔들리는 그와 같은
것을 막기 위하여 너희들을 빙자하여
대환란의 전쟁을 이루고자 하는 그것
을 막아야 할 것이니 그리 알라.

4,747 번째 하나님 말씀

2003년 1월 30일 09시 15분

1 사랑하는 나의 아들아!
2 "네, 아버님! 말씀하옵소서."
3 인간 세상 속에 너희들이 살아가면서
너희들에게 고통과 시련을 준 사람을
너희들은 미워하지 말며 저주하지 말
며 복수하려 하지 말라 나 여호와가
너희들에게 가르쳤음이니라.
4 그가 너를 바로잡고 너를 깨우치기 위
하여 하나의 희생양으로서 너희들에
게 그와 같이 고통을 주고 시련을 줄
수 있는 그것이 인간관계에 맺어지고
얽힌 관계라 내가 너희들에게 일찍이
그리 가르쳤거늘, 어찌하여 너와 너를
따르는 제자들은 그를 깨우치지 못하
는가?
5 너희들에게 고통과 시련을 주는 자가
너희들에게 고통과 시련을 주고 싶어
서 주는 것이 아니요,
6 너희들에게 고통과 시련을 그와 같이
줌으로 인하여 너희들이 깨달음이 있
고 변함이 있으며, 너희들이 세상사에
눈을 뜨며 나 여호와의 믿음의 그 길
을 바로 볼 수 있도록 하기 위하여 나
여호와가 그로 하여금 너에게 고통을
주는 그 시련을 겪는다 하면,
7 그것은 나의 뜻이요, 나의 주관하에
이루어짐이니, 그는 너에게 은인이요,
스승이라 내가 그리 말하였느니라.
8 그가 너에게 적은 고통과 시련을 줌으
로 인해 네가 바로 깨우쳐 세상사 이
치를 알았을 때, 너는 그와 같이 잘못
되며 남으로부터 고통받는 그리고 비
평받는 일을 하지 아니할 것이니라.
9 그와 같이 네 주변에 있는 사람이 나
로부터 선택되어 너를 훈련시킬 때,
그는 교관으로서 너를 훈련시킴이니,
10 네가 그 작은 훈련을 잘 인내하고 견
딤으로써 네가 더 큰 훈련이요, 더 큰
역사요, 남에게 더 큰 죄요, 잘못을 저
지르는 것을 스스로 깨우쳐 예방할 수
있으며 네가 바로 설 수 있는 그와 같
은 것으로써 너를 위하여 훈련을 시킨
다 하면,
11 그 혹독한 훈련을 시키는 그 교관은
너에게 야속한 사람이 아니요, 미운
사람이 아니라, 너를 위해 나로부터
그는 남에게 혹독한 자요, 잔인한 자
라는 비평을 받는 그 고통의 세월을
가는 것이니,
12 그를 네가 감싸고 그를 스승이요, 감
사하다 생각하는 마음을 갖고 살라 내
가 너희들에게 그리 일렀느니라.
13 이와 같은 이치를 깨닫는다면 너희들

이 살아가면서 어찌 살아가야 되는 것
인가를 너희 스스로 알 것이니, 세상
사의 그 모두는 다 나의 주관이요, 나
의 뜻에 의해 이루어지는 역사 속에
모두가 이루어진다 하면, 너희들은 누
구를 원망하고 시기하고 질투하는 그
와 같은 마음을 감히 가질 수 없으며,
14 내가 너희들에게 강요하는 '원수를 사
랑하라'는 그 마음이요, 그 뜻을, 그와
같은 행위로써 너희들이 살아갈 수 있
는 길을 알 것이며, 그 마음을 너희들
이 다스릴 수 있는 것임을 알아야 할
것이니라.
15 세상사의 모든 이치는, 나에게 터치된
백성이요, 내가 쓰고자 하는 백성은
내가 어렵고 힘든 그 훈련을 시켜 너
희들을 바로잡고자 함이니,
16 너희들을 나 대신 훈련시키는 그와 같
은 인간 세속에 맺어진 인연의 고리
에서 너희들에게 고통과 시련을 주는
자를 너희들은 그저 저주하며 복수하
려 하며 그리고 증오의 칼을 갈지 말
라.
17 그게 너희들을 위하여 너희 스승으로
서 너희를 가르치는 교관으로서, 그도
그 갈 수 없는 어려운 길을 가고 있는
그것이 인간관계에서 너희들에게 이
루어지는 일이니,
18 모두는 '내 탓이요, 나에 의하여, 나의
뜻에 의하여, 내가 잘못했기에 그와
같은 현상이 이루어진다'는 그와 같은
감사한 마음으로 받아들이며, 너희들
이 깨우침을 얻으며,
19 너희들이 달라짐이 있으며 변화가 있
으며, 너희 스스로 전진하는 그와 같
은 삶을 살게 하기 위한 나 여호와의
훈련이요, 거듭되는 그 훈련 속에 너
희들이 다시 태어나 나에게 오를 수
있는 그와 같은 백성으로서 바로 설
수 있음이니,
20 훈련이 없이 너희들은 바로 설 수 없
음이니라.
21 그 이치를 깊이 깨우쳐 너희들이 행하
도록 그리하라.

4,748 번째 하나님 말씀

2003년 1월 30일 09시 29분

1 사랑하는 나의 아들아!
2 "네, 아버님! 말씀하옵소서."
3 지금의 모든 종교 집단이요, 그리고
나에게 오르는 길이며 만백성을 인도
하여 이끌어 간다는 수천 년 동안 흘
러온 그 종교 집단이 나와는 관계도
없는 길로 잘못 가고 있다 내가 그리
말하며, 그들을 바로잡고자 하여 지금
내가 너를 통하여 160권의 법전이요,
새로운 성경을 세상에 내려보내니, 너
희들은 그 뜻을 알겠는가?
4 너희들이 돌이켜 너희들 스스로 진단
해 볼 때가 되었음을 알아야 할 것이
니라.
5 모든 종교 집단들이 저희 손으로 지은
그 성전이라는 곳에서 나 여호와의 뜻
이요, 참진리요, 성경의 그 아름다운
뜻을 그대로 가르치고 경배하며 기도
하면 무엇이 잘못되겠는가?
6 그러나 너희들이 그 성전을 짓는 과정
서부터 돌이켜 보라.
7 그는 나의 사랑하는 백성들의 고혈을

수없이 착취하고 긁어모아 그를 지었
음이니, 그를 짓는 과정에서 너희들이
얼마나 많은 사악한 짓이요, 추한 짓
이요, 편법으로써 그리 역사했는가?
8 과연 너희들이 그와 같은 성전이라 하
여 짓는 그곳에서 나의 성경을 가르치
는 것만이 위대한 가르침인가?
9 너희들은 코 묻은 돈을 긁어모았으며,
너희들보다 가련하고 어렵고 힘든 그
불쌍한 자들에게서도 거둬들이고 갈
취하여 그와 같이 성전이라는 것을 지
었음이니,
10 그 성전을 지었으면 그곳에서 너희들
이 회개하고 반성하는 아름다운 마음
으로 나에게 기도하며 경배하며 그와
같이 성경을 제대로 가르치는 것이 아
니요,
11 손으로 지은 그 성전에서 너희들은 강
도 짓을 계속하고 있으며, 오로지 어
찌하면 나의 피조물 만백성을 자극하
여 그들이 가진 재물을 영수증 하나
없이 갈취할 수 있는가 그 방법만 연
구하니, 강도보다도 더 무섭게 그것만
을 연구하는 것이니라.
12 그리하여 그것이 나의 백성을 깨우쳐
하늘로 오르는 길이 아니요,
13 나의 백성으로부터 어찌하면 재물을
강탈하고 긁어모을 수 있나 그 방법만
연구하는 곳이 되어 버렸으니, 그리하
여 그곳이 죄의 온상이며 사악한 마귀
들의 소굴이라 내가 너희들에게 말하
였으니,
14 사탄의 자식들로서 사탄이 이끌어 가
는 그것을 연구하여 나의 피조물 만백
성을 지옥으로 이끌어 가는 그와 같은
역사의 사악한 짓만을 하고 있는 것이
너희들이 지금 지은 성전이라는 곳이
요, 잘못 가르치는 종교 지도자들이
참진리의 뜻도 모르면서 지금 서서 강
론이요, 설교라 하여 떠들고 있기 때
문이니라.
15 그리하여 그곳에 가 재물을 바치고 눈
물의 기도를 하고 광란의 짓으로써 나
의 아들의 이름을 부르며 나를 부름으
로 인하여 구원을 받는다 그와 같이
착각하고 있는 백성들이 또한 거기에
모여 듦이니,
16 썩은 곳에 썩은 것을 먹는 파리가 모
여들듯이, 썩고 병든 곳에 그저 썩은
것을 원하는 파리가 모여들듯이 그와
같이 나의 백성들이 잘못 가고 있음
이니,
17 너희들은 여기서 돌이켜 보라.
18 과연 그곳이 재물을 거두어들이는 소
굴이 아닌가?
19 그들이 그 재물을 여유 있는 자, 능력
있는 자들로부터 거둬들였는가?
20 너희들은 없는 속에서도 바치는 것이
나 여호와에게 사랑을 받으며 바침으
로 열배 백배 복을 받는다 하니, 혹시
나 없는 것 있는 것 다 갖다 바치면 구
원을 받을까 하는 그와 같은 생각이
젖어 있는, 썩은 것에 모여드는 파리
와 같이 썩은 생각을 가지고 있는 백
성들이 내놓은 그것이요,
21 그들을 이용하여 갈취하고 거둬들이
는 그 금화와 은화로써 너희들은 그
성전을 지었으며, 오늘에 그와 같은
호화로운 곳에 서서 강론을 함이니 그
자체가 잘못된 것이며,

22 그 속에서도 지금 너희들이 재물을 거
둬들이는 그와 같은 역사를 하지 않는
가?
23 나의 아들의 뜻대로 나의 아들이 가는
길을 가며, 나의 아들이 죽음의 십자
가를 지고 가 그 고통의 죽음을 행했
듯이 너희들이 너희 자신의 십자가를
짊어지고 가는 그 고통 속에서 깨달음
을 얻으며 참진리를 알 수 있다 하였
거늘,
24 너희들은 재물을 거둬들여 호의호식
하고 부귀영화를 누리는 데만 전념하
고 있음이니,
25 지금의 지어진 너희들의 그 성전이
악의 소굴이요, 도둑의 소굴이요, 강
도의 소굴이 되었다 함을 내가 너희들
에게 말하여 줌이니,
26 이제 그곳에 가 깨우침을 얻고자 하는
백성 너희들의 발을 멈춰 나의 법전
을 가슴에 안고 정독하여, 하늘의 이
치와 하늘의 역사하는 것과 나 여호와
가 심판함을 배워 심판대에 설 수 있
는 자격을 얻도록 그리하라.
27 나의 백성들이 얼마나 강탈당하고 얼
마나 착취당하고 있는가를 너희들은
알아야 할 것이니라.
28 여기에 더군다나 나의 예수와 우리 부
자의 이름을 팔아 그 이름 아래 얼마
나 추하고 더러운 행위를 일삼고 있으
며 지금도 계속되고 있는가를 너희들
은 들여다보라.
29 너희들이 이제 들여다볼 수 있으며 볼
때가 되었거늘, 어찌하여 그를 보지
못하는가?
30 수천 년 동안 흘러오며 수많은 종교
요, 교회요, 성당이요, 법당이요, 모든
너희들이 이름을 붙일 수 있는 대로
붙여 성전을 지은 것은 백성들로부터
재물을 거둬들였음이니,
31 거기에는 있는 자, 없는 자, 너희들보
다 못한 자에게까지 거둬들였으니, 그
것이 사랑이 아니요, 잘못된 것이요,
32 그와 같은 호화로운 성전이 아니면 나
의 법전이요, 나의 성령이 너희들 귀
에 들어가지 아니하며 너희들에게 가
르침이 되지 않는가?
33 이는 너희들이 잘못되었음을 알아야
할 것이니라.
34 너희들은 호의호식하며 공부하는 자
식보다, 반딧불에 불 비춰 가며 남들
에게 글동냥해서 배우는 자가 더 위대
하며 더 똑똑히 알아들으며 더 참뜻을
알아 큰 것으로써 만백성에게 역사하
는 그와 같은 사람을 너희들 인생의
삶의 흐름 속에서 수없이 봤을 것이니
라.
35 십자가를 짊어지고 가는 그와 같은 고
통 속에서 너희들이 믿음의 길을 가며
깨달음을 얻고자 할 때, 나의 아들 예
수가 살아왔으며 그가 전하고자 한 그
뜻을 알 때, 너희들은 하늘의 뜻을 알
것이니라.
36 그와는 관계없이 너희들은 성전을 짓
는 방법으로 그리 착취하였으며, 지금
도 너희 손으로 지은 성전에서 그를
유지·관리하다 보니 너희들은 재물을
거둬들이지 아니하면 아니 되겠기에
도둑의 재물이요, 강도질 한 자의 재
물이요, 간음하여 번 돈이요, 강탈하
여 번 돈이요, 그 모든 재물도 바침으

로 그가 축복받는다 그리 말함이니,
37 너희들이 도둑질하고 강도질하여 번
그 재물을 나에게 바치니, 그 더럽고
썩은 냄새가 나는 것을 나에게 바치면
내가 거기다 열배 백배의 복을 더 줄
것이라 믿고 그리 기도하는 이 사악한
악마의 자식들의 집단 너희들이 이제
문을 닫을 때가 되었음이니,
38 내가 이와 같이 나의 법전에 기록하여
너희들의 손에 쥐여 주고 깨우쳐 눈으
로 읽도록 하며 귀로 듣도록 하여도
이를 보고 깨우치지 못하는 자, 그리
하여 나의 법전을 읽고 깨우치지 못한
백성은 심판을 받을 수 없다 내가 말
함이 여기에 있음을 알라.
39 이 무섭고도 두려운 사실 앞에 이를
거부하며 이를 인정하지 아니하며, 나
의 아들을 죽이려 하며 나의 법전을
찢어 버리는 그와 같은 사악한 자, 네
용맹이 어디까지 가며, 네가 과연 죽
어서 내 앞에까지 와서 나를 위하여,
우리 부자를 위하여 네가 역사한 자라
말할 수 있겠는가?
40 나의 법전을 읽고 깨우쳐 너희들이 한
자라도 잘못된 것이 있으며, 그 가르
침이 잘못된 것이 있으며, 너희들 종
교 집단을 파헤쳐 그를 바로 세우고자
하는 그 용기 있는 나의 아들의 행동
에 부끄러움이 있고 추함이 있는가 그
를 들여다보도록 하라.
41 나의 아들은 낙타가 바늘구멍을 통과
하는 그 어렵고 힘든 길을 가 바로 서
며 그가 그와 같이 깨달았을 때, 그가
나의 성령이요, 새로운 성경에 그 사
진을 붙였으니 그 사진의 뚜껑을 열
때, 내가 그 눈에서 피눈물나는 고통
의 시련을 겪고 일어선 그 모습의 마
음을 너희들이 읽을 수 있다 하였음이
니,
42 너희들은 나의 아들이 살아가는 모습
을 들여다보며 그가 행함을 들여다보
며 그가 역사함을 들여다봐, 너희들이
하고 있는 추한 짓과 견주어 너희 스
스로 구원하는 길을 볼 것이며, 그리
하여 너희들이 깨달아 과연 어떤 것이
옳은가를 너희들이 선택해야 될 것이
거늘,
43 너희들은 어찌하여 고집과 아집으로
써 그냥 일관하는가?
44 이와 같은 뜻을 내가 전할 때, 그 종교
지도자요, 사악한 자들이 입을 벌려
그리 말할 것이니라. 사탄도 나 여호
와와 똑같은 행위를 하며 종말에 가서
너희들의 모두를 다 거둬들이며 지옥
으로 이끌어 가니 그 말은 절대 믿지
말라.
45 주옥같은 진실한 마음이요, 참보석을
가진 자를 가짜 보석을 든 자들이 그
보석이 상한다며, 진짜 보석은 나중에
가짜로 되어 더 나쁜 잡석으로 변한다
는 그와 같은 말을 함이니,
46 진실한 보석은 보석이니라.
47 진리는 진리이니라.
48 너희들이 아름다운 마음이요, 선하게
사는 그 뜻을 가르치는 것이 나 여호
와의 참진리이니,
49 참진리는 만백성이 들어서 귀가 즐거
우며 그를 들어 행하는 것이 행복이라
는 것을 느낌이니,
50 내가 기록한 법전의 내용을 하나하나

분석하여 그대로 살아갈 때, 너희들이
얼마나 행복하고 위대한 백성인가 스
스로 감사함을 느낄 수 있음이니,
51 너희들이 그 법전을 읽고 그를 깨우친
다면 그것이 나 여호와의 참진리요,
진정한 가르침인 것을 깨달아 행하도
록 그리하라, 사랑하는 나의 백성들아!

4,749 번째 하나님 말씀

2003년 1월 30일 09시 41분

1 사랑하는 나의 아들아!
2 "네, 아버님! 말씀하옵소서."
3 너를 핍박하며 나의 법전을 핍박하는
만백성 그들의 어리석은 모습이요, 그
들의 만행을 보는 나 여호와의 가슴이
이리도 아프고 저림이니라.
4 만백성 너희들은 들어야 할 것이니라.
5 너희들은 나의 아들을 탓하지 말며 나
의 아들을 핍박하지 말라.
6 나는 예수, 나의 아들 하나를 그 고통
속에 가게 한 그 아픔도 아직 가시지
아니하였으니,
7 너희들을 구원하며 너희들을 인도하
기 위하여 지금 세상에 내려간 나의
법전이요, 나의 성령을 받아 기록하여
전하는 나의 아들을 너희들이 또 그리
죽이려 하며 핍박하는 그와 같은 행위
를 하지 말라.
8 나 여호와가 그를 용서하지 못하며 용
서하지 아니함을 알아야 할 것이니라.
9 너희들은 나의 아들을 탓하지 말며 핍
박하지 말며, 나의 법전을 탓하지 말
며 나의 법전을 태우지 말며 나의 법
전을 사탄이요, 이단이라 말하지 말라.
10 나의 아들은 그의 뜻대로 전하며 그의
생각대로 하는 것이 아니요, 오로지
보내는 여호와 창조주 나의 명과 나의
뜻에 의하여 그 모두를 행함이니,
11 그가 무슨 죄가 있으며, 그가 만들어
내는 법전이 무엇이 잘못되었으며, 무
엇이 사탄의 것이며, 이단의 것이며
만백성을 지옥 불로 끌고 가는 그와
같은 것이라 너희들은 말하는가?
12 너희들이 정녕 나의 아들을 핍박하며
나의 법전을 태우고 찢어 버리며 그가
마지막 시대에 나오는 거짓 선지자의
사악한 행위라 시시비비를 하고자 한
다면, 그 모두는 명하여 시키는 나 여
호와에게 너희들이 직접 물어보며 나
여호와에게 답을 듣도록 그리하며 나
에게 시시비비를 하도록 그리하라.
13 보내는 자요, 명령하는 자, 내가 있음
이니, 어찌하여 명하는 대로 행하는
나의 아들을 핍박하며 그를 세상에 존
재치 못한다 하여 나의 법전이 세상에
내려가지 못하며 너희들이 역사의 변
화를 이루지 아니하고 그대로 지탱될
수 있다 생각하는가?
14 다만, 너희들이 나의 아들을 핍박하며
그를 죽게 하며 그를 단죄하고자 하여
악을 쓰고 대드나, 그 역사가 이루어
질 수 없을 것이며,
15 나의 법전이 온 세상을 다 덮음을 중
단하지 아니할 것이니 너희들은 이를
알라.
16 정녕 보낸 이요, 창조주 나의 뜻에 따
라 행하는 나의 아들은 그저 명하는
것을 행하는 자이니, 그를 탓하고 그
를 욕하기 전에 너희들은 모든 시시비

비요, 그 모두를 나 여호와에게 직접
묻고 따지도록 하라.
17 그것이 너희들이 해야 할 길이니라.
18 나의 아들의 능력으로써, 나의 아들의
권세로써, 나의 아들의 지혜로써 그가
행하며 이와 같은 역사가 이루어진다
너희들은 생각하는가?
19 나의 아들의 능력으로써는 이가 이루
어질 수 없으며, 나의 아들의 권세로
써도 이루어질 수 없으며, 나의 아들
의 뜻대로 그 지혜로써 이리 행한다
할 수도 없음을 너희들은 알아야 할
것이니라.
20 나의 법전이 과연 너희들이 지금 이끌
고 가는 종교 집단에 무엇을 주며 어
떠한 피해를 주는가?
21 너희들에게 재물을 내놓으라 하며 너
희들을 따라가는 그 신도들을 돌려 달
라 말하는 것이냐?
22 그것이 아니니라.
23 다만, 나의 법전을 나의 아들이 책으
로 만들어 만백성에게 나의 뜻을 전하
는 것은 모든 백성들에게 스스로 읽고
깨우쳐 그들이 판단할 수 있는 기회를
주고자 함이니라.
24 너희들이 진정한 보석을 가지고 진정
한 나의 진리요, 나의 참뜻을 가르친
다 하면, 너의 제자들이 나의 법전을
들고 읽고 깨우치든, 이를 새로운 성
경이라 믿든 말든 너희들은 관계가 없
음이니라.
25 진실을 가르친다면 너의 제자들이요,
나의 백성은 너희들에게서 떠나지 아
니할 것이며 등을 돌리지 아니할 것이
니라.
26 그리하여 나의 피조물 만백성에게 선
택의 기회를 주는 그것을 가지고 너희
들이 어찌도 이리 불안하며 두려워하
며 이와 같이 사악한 행패를 부리고자
하는 것인가?
27 이는 너희들 자신이 반성해 봐야 할
것이니라.
28 나의 아들이 기록한 법전이 너희들의
재물을 빼앗아 가며 너희들에게 무엇
을 달라 요구하는 것이 있으며 너희들
에게 피해를 준다면 그를 너희들이 거
부하며 제지하려 할 것이나, 이런 것
이 없음이니라.
29 모든 백성에게 똑같은 기회를 주며,
잘 가고 잘못 가는 것을 내가 분석함
이니,
30 내가 너희들의 잘못된 것을 지적하여
법전에 기록한 것이 사실이 아니라면,
나의 백성들은 이 법전이 잘못된 것
이라 하여 너희들의 손을 들어 줄 것
이며,
31 내가 너희들을 탓하고 꾸짖어 내가 기
록한 그 모든 내용이 과연 맞는 것이
라면 그들은 나의 법전의 손을 들어
줄 것이니,
32 너희들은 그 심판을 겸허히 받는 그와
같은 자세로 가지 못하고 어찌하여 두
렵고 겁먹어 모든 행패와 물리적인 행
동으로써 이 세상에 법전이 나가지 못
하도록 하며, 나의 아들이 존재하지
못하도록 무력과 모두를 행사하려 하
는가?
33 그것은 너희들이 진정한 뜻을 가르치
지 못하는 것이요, 너희들이 사탄이
요, 이단이요, 사악한 자들의 행위임

을 스스로 인정하는 결과가 될 것이니
라.
34 그러니 너희들은 조용히 그 심판을
기다리도록 하라.
35 내가 성경의 구약과 신약을 덮은 것
이요, 구약과 신약의 잘못된 부분을
비유로 가르친 것을 너희들이 그 뜻
을 모름이니, 그 뜻을 내가 해석하여
나의 법전에 기록하여 나의 피조물 만
백성을 바로잡고자 하니,
36 또한 그를 읽고 그들이 스스로 깨우
쳐, 나 여호와의 법전에 기록된 뜻이
맞다면 그를 따를 것이며, 그렇지 아
니하면 나의 법전을 던질 것이니라.
37 그러니 너희들은 그 백성들이 선택하
는 것마저 착취하지 말라.
38 그들에게 선택권을 주는 것마저 너희
들이 그 길을 막는다면 그 죄는 너희
들이 지금까지 살아오며 지은 죄보다
도 더 무겁고 힘듦을 알아야 할 것이
니라.
39 진정한 보석을 가지고 진정한 참진리
를 가르치는 자는 두려워할 것이 없으
며 무서워할 것이 없으며 상대방을 비
방하고 욕할 필요가 없는 것이니라.
40 너희들 인간관계에서 서로 비방하며
밟고 일어서려 하는 자는 제가 추하고
자신이 없으며 능력이 없기에 남을 갖
다 비방하고 욕하는 것이 지금 세상의
작태가 아니던가?
41 만백성을 이끌어 가는 지도자들이 하
는 작태가 무엇이던가?
42 제가 만백성을 이끌어 가는 길로 어찌
가겠다는 그와 같은 지도자로서의 제
뜻을 밝히면 되는 것이거늘,
43 상대방의 약점이요, 추한 것을 드러내
며, 젖 먹던 때 잘못한 것까지도 그를
들춰내는 것이 너희들이니,
44 어머니에게 젖 먹을 때 똥오줌 싼 것
까지도 그게 죄가 되고 잘못되니 똥오
줌 싼 것으로써 만백성을 지도하고 안
내할 수 있는 지도자가 될 수 없다는
그와 같은 비방의 선전으로써 상대방
을 무너트리는 그와 같은 것이 인간
너희들이 지금 세속에서 살아가는 작
태이며 형태이니,
45 남을 물고 늘어지며 무너트리지 아니
하고 남을 밀어붙이지 아니하고는 제
가 설 수 있는 그 길을 가지 못하는 것
이 너희들이니,
46 당당한 자는 그와 같이 추한 짓을 하
지 아니할 것이니라.
47 너희들이 정녕 나 여호와의 뜻이요,
참진리를 가르치는 백성들이라면 나
의 법전을 가지고 만백성에게 단 한
번의 기회를 주고자 하는 이것을 반대
하지 말며 이를 역으로 공격하지 말라.
48 이는 너희들이 죄인이라는 것을 스스
로 인정하는 무서운 과오를 범하는 것
임을 너희들은 알아야 할 것이니라.
49 지금 160권의 법전을 기록하여 전하
는 그것은 나의 아들의 능력이요, 그
의 권세요, 그의 지혜로써 할 수 없다
는 것을 너희들은 알아야 할 것이며,
50 두 번째는 나의 아들이 제 뜻대로 하
는 것이 아니요, 보낸 나 여호와 창조
주의 뜻이요, 명령에 의하여 행함이니
그는 잘못이 없으며,
51 오로지 내가 명하여 행하라는 것을 목
숨을 걸고 지키는 그 착하고 강직하고

용기 있는 나의 아들을 사탄이요, 이
단이라 밀어붙이지 말라.
52 너희들이 정녕 무엇을 갑론을박하며
따지고 싶고, 이것이 정녕 나의 성령
이요, 아니요 하는 것을 알고 싶고 그
를 구분하고 싶거든, 너희들은 직접
나에게 기도하며 시시비비를 가리라.
53 너희들이 죽어 와서도 과연 이것이 진
정이요, 아니요 하는 것을 내 앞에 와
시시비비할 자격이 있으며 할 수 있는
가 한번 돌이켜 생각해 보라.

4,750 번째 하나님 말씀

2003년 1월 30일 09시 50분

1 사랑하는 나의 아들아!
2 "네, 아버님! 말씀하옵소서."
3 깨달음이요, 깨우침이요, 하늘에 오르
는 길이 얼마나 힘들고 어려운 길이던
가?
4 너희들이 그 고통의 길을 딛고 일어섰
을 때 영원히 사는 나의 나라에 와 너
희들이 사랑의 은혜를 받는 길이 없다
하면 나 여호와는 너희들에게 오늘의
고통의 길을 가라 하지 아니하겠느니
라.
5 고통스럽고 힘든 그 깨달음의 길이요,
참진리의 빛을 따라오는 그 어렵고 힘
든 가시밭길을 지금 육에서 옴으로 인
하여 너희들이 영원히 지옥 불에 가
고통을 받는 그 시련을 나 여호와가
거둬주고자 함이며,
6 나의 은혜 속에서 천국의 아름다움 속
에 영원히 살아가는 상이 있기에 그
상을 받으라고 내가 너희들에게 그리
어렵고 힘든 가시밭길을 가도록 그리
함이니,
7 참고 인내하며 나의 뜻을 따라 달려오
도록 하라, 사랑하는 백성들아!
8 앞만 보고 달려가라.
9 그리고 좌우를 보지 말도록 하라.
10 내가 너희들에게 무어라 하였느냐?
11 인간의 육을 가진 사람이 열 끼의 끼
니를 굶고 단 한 그릇의 밥이 있어 그
를 먹지 아니하면 죽게 되었을 때, 그
밥을 다른 사람을 주어 살리는 것이
사랑이요, 내가 기억할 수 있는 길이
라 하였음이니라.
12 배가 고픈 고양이라는 동물에게 생선
한 토막을 던져 놓아 그 고양이가 먹
지 않는 것보다도 더 어렵고 힘든 그
깨달음의 길을 너희들이 행하여야 할
때,
13 너희들이 추한 짓을 할 수 있는 여건
이 갖춰지고 나쁜 짓을 할 수 있는 여
건이 갖춰지고 도둑질하여 무엇인가
를 얻을 수 있는 그 기회가 있을 때,
그때 도둑질을 하지 않으며 추한 짓을
하지 않는 것이 너희들이 깨달음이요,
경지에 오르는 길이라 하였으니,
14 그때마다 열흘을 굶은 너희들이 한 끼
의 밥을 남에게 줄 수 있는 그 인내함
과, 고양이라는 것이 냄새 나는 그 생
선 한 토막을 며칠을 굶고도 먹지 않
는 그 인내함보다 더 어렵고 힘든 그
고통으로 너희들을 스스로 다스려 가
며 이끌어 가야만 너희들이 나에게 올
수 있는 그 길이라 하였음이니라.
15 어떠한 여건이 갖춰지지 않은 상태에
서 죄를 짓지 아니하는 것은 아무것도

아니니라.
16 그는 누구나 다 할 수 있는 것이니라.
17 너희들이 죄를 지을 수 있는 그 완벽
한 여건 속에서도, 죄를 지음으로 너
희들이 향락을 얻을 수 있으며 재물을
구할 수 있으며 단 한 번에 너희 인생
을 바꿀 수 있으며 호의호식하고 부귀
를 누릴 수 있는 그와 같은 여건의 준
비가 되어 있으며 유혹이 있다 해도
그걸 뿌리치고 돌아서는 그와 같은 삶
이요, 그와 같은 행동으로 변하지 아
니할 때, 너희들은 구원의 길에 올 수
없다 내가 말하였음이니,
18 나 여호와가 전하는 이 뜻을 깊이 깨
우쳐 너희들에게 뼈가 되며 피가 되도
록 너희 것으로 만들어 살아가도록 그
리하라, 사랑하는 백성들아!
19 악과의 싸움에서 뼈를 깎는 그 고통보
다도 더 어렵고 힘든 길을 인도하고
가는 것, 그것만이 너희들이 나에게
오를 수 있는 길이니라.
20 너희들이 백 년도 안 되는 삶 속에서
그것이 부닥치면 얼마나 많이 부닥치
며, 그와 같은 고통을 이기고 사는 세
월이 과연 얼마나 남았다 생각하는가?
21 너희들이 얼마 남지 않은 그 생활 속
에서 고통을 인내해 싸워서 악을 버리
고 선을 선택하는 그 아름다운 용기
있는 삶을 살지 못할 때, 죽어 나에게
와 영원히 그 지옥 불 속에 가며, 영원
히 낙원에서 살 수 있는 그 기회를 놓
침이니라.
22 이를 너희들에게 선택하도록 하기 위
하여 내가 이와 같이 너희들에게 가르
치며 또 전하며, 내가 비유의 뜻을 가
르쳐 너희들을 깨우치고자 함이니,
23 나 여호와가 사랑하는 그 마음을 돌아
볼 수 있는 아름다운 백성들이 되도록
그리하라.
24 나 여호와가 오죽하면, 너희들이 죄를
짓고 지옥 불에 가 받는 그 고통이 얼
마나 고통스러우면,
25 하늘의 내 품에 와 낙원의 세상에서
너희들이 구원의 그 길에 사는 것이
얼마나 행복하고 아름다우며 얼마나
영광된 것이면 내가 너희들에게 이리
도 어려운 가시밭길을 가라 말하겠는
가?
26 사랑하는 나의 백성들아, 내가 법전에
기록하여 하나하나 깨우쳐 전해 주는
간단한 그 이치를 그저 읽어 흘려보내
며 읽으면서 한쪽 귀로 지워 버리는
그와 같은 삶을 산다 하면 너희들의
머릿속에 남는 것이 없으며 기억됨이
없으며 그리하여 실천할 수 없음이니,
27 이를 정독하고 또 정독하여, 너희들이
벽돌담을 쌓아 건축물을 이루듯이, 하
나하나 너희 마음속에 내가 행하고 지
키라는 것을 차곡차곡 쌓아 기억함으
로 인하여 너희들이 경지에 도달하는
그와 같은 삶을 살아가는 것이 내가
너희들에게 바람이니라.
28 내가 오죽하면 너희들에게 사랑이 무
엇이라 말하였느냐?
29 너희들이 눈보라 속에 남의 아들과 네
아들, 둘을 데리고 갈 때, 너의 자식을
버리며 남의 아들을 둘러업고 갈 수
있는 그 용기요, 그것이 사랑이라 하
였음이니라.
30 도저히 용납할 수 없으며 더 이상 견

딜 수 없을 때, 남의 자식을 먼저 구원
하고 나서 너의 자식을 구원하고자 하
는 것이 사랑이라 하였음이니라.
31 그와 같은 길의 역사를 할 수 있는 너
희들의 결단과 용기요, 그와 같이 할
수 있는 너희들의 고통과 시련의 중요
함을 너희들은 알아야 할 것이니라.
32 그것도 너희들이 대가를 지불하며, 네
가 남의 자식을 구원하기 위하여 네
자식을 버렸다 하여 영웅과 같은 대우
요, 환호요, 박수를 받고자 하는 생각
을 가지고 그리했다면,
33 그것은 열 배의 죄며, 또한 너희 죽어
가는 자식에 대한 죄며, 그에게 용서
를 받을 수 없음이니라.
34 다만, 너희들이 그저 사랑이라는 것
때문에, 제 것보다는 남의 것이 더 소
중하다는 그 이치요, 간단한 진리 하
나 때문에 너희들이 죽고 사는 생사의
그 기로에서 너희 자식을 버리고 남의
자식을 선택할 수 있는 너희들이 내가
기억하는 백성들이며 내가 원하는 사
랑을 실천하는 백성들이라 했으니,
35 과연 부모의 마음이 그럴 사람이 어디
있겠는가?
36 죽어 가며 버리고 가는 자기 자식을
바라보는 그 마음이 얼마나 찢어지고
아프겠는가?
37 그러나 제 것보다는 남의 것이 소중하
기에 남의 아들을 먼저 구원하는 그와
같은 너희들의 마음이니,
38 그 찢어지고 아픈 상황에서도 그를 행
할 수 있는 것이 너희들이 하늘에 오
르는 길이니,
39 꼭 내가 그와 같이 하라 함이 아니니
라.
40 다만, 너희들이 선을 버리지 말며, 선
과 악 중에서 그보다도 더 아픈 고통
을 인내하는 속에서도 너희들이 악을
버리고 선을 선택하는 그와 같은 삶을
살라 말함이니라.
41 그보다 더한 고통이라도 너희들이 선
을 선택하고 악을 버리는 데 잠시도
양보하지 말며, 조금도 헛되이 하지
말며, 조금도 설마 하는 마음도 갖지
말라 함이니라.
42 죽어 가는 자식을 놓고 남의 자식을
업고 올 때 너희들의 그 마음이 어떠
하던가?
43 그와 같은 시련과 고통을 겪은 너희들
이 과연 죄짓고 살 수 있겠는가?
44 너희들이 죄를 짓는 것이 죽어 가는
자식을 놓고 오는 그 부모의 마음보다
도 더 아프며 더 가혹하며 더 잔인하
다는 것을 깨달으라 하여 내가 너희들
에게 전하여 가르침이니,
45 이를 잘 깨달아 너희 것으로 만들어,
너희들이 악과 싸우는 데 힘이 되며
용기가 되며 스스로 견딜 수 있는 그
와 같은 힘을 배양하도록 그리하라,
사랑하는 나의 아들딸들아!
46 이제 나의 아들을 따르는 제자들이요,
나의 법전을 읽고 깨우쳐 눈물짓고 기
도하는 백성 너희들만이 그 길을 갈
수 있으며,
47 이와 같이 험악한 세상에 사랑을 베풀
며 나의 뜻에 따라 새로운 역사를 건
설하며 이루는 것은 너희들이 기초가
됨을 잊어서는 아니 됨이니라.

4,751 번째 하나님 말씀

2003년 1월 30일 09시 57분

1 사랑하는 나의 아들아!
2 "네, 아버님! 말씀하옵소서."
3 너의 제자들과 만백성에게 나의 뜻을
간곡히 전하라.
4 내가 너희들에게 모든 동식물이 생각
할 수 없는 높은 지혜와 판단할 수 있
는 판단력을 주었으며, 동식물과 너희
들과 차별화를 둔 그 뜻이 어디에 있
는지 너희들은 정녕 모르는가?
5 그 모두는 너희가 옳고 그름을 판단하
고 생각하여 너희들이 삶을 바로 살게
하고자 하며 너희들이 옳고 그른 것을
판단하여 스스로 선을 선택할 수 있는
그와 같은 용기를 너희들에게 심어 주
고자 함이니,
6 그 용기는 바로 무엇이던가?
7 그와 같은 깨달음이요, 높은 지혜요,
생각의 판단이요, 너희들이 선을 선택
할 수 있는 용기를 주고 내가 너희들
을 이 세상에 내보낸 그것은
8 너희들이 살아가면서 나 여호와가 존
재함을 항상 기억하며, 나 여호와가
존재하기에 너희들이 죽어 하늘에 와
나에게 심판을 받으며 너희들이 살아
온 과거에 대한 그 죄의 대가를 반드
시 치른다는 것을 나 여호와가 너희들
에게 깨우쳐 주고자 하는 것이며,
9 또한 나 여호와의 뜻이 무엇이며 내가
이루고자 하는 것이 무엇인가를 깨달
아 판단할 수 있도록 하여 그 길을 따
라올 수 있는 나의 백성으로 만들기
위하여 내가 너희들에게 그와 같이 가
르침을 주었으며 높은 지혜를 주었음
을 너희들은 알아야 할 것이니라.
10 지금에 너희들이 살아오면서 구약 성
서에 기록되었던 노아의 방주의 그 역
사도 무엇이며 그 재앙은 또한 무엇이
던가?
11 모세를 이끌어 가 내가 그에게 기적을
보였으며 또한 내가 징계하여 처벌하
는 그와 같은 강경한 방법으로써 너희
들에게 깨우쳐 준 것 또한 그것이 무
엇이던가?
12 그 모두는 다 너희들에게 나 여호와가
존재함을 깨우쳐 주고자 함이요, 나
여호와가 있음을 너희들이 생각할 수
있도록 너희에게 그 기회를 주고자 그
와 같은 역사가 이루어졌음이니라.
13 예수가 기적을 이루며 만백성을 다스
리며 또한 그가 역사했던 그 모두도
다 무엇이던가?
14 그 모두는 나 여호와가 존재함을 깨우
치며 나 여호와가 존재함을 만백성에
게 알리기 위한 그와 같은 흐름의 한
역사였음을 너희들은 알아야 할 것이
니라.
15 모세의 가르침도 예수의 가르침도 다
너무나 너희들은 잘 알고 있을 것이니
라.
16 그 모두가 다 나 여호와가 존재함을
알려 주며, 나 여호와로부터 너희들이
심판을 받는 그 지혜를 깨닫고 너희들
이 그를 판단하여 행할 수 있도록, 살
아갈 수 있도록 그 많은 역사를 주었
으며, 모든 재앙이요, 역사로 너희들
을 깨우치고자 하였으나,
17 너희들은 모세의 가르침이요, 나의 아

들 예수가 와 역사하고 그가 가르치
고자 한 그 뜻을 그대로 받아 오늘날
까지 전해 왔다 하면 이 세상은 정말
아름다운 천국이 되었을 것이나,
18 너희들은 그와 같은 모든 것이 너무나
변질되고 변화되어 또 썩을 대로 썩어
그 본질을 알아보지 못하도록 되었으
며 그 형체를 알아볼 수가 없음이니,
19 참진리의 가르침은 너희들이 창고에
꽁꽁 묶어 숨겨 놓고 짓밟아 놓았으
며 그리하여 참진리는 숨을 쉴 수 없
으며 세상 밖으로 빛을 볼 수 없도록
만들어 놓고,
20 악의 뿌리요, 악의 생각만이 이 세상
을 지배하도록 너희들이 악의 자식이
되어 지금 살아가고 있으며,
21 그 악의 자식들이 나의 피조물 만백성
을 깨우쳐 하늘에 오르고자 하는 구원
의 길이라 가르치는 것이니,
22 그것이 하늘에 오르는 길이 아니요,
나와 점점 멀어지며 나로부터 버림을
받는 그와 같은 형국으로 이끌어 가는
것이 종교 집단이요, 지도자들이 가고
있는 길이니 그들이 얼마나 잘못 가르
치는가?
23 너희들은 하늘에 오르는 길이 아니요,
지옥의 길로 가는 그 역사의 소용돌이
속에서 너희들 자신도 모르게 대중에
따라 그저 휩쓸려 가고 있는 것이니,
24 너희 자신도 모르게 휩쓸려 가는 그
속에서 너희들이 정신 차려, 그 흘러
가는 급류 속에서 구원을 받아 뛰쳐
나오는 자가 되어야 할 것이며,
25 너희들이 깨닫고 또 깨달아 나 여호와
의 참진리를 알았을 때, 그 급류 속에
그저 자신도 모르게 소용돌이 속에 휘
말려 가는 그 백성을 구하는 전사로서
너희들이 돌변해야 되는 것을 내가 바
라는 것이며,
26 그와 같은 역사를 이루기 위하여 너희
들에게 지혜를 주었으며 생각을 주었
으며 높은 판단을 할 수 있도록 내가
동물과 너희들을 차별화하여 세상에
만들었으니,
27 그 원천의 뜻을 너희들이 지금 거부하
며 순종하지 아니하며 거역하며 나에
게 반항하는 그와 같은 삶을 살고 있
음을 알라.
28 내가 내린 율법이요, 나의 십계명이
요, 나의 성경대로 그대로 실천하고
살지 아니하는 것은 나에게 도전하는
것이요, 나에게 거역하는 것이며, 너
희들이 사탄이 되어 나에게 창과 활을
쏘는 자들이라는 것을 잊지 말라.
29 이제는 너희들이 창조주인 나 여호와
로부터 세상에 생명을 받아 나간 그
은혜를 갚지는 못할망정, 너희들이 활
과 창을 나 여호와의 가슴에 쏘는 그
와 같은 행위를 중단하라.
30 이것이 내가 너희들에게 분별할 수 있
는 그 깨달음을 얻도록 하여 너희들에
게 지혜와 생각하고 판단할 수 있는
그와 같은 은혜를 주었음임을 잊지 말
라.

4,752 번째 하나님 말씀

2003년 1월 30일 12시 07분

(강론을 마치며)

1 사랑하는 나의 아들아!

2 "네, 아버님! 말씀하옵소서."
3 나의 아들 예수가 그의 모든 운명을
마칠 때가 되었다 하였음이니, 그를
가까이 따르며 충복처럼 따랐던 베드
로가 그리해서는 안 된다 애걸복걸하
는 그를 보고 나의 아들 예수가 사탄
이라 그리 말하였으니, '사탄아! 물러
가라.' 소리쳤음이니라.
4 이는 무엇인지 알겠는가?
5 그는 나 여호와의 뜻에 의하여 모두
이루어지는 그 역사를 믿지 아니하며,
그를 먼저 생각하지 아니하며,
6 창조주 나 여호와요, 하늘의 뜻을 먼
저 생각하지 아니하고, 인간의 생각으
로써, 사람의 생각으로써 제가 먼저
그와 같이 생각했기에 그를 사탄이라
나의 아들이 혼내며 호통쳤음을 너희
들은 알아야 할 것이니라.
7 이제 나의 아들을 따르며 나의 성령을
듣고 공부하는 너의 제자들은 아름다
운 일, 좋은 일을 하는 사람, 그리고
너희들에게 듣기 좋은 소리를 하는 사
람을 칭찬하며 그들을 가까이하고 그
들을 사랑하는 그와 같은 마음을 갖고
살아서는 아니 됨이니라.
8 그 모두를 초월해야 됨을 알라.
9 그리하여 너희들을 미워하는 자, 너희
들이 용서할 수 없는 자, 그들을 다 사
랑하고 다스리는 그와 같은 마음을 가
지고 살아야 됨을 알아야 할 것이니라.
10 너희들의 세상사에 모든 훈련을 시키
며 교육을 하는 그 교관이요, 지도자
들이 너희들의 교육 과정에서 혹독하
고 엄하게 가르치는 것은,
11 유사시에 너희들의 생명을 보존하며
너희들이 세상에 바로 살아가게 하기
위하여, 너희들을 바로 세우기 위해서
그는 욕을 먹으며 독한 자로서, 매서
운 자로서, 인정이 없는 사람으로서
그리 가는 것이 아니던가?
12 그와 같은 자를 너희들이 당장 힘들고
어렵다 해서 원망하고 저주한다면, 이
는 너희들이 어리석은 자가 아니던가?
13 너희들을 가르치는 스승이 또한 어떠
하던가?
14 스승이 너희들을 엄하게 다스릴 때,
매를 드는 그 스승의 아픈 손을 너희
들은 모르며 그 마음을 모르느니라.
15 그를 다스리는 스승의 손이 아프며 마
음이 아픔이니,
16 그러나 너희가 바로 설 수 있으며 바
로 살아갈 수 있으며, 멀고도 먼 인생
의 삶에 남에게 뒤지지 않는 인생으로
바르게 살기를 바라는 그 선생이 너희
들에게 매를 듦이니,
17 너희들은 여기서 깨우쳐야 할 것이니
라.
18 같이 공부하며 같이 접하는 나의 아들
의 제자요, 같은 형제인 너희들이 남
을 미워하고 너희들이 해서는 안 될
짓을 하며 용서할 수 없는 짓을 한다
생각해도, 너희들은 그를 용서해야 함
을 잊지 말라.
19 너희들이 그로 하여금 배우는 것이 있
으며 깨달음이 있다 하면, 그가 그와
같이 고통스러우며 해서는 안 되는 험
악한 일을 하며 미운 짓을 하는 것은
내가 너희들을 깨우쳐 주기 위하여 그
로부터 내가 명하여 시키는 일이라면
그가 너희들의 스승이요, 너희들을 위

하여 그는 희생되는 것이 아니던가?
20 너희들이 세월이 지나서 그가 너희들
을 위해서 희생한 것이며 너희들을 위
해서 미운 짓을 했다 하면, 과연 너희
들은 그 부끄러움에 고개를 어찌 들게
되겠는가?
21 그러니 너희들은 미워하는 자, 잘못
가는 자, 그 모든 백성도 사랑하는 마
음으로 가져야 됨을 잊지 말라.
22 그 모두는 나 여호와의 주관이요, 나
의 뜻에 의해 이루어지는 것인 것을
너희들은 모르기 때문이니라.
23 나의 아들이 험악한 과거의 삶이요,
험악한 인생의 삶이요, 그의 거친 성
격이요, 그의 언성 높은 그 모두요, 그
가 하는 그 행동을 너희들이 단순히
그리 보지 말며,
24 그 모두에 이유가 있음을 너희들은 들
여다보는 그와 같은 마음으로 가져야
할 것이니라.
25 너희들의 부부지간에 삶을 사는 것도,
가족의 삶을 사는 것도, 이웃과 더불
어 살아가는 삶 속에서도 너희들은 너
희를 핍박하며 미워하는 자를 미워하
지 말며 그를 사랑으로 감싸는 마음을
가져라.
26 너희를 다스리기 위하여, 너희를 깨우
치기 위하여 그가 그리 가는 것이라는
것을 나 여호와밖에 모를 것이니, 나
외에 아무도 아는 자가 없음이니,
27 너희들은 그리 생각하지 말며 모두를
다 사랑하며 아끼고 용서하는 마음을
갖도록 그리하라.
28 그리하면 너희들이 세월이 지난 다음
에 참진리요, 참뜻이 어디에 있는 것
인가를 알게 될 것이니라.
29 너희들이 같은 형제끼리 만나며 살아
가는 자, 너희들에게 잘못하며 너희들
에게 누를 끼치며 너희들을 괴롭히는
자, 그 속에서 너희를 가르치기 위하
여 너희를 다스리기 위해서 그를 내가
거기다 보낸다 하면 그는 희생하는 자
이며 봉사하는 자이며,
30 너희들을 가르치는 교관으로서 독한
자요, 인정머리 없는 자요, 사나운 자
라 욕을 먹는 그 교관과 같은 것이니,
이와 같은 이치를 너희들은 깨우치라.
31 모두는 나 여호와의 뜻에 의하여 주관
됨이니, 그를 너희들이 굳건히 믿는다
면 너희들은 누구를 욕하며 비방하며
허물을 탓할 수 있는 마음을 가져서는
아니 됨이니,
32 이제는 너희들이 그 경지에 올랐으며,
그와 같이 행할 수 있으며, 그것이 타
당한 것이며 나 여호와의 뜻이라는 것
을 너희 가슴에 받아들일 수 있으며,
이해할 수 있으며, 깨달을 수 있는 경
지에 올라왔기에,
33 나 여호와의 기쁜 마음에서 너희들에
게 이를 가르치고 행하도록 내가 전함
이니라.
34 너희들을 사랑하느니라.
35 이 세상 그 누구와도 너희들을 바꿀
수 없는 것이 나의 아들이요, 딸이요,
너희들임을 알라.

4,753 번째 하나님 말씀

2003년 1월 30일 14시 10분

1 사랑하는 나의 아들아!

2 "네, 아버님! 말씀하옵소서."
3 네가 나의 십계명을 끝도 한도 없이
암송하며 나의 성령을 받아 책으로 만
드는 이 역사의 기도를 드릴 때마다,
내가 내리는 성령을 들을 때마다 네가
십계명을 외움이니,
4 이와 같이 나의 십계명을 암송하여 이
법전을 세상에 내보내도, 많은 백성은
이것이 나 여호와의 뜻이요, 내가 내
리는 것이라 믿지 아니함이니,
5 너와 나만은 이를 알 것이며, 너의 제
자들은 이를 알 것이니라.
6 하나의 의인이 세상에 나오면 세상 것
모두와 바꾸지 아니한다 하였음이니,
7 이는 나 여호와의 참진리요, 여호와
창조주 내가 너에게 내리는 성령의 그
뜻을 너의 제자 한 사람이라도 그를
알고 깨우쳐 바로 서게 하기 위하여
네가 가슴이 저리도록 십계명을 암송
하며 기도하여 기록하는 그것을 내가
너에게 반복시킴이니,
8 나 여호와의 마음이 아프기 한이 없구
나.
9 너희들 백성의 마음이 그러하며 그들
의 마음 자세가 그러하니,
10 눈으로 보고 손으로 만져도 믿지 아니
하려 하며, 저희들이 이해관계가 있을
때 아무리 작은 것이라도, 아무리 옳
은 것이라도, 저희들의 옷에 묻은 먼
지 하나 떨어지는 것까지도 용납하지
못하며,
11 그 떨어지는 것을 막기 위하여 정의를
악이라 하며, 악을 선이라 말하고 선
을 악이라 말하는 것이 너희들이 지금
가고 있는 마음이요, 만백성의 생각이
니,
12 나의 법전을 읽고 이를 깨우치는 백성
들이 이는 정녕 나 여호와의 뜻이라는
것을 믿을 수 있도록 네가 밤과 낮을
가리지 아니하고 십계명을 외우는 것
을 듣고 본 제자들 중에 누구 하나라
도 의인의 백성들이 태어나기를 바라
는 나 여호와의 애절한 마음에서, 네
가슴이 아프고 저리더라도 내가 이를
중단하지 아니하며 암송하게 함이니,
13 내 마음을 너는 정녕 알고 있을 것이
니라.
14 사랑하는 나의 아들아!
15 나의 피조물 만백성 너희들이 모든 것
에 준비하며 항상 준비된 그 삶을 살
아야 하는 것이거늘,
16 너희들은 죽어 와 나에게 심판받는 것
이 멀고도 먼 길이며, 너희들의 일이
아니요, 남의 일처럼 생각하고 살아가
는 것이 아니던가?
17 너희들은 정녕 이 세상에 태어남이 어
디로부터 어떻게 너희들 한 생명이 태
어나 이 아름다운 세상에 나온 것인지
를 모르며, 너희들이 또 죽어 어디로
흘러가며 어디로 가는지 그 자체도 모
르듯이, 너희들이 언제 육의 삶을 마
치고 나에게 부름을 받을지 그걸 모름
이니,
18 과연 너희들은 어찌 살아야 하겠는가?
19 너희 인간 육의 삶의 세상에 종말을
거두고 나에게 오르는 그때와 시기를
모르고 있는 너희들이 어떠한 준비를
하고 살아야 하겠는가?
20 너희들의 그러한 죄를 세월이 지나 철
이 든 다음에, 너희들의 머리가 백발

이 되어 인생의 황혼기에 접어들어 너
희들이 바로 살고 착한 마음으로 살겠
다는 그와 같은 생각을 갖고 오늘의
혈기 있는 삶을 잘못 산다 하면, 너희
들은 잘못 생각하며 오산이며, 크나큰
차질 속에 착오하고 사는 것임을 알
아야 할 것이니라.
21 너희들이 나에게 생명을 받아 가지고
나간 그 기간을 모르며 그 시간을 모
르는 너희들이 언제 나에게 불려 올지
를 모름이니,
22 여기에 대한 준비를 철저히 하고 살아
야 되는 것이 너희들의 운명이요, 너
희들이 가야 할 길이거늘,
23 어찌하여 너희들이 이리도 험악하게
살아가며, 이리도 깨우치고 회개하고
반성하지 못하는 그와 같은 역사의 삶
을 살아가는가?
24 너의 제자들을 깨우치도록 그리하며,
25 나의 법전을 읽고 깨우친 만백성은 나
에게 오르고 안 오르는 것이 아니요,
나의 피조물 만백성을 구하고 안 구하
는 것이 아니요, 내가 이루고자 하는
새역사의 창조의 한 틀을 이룩하고 이
룩하지 못함이 아니라,
26 너희들 스스로 항상 내가 불렀을 때
너희들이 고통 없이 나에게 올 수 있
는 그와 같은 준비된 삶을 살라 그리
전하라.
27 너희들이 살면 몇백 년을 살며, 너희
들이 회개하고 반성할 수 있는 시간이
그리 많이 남았다 생각하는가?
28 어느 날 갑자기 너희들이 나에게 부름
을 받을 때 당황하며 당혹하여 울며불
며 너희들의 고통에 눈을 감지 못하여
몸부림치는 그와 같은 삶을 살아서는
안 될 것이니라.
29 나 여호와가 부를 때 너희들이 항상
웃음으로써 올 수 있는 그와 같은 삶
의 역사를 지키도록 하라.
30 내가 너희들에게 무어라 말하였느냐?
31 동양의 이 작은 나라가 나 여호와로부
터 선택된 나라이며 백성들이며,
32 나의 아들이 이곳에서부터 나와 나의
피조물 만백성을 구하는 역사를 이룬
다 하였음이니라.
33 그리하여 내가 너희들을 다스리고 가
르쳐, 너희들이 많은 수난과 역사 속
에서 싸워 이기고 견디며 쓰러지지 않
고 살아가는 그 인내의 힘을 배양시킨
것이 이 동양에 사는 작은 나라의 백
성들이며, 그 뜻이 내가 이루어 온 것
이라 하였음이니,
34 얼마나 많은 세월 속에 오늘을 위하여
내가 너희들을 훈련시켰으며 그 고난
의 역사 속에서 다스려 왔는가?
35 동양의 작은 나라에서 나의 아들이 나
오며, 나의 법전이 너희들의 문화와
글로써 세상에 나오는 그를 위하여 얼
마나 많은 세월동안 창조주 내가 준비
시켰으며 훈련을 시켰는가?
36 하물며 나 여호와가 한 역사를 이루기
위하여 그 많은 세월 속에 많은 백성
들에게 시련과 고통을 주며 훈련을 시
켜 왔거늘,
37 인간 너희들 자신이 나에게 오르고 못
오르는 개인의 삶에 대하여 얼마나 무
서운 노력과 훈련과 준비를 해야 되는
것인가를 알아야 할 것이니라.
38 세상에 태어나면서부터 너희들이 준

비하는 삶을 살아도, 몇백 년 동안 내
가 오늘의 나의 아들을 이 세상에 내
보내 이 글과 문화로써 세상을 통일하
기 위하여 준비한 그 기간을 너희들은
감히 따를 수 없거늘,
39 어찌하여 너희들이 내일의 삶에 대하
여 오늘 준비를 다 못 하며, 다음 세상
의 삶에 대한 준비를 하지 아니하고
그리도 험악한 죄를 짓고 살아가는가?
40 동양의 작은 나라에 사는 백성 너희들
이 나에게 선택된 백성들이며 준비된
백성들이라는 걸 믿어야 할 것이니라.
41 출애굽의 역사 또한 무엇이더냐?
42 나로부터 선택된 백성들이 수난과 고
난 속에서 출애굽의 역사를 이루었듯
이,
43 동양의 이 작은 나라에서 그 모든 역
사를 이루기 위하여 나 여호와가 너희
들에게 모든 수모와 고통과 고난의 멍
에를 지고 지금까지 견뎌 올 수 있도
록 너희들을 훈련시켰다 하였음이니
라.
44 지금의 나의 아들이 이곳에 나며 나의
법전이 이곳에 나와 역사하는 그와 같
은 이 대업을 위하여 너희들이 지금까
지 훈련되고 다스려 온 것이,
45 출애굽의 그 역사에 선택된 백성과 지
금 나로부터 선택된 동양의 작은 나라
의 사랑하는 백성 너희들이 조상 때부
터 겪어 온 그 수난과 모욕과 고통이
다 같은 역사의 맥락 속에서 이루어짐
을 알아야 할 것이니라.
46 이를 위해 내가 이 바탕을 만들고자
내가 모든 역사를 이루며 지금까지 주
관하여 온 것을 너희들이 돌이켜 볼
때, 이를 너희들이 감히 거부할 수 없
으며 부인할 수 없는 엄연한 사실임을
알아야 할 것이니라.
47 동양의 작은 나라에서 만백성을 다스
리는 역사를 이루기 위해 내가 몇백
년 동안 그 많은 백성들에게 훈련과
시련을 주어 지금 오늘에 이르렀듯이,
나 여호와가 역사하고자 이와 같이 긴
세월 동안에 다지고 준비하거늘,
48 너희들이 인생을 살며 너희들 개인이
죽고 살며 구원을 받고 못 받는 것이
시간이 없거늘,
49 너희들이 몇백 년, 몇천 년의 역사를
살지 못하거늘,
50 오늘 당장 너희들이 언제 나에게 불려
올지 모르는 삶을 산다는 걸 잊어버리
지 말며,
51 나의 법전을 읽고 깨우친 백성 너희들
은 그를 준비하는 아름다운 삶을 살도
록 그리하라.
52 너희들이 나에게 언제 올지 모름이니,
그 누구도 그 어떠한 자도 그는 알지
못함이니라.
53 오로지 나 여호와밖에 아는 자 없음이
니,
54 너희들은 준비하는 삶을 살도록, 그리
깨우쳐 주도록 하라, 사랑하는 나의
아들아!

4,754 번째 하나님 말씀

2003년 1월 30일 14시 15분

1 사랑하는 나의 아들아!
2 "네, 아버님! 말씀하옵소서."
3 내가 새로 내리는 성경이요, 나의 법

전이요, 나의 뜻이 너희 나라의 글이
요, 너희들의 문화로써 세상을 덮는다
는 것을 너희들은 의심치 말며 의혹하
지 말라.
4 너희들은 걱정하지 말며 그리고 불안
해하지 말라.
5 너희들은 나로부터 선택된 백성이요,
너희들은 정신적인 훈련이요, 육체적
인 훈련을 그 모든 역사의 틈바구니에
서 다져 왔으며 훈련받아 온 백성임을
알아야 할 것이니라.
6 그리하여 선택된 백성이기에 너희들
이 어떠한 고난과 수난도 겪고 인내하
며 그 모두를 헤쳐나갈 수 있는 인간
의 본성의 기질을 가지고 있는 백성들
이니,
7 오늘의 어렵고 힘든 어떠한 역사도 너
희들로 하여금 모두가 이루어질 수 있
는 것이 나 여호와에 의해 준비된 것
이며 계획된 것이니, 이는 반드시 역
사할 것이니라.
8 내가 너희 민족을 몇백 년에 걸쳐 훈
련시키고 다스려 왔듯이,
9 지금 나의 아들을 따라가는 너의 제자
들이요, 나의 아들을 따르는 백성 너
희들 또한 지금 너희들이 변하는 그
훈련에 돌입하고 있음이니,
10 너희들이 그 훈련에 최선을 다하여,
11 나의 아들이 너희들에게 전하는 것이
며 내가 성령으로써 너희들에게 전하
는 것, 너희들에게 변하라 가르치는
것, 깨우치라 전하는 것, 그 모두를 너
희들이 생명보다도 더 소중히 받아들
여 하나하나 고쳐 가고 변해야 할 것
이니라.
12 내가 이 민족 위에, 이 백성 위에 나의
아들을 탄생하게 하여 만백성을 구하
기 위하여 몇백 년을 훈련을 시켜 다
스려 오늘에 이르렀거늘,
13 너희들이 자신 하나 다스리는 것이 얼
마나 소중하며, 얼마나 너희들이 시간
을 아껴야 할 것인가?
14 그리하여 너희들이 시간을 아끼며 너
희들이 다스려 가는 그 짧은 시간이
변할 수 있는 것은,
15 내가 나의 아들을 통하여 너희들에게
가장 좋지 않은 악습을 고치라 명하
고 가르친 것을 나의 명령이요, 나의
뜻이라 하여 목숨처럼 여기고 받아들
여 변하고 깨우치지 못한다면 너희들
은 결국 나로부터 버림을 받는 백성이
됨을 알아야 할 것이니라.
16 그 모두가 오만이요, 그 모두가 자만
에서 와 있음이니, 너희들이 깨우치고
변한 역사가 없음을 알아야 할 것이니
라.
17 너희들에게 긴 세월이 없으며 기다릴
수 있는 시간이 없기에, 내가 나의 법
전을 통하여 너희들에게 읽게 하며 내
가 성령을 통하여 너희들을 바로잡고
자 하는 그 훈련을 시킴이니,
18 정신적인 훈련이요, 너희들의 육체적
인 훈련이요, 바로 서는 그와 같은 깨
달음이 없이는 너희들이 바로 서지 못
함이니,
19 이는 너희들이 바로 서지 못할 때, 내
가 몇백 년에 걸쳐서 지금 가르치고
깨우쳐 준비해 온 이 백성들이 나의
뜻을 이루지 못하며 무너지고 쓰러지
는 그와 같은 백성들이 되게 됨이니라.

20 지금 너의 제자들과 너를 따르는 백성
이요, 나의 법전을 읽고 깨우친 백성
너희들은, 내가 나의 아들을 통하여
너희들에게 내리는 시행하고 고치고
행하여야 할 것을 너희들의 목숨과도
맞바꾸는 그와 같은 굳은 각오로써 변
하여야 할 것이며,
21 나의 아들로 하여금 두 번 다시, 세 번
다시 그와 같은 말을 하도록 하는 것
은 너희들이 나 여호와의 말을 듣지
아니하며 나 여호와에게 고통을 주며
나 여호와에게 거부하며 나에게 순종
하지 아니하는 그 죄를 너희 스스로
짓고 있음이니, 나를 거역하는 자임을
알라.
22 너희들이 얼마나 무서운 죄요, 얼마나
무서운 사악한 속에서 마음의 뿌리를
뽑지 못하며 사악한 마음의 뿌리가 도
사리고 남아 있기에, 너희들이 나의
아들이 변하라 하는, 너희 생명보다
소중한 보화의 그 뜻을 듣고 즉각 실
행하며 지키지 아니하는가?
23 그와 같은 오만한 삶을 살지 말라.
24 내가 너희들에게 깨우침을 두 번, 세
번 전하고 내가 네 번, 다섯 번 전할
때, 그래도 너희들이 변하지 아니할
때 나는 너희들을 버리며 새로운 자를
선택하여 이끌고 가는 그 길밖에 없음
이니,
25 이를 명심하여 너희들이 각자 제 길을
가도록 그리하라.

4,755 번째 하나님 말씀

2003년 1월 30일 14시 29분

1 사랑하는 나의 아들아!
2 "네, 아버님! 말씀하옵소서."
3 이 세상에 존재하는 수천수만 가지 종
파들과 그를 이끄는 자, 그리고 나 여
호와가 존재함을 믿지 않는 모든 백
성, 너희들은 들어 깨우쳐야 함을 알
아야 할 것이니라.
4 나 여호와의 뜻에 따라 하늘에 오르는
참진리의 길을 가고자 하며 그 길을
간다 하는 백성, 그리고 그를 위하여
노력하는 모든 종파 너희들은 참진리
를 가지고 그 진리를 앞세워 종파라는
이름을 내세우고 온갖 행위와 작태를
부려서는 아니 됨을 알아야 할 것이니
라.
5 진리의 길을 가지고 진리의 뜻을 가지
고 진리를 앞세워 너희들이 종파의 이
름을 내세워 집단을 이루어 가고자 하
는 것은 가장 어리석은 행동이며, 이
는 용서받지 못할 행동임을 알아야 할
것이니라.
6 너희는 진리가 아닌 길을 가고 있으며
그 길을 달려가고 있기에, 지금에 와
진리의 그 참뜻이 얼마나 무서운 것이
며 그것이 얼마나 위대한 것인가를 모
르기 때문이니라.
7 너희들이 참진리의 길을 가지 아니하
기 때문에 너희들 자신이 무섭고 두려
워 참진리를 감히 따르며 행할 수 없
기에,
8 진리를 가르치고 깨우친다는 그 명분
아래 너희들은 종파라는 것을 만들어

놓고 거기서 부르짖으며 그리 나의 피
조물 만백성을 이끌어 그와 같이 울타
리에 잡아넣는 그와 같은 형국으로써
믿음의 길을 가고 있는 것이니라.
9 진정한 참진리에 의해 가는 자들은 종
파라는 것을 논할 필요도 없으며, 종
파를 가지고 부르짖을 필요도 없는 것
이니라.
10 그리고 종파를 가지고 있는 것은 참진
리를 논하는 백성들이 아니며, 참진리
의 길을 가는 백성들이 아님을 알아야
할 것이니라.
11 너희들이 진리의 길을 가르치며 진리
를 탐구하는 것은 모든 만백성이 다
똑같이 누릴 수 있는 것이며, 누구나
다 나로부터 받을 수 있는 혜택이며
사랑임이니라.
12 너희들이 지금 가고 있는 그 모든 종
파요, 종파를 앞세워 너희들의 조직과
같이 이끌고 가는 것은 무엇과 똑같은
가?
13 너희들이 모이는 단체의 그 특성과 속
성과 똑같은 것이니라.
14 너희들이 종파를 가지고 가는 것은 단
체의 작은 모임이니,
15 그 모임에서 제 뜻과 제 의사가 통하
지 아니할 때 불화가 생기고 내분이
생기며 서로 치고받아 그와 같이 그것
이 깨지듯이,
16 너희들이 오늘 참진리를 가지고 오지
아니하였기 때문에, 오늘에 믿음의 너
희들의 종파가 서서히 무너지기 시작
하며 너희들이 부서져 가는 것을 알아
야 할 것이며,
17 그리하여 지금 심판의 시대가 와 너
희들을 심판하는 역사가 흐름을 너희
들은 알아야 할 것이니라.
18 진리를 빙자하여 종파를 가지고 가는
그 백성들은 사랑이라는 내가 원하는
믿음의 기초가 없으며, 사랑도 믿음도
없는 것이며,
19 다만 탐욕과 방탕과 교만에 빠져 있는
백성들이 하는 짓임을 너희들은 알아
야 할 것이니라.
20 너희들 신도들 또한 돌아보라.
21 너희들이 과연 어떠한 마음으로 가고
있는가?
22 너희들이 그 종파의 이름에 속해 있을
때, 그 종파의 이름이 위대한 것이요,
그 이름만이 최고요, 그 이름만이 구
원을 받는다 부르짖으니,
23 진정한 나 여호와의 참뜻을 앞세워
너희들이 과연 믿음의 길을 가고 있는
가?
24 그 종파가 더 위대함이니라, 그리고
너희들의 그 집단이 더 위대함이니라.
25 그 속에서 너희들이 배우며 가르치며
인도하며 지도하는 자들이 참진리요,
나 여호와의 뜻에 얼마나 근접해 있으
며, 나의 뜻에 의해 가르치고 깨우쳐
가는지 그것을 너희들이 분석하고 따
지고 하는 것이 가장 소중한 것이니라.
26 너희들의 생명을 인도하며, 구원하고
구원하지 못하는 것은 말씀이니라.
27 종교 지도자들이 전하는 말씀이요, 말
의 그 뜻이요, 나의 말씀이라 하여 그
들이 전하는 그 내용이 과연 너희들을
얼마나 구원의 길에 갈 수 있게 하는
것이며,
28 사악한 자의 가르침인가 천사의 가르

침인가 그것을 구분하고 분석하여 너
희들이 믿음의 길을 가는 것이 당연하
거늘,
29 너희들은 그와 같은 가장 소중한 것은
그저 묻고 창고에 집어넣은 형태로써,
그저 너희들이 가지고 있는 그 집단의
이름이요, 소속되어 있는 단체의 흐름
에 따라 너희들이 거기에 맹종하며 충
성을 다하며 맹신하는 것이 구원의 길
이요, 하늘에 오르는 길이요, 믿음이
라 생각하고 있음이니,
30 너희들은 진리의 이름을 팔아 만든
그 종파를 사랑하며 그 집단을 사랑하
는 것이지,
31 나 여호와가 원하는 참진리를 사랑하
며 그를 좇는 것이 아니니,
32 가르치는 백성들이나 그를 따라가는
신도들이나 너희들이 다 똑같이 지옥
으로 가는 길을 달려가는 형상이 그
래서 이루어져 있음을 알아야 할 것이
니라.

4,756 번째 하나님 말씀

2003년 1월 30일 14시 41분

1 사랑하는 나의 아들아!
2 "네, 아버님! 말씀하옵소서."
3 백성의 안위를 위하여, 백성의 뜻을
위하여 불공드리는 자가 어떠한 생각
을 가지고 불공을 드려야만 하겠는가?
4 그를 위하여 불공을 드리는 데 모두를
다 바쳐 정성을 다하여 그 불공을 드
렸을 때, 그를 들어주고 안 들어주는
그와 같은 변화가 이루어지지 아니하
겠는가?
5 그 불공을 드리는 자가 불공에는 관심
이 없고 잿밥에만 관심이 있다 하면,
과연 어떠한 형태가 이루어지는가?
6 아무것도 되지 아니하며, 자신을 속이
며 남을 속이며 너희들은 다 쓸데없는
낭비요, 허공에 모두를 날려 보내는
그와 같은 행위를 하는 것이 아니던가?
7 지금 믿음의 길을 가고 있는 나의 피
조물 만백성을 구하여 하늘로 인도한
다는 너희들이 지금 가고 있는 그 믿
음이 무엇인 줄 아는가?
8 참진리요, 바른 뜻을 모르며, 너희들
이 거역하는 길이요, 너희들이 나와는
반대의 길을 달려가고 있는 것이니,
9 바로 너희들은 잿밥에만 관심이 있고
불공에는 관심이 없는 자들보다도 더
한 그와 같은 행위를 하고 있음이니라.
10 이는 너희들이 구원을 받고 못 받는
그와 같은 역사에서, 남의 생명을 가
지고 우롱하며 장난하며 재물을 거둬
들이며 참진리가 무엇인지 깨우치지
못하는 자, 거기에서 손을 들고 너희
들이 죄지음을 용서를 빌어야 하거늘,
11 너희들이 죽을 때까지 끝까지 우리 부
자의 이름을 팔며 하늘에 오르는 길이
라 그리 장난을 치고 있으니,
12 이를 보는 나 여호와의 분개함을 과연
어찌하겠는가?
13 너희들은 하늘에 오르는 길이요, 참진
리요, 진정한 뜻을 깨우쳐 가는 것이
아니요, 거기에는 관심이 없음이니라.
14 어찌하면 물질적인 재물을 긁어모으
며, 너희들이 편안하게 더 큰 성전을
짓고, 그리고 너희들이 더 위압적인
것으로써 많은 신도를 거느릴 수 있는

가 거기에만 지금 연연하고 있음이니,
15 고양이가 제 앞에 있는 생선을 즐기는
것보다도 더 너희들이 그쪽에만 즐기
고 있음이니라.
16 믿음이요, 깨달음이 아니라,
17 그저 고양이가 생선을 즐겨 먹는 것보
다도 더한 그 달콤한 즐기는 맛으로써
재물을 모으는 데만 너희들이 모두를
다 바치고 있음이니,
18 너희들이 그러니 얼마나 추하고 더러
운 자들이더냐?
19 고양이가 생선을 먹는 것처럼 그 즐거
움을 너희들은 재물을 모으는 데 빠
져 있어 모두를 바침이니,
20 더러운 돈, 추한 돈 가릴 것 없이 그저
너희들이 재물을 모으며, 많이 바치는
자 천국에 갈 수 있다 기도드려 줌이
니,
21 살인을 하고 온 자 재물을 갖다 바치
니 그도 용서하며 하늘에 올라올 수
있다 기도해 주는 것이 지금의 종교
집단 너희들의 추하고 더러운 그 모
습이니,
22 다 썩을 대로 썩어지며 썩은 것이 너
희들이니라.
23 너희들이 사랑하는 나의 피조물 만백
성 그들을 우롱하여 그들의 재물을 거
둬들이며 그들로부터 갈취하는 것이
부족하여, 지금은 어떠한 형국에까지
갔는가?
24 너희들은 단체를 요구하며 많은 사람
을 요구하는 이익 집단이요, 정치요,
그와 같은 모든 이익을 추구하는 집단
에 너희들의 이름을 팔며 명함을 내
밀며 너희들의 머릿수를 가지고 가
거기에 관여하며 관계하고자 하며,
25 거기에서도 너희들이 재물을 긁어모
으며 너희들의 이름을 높이고자 하며
너희들의 권위를 찾고자 그리하여 그
와 같은 이권이요, 재물을 거둬들이는
것에 물불을 가리지 아니하고 너희들
이 그리 고개를 돌리며 그저 눈을 번
득이고 바라보고 있음이니,
26 맹수가 먹이를 노리는 것보다도 더 무
섭고 사나운 눈빛으로 너희들은 그저
닥치는 대로 재물과 금화를 모으는 데
너희들의 집단을 팔아먹으며, 너희 자
신의 이름을 팔아먹으며, 너희 신도의
얼굴을 팔아먹는 그와 같은 행위를 하
며 주저 없이 가고 있으며 주저 없이
행하는 것이니,
27 과연 이권이요, 이익에 관계되어 고개
를 돌리는 그 집단이, 그 종교 지도자
가, 그 자신이 과연 자질이 있는 자이
며, 나의 법전이요, 나의 뜻과 같이 너
희들이 참진리를 위하여 살아가는 백
성들이던가?
28 모든 집단에서 요구하는 것에 너희들
이 재물을 긁어모으기 위하여 너희들
을 팖이니,
29 너희들은 나 여호와를 빙자하여 나의
아들을 팔아 그리 죽게 한 자들보다
도, 또 나의 아들의 보혈로써 구원을
받겠다 하여 우리 부자의 이름을 팔아
먹는 그 형국보다도 더 추하고 더러운
짓을 하니,
30 너희를 믿고 구원의 길이라 찾아오는
신도들의 머릿수요, 그들의 이름을 가
지고 너희들이 정치판에 팔아먹으며,
이권의 집단에 팔아먹으며, 그러한 썩

은 곳을 찾아다니는 지금의 종교 집단
이 되어 있으니,
31 이게 믿음을 갖는 길이요, 만백성의
생명을 구하는 하늘에 오르는 길이더
냐?
32 썩고 냄새가 나는 곳에 파리 떼가 모
여들듯이, 썩고 추한 곳에 모여드는
파리떼보다도 더 추하고 더러운 것이
너희들이니, 우리 부자의 이름을 거기
에 팔아먹지 말라.
33 그 죄는 너희들이 얼마나 무서운 것인
가를 알게 될 것이니라.
34 너희들이 모든 종파를 사랑해도 지옥
으로 가지 아니한다는 것을 어찌 모르
는가?
35 너희들은 서로 같은 믿음의 길을 가는
집단끼리도 이단이요, 사탄이라 서로
반목하고 싸우며, 남의 종교는 더 말
할 것도 없음이니라.
36 그것이 지금 가고 있는 그와 같은 사
악한 형국에서 너희들이 썩은 것만 찾
아다니는 집단으로 전락했음을 알아
야 할 것이니라.
37 나의 아들에게 물어보라.
38 나의 아들에게 물으면 그가 대답할
것이니라.
39 너희들이 어떠한 종파요, 모든 백성을
사랑하고 아껴도 너희들이 지옥으로
가지 않는다는 것을 나의 아들은 너희
들에게 전할 것이니라.
40 같은 집단이요, 같은 믿음의 길을 가
지 아니한다 하여 형제요, 부모에게도
정적같이 외면하고 고개를 돌리는 그
와 같은 사악한 자 너희들은 들으라.
41 모든 종파를 다 가슴에 안고 만백성을
사랑해도 그 사랑을 베푸는 자, 지옥
으로 가지 아니하며 하늘나라 나에게
온다는 그 엄연한 사실을 너희들은 알
아야 할 것이니라.
42 인간사에 너희들이 살아가며 편식하
는 자와 모두를 잘 먹고 소화시키는
자와의 그 하나의 간단한 이치의 깨달
음도 모르는 것이 너희들이니라.
43 골고루 먹고 사는 자가 건강하며 그가
건강하게 살아가는 것이거늘, 편식을
하는 자가 편하게 살아가며 건강한 모
습으로 살아가던가?
44 그와 같은 이치 하나의 깨달음으로도
너희들은 많은 종파요, 어떤 것이라도
사랑하며, 그 속에서 깨우쳐 진리를
얻고 터득하면 너희들에게 도움이 되
는 것이거늘,
45 모든 것을 골고루 먹고 건강을 찾고자
하는 그 건전한 사람의 모습이 아니라,
46 편식으로써 건강을 유지하고 편협한
생각으로 살아가는 그와 같은 자의 속
성과 똑같은 것이 너희들의 오늘의
종교 집단이니,
47 그 편협하고 더럽고 추한 모습으로써
나 여호와의 이름을 부르지 말며,
48 너희들은 내가 쳐다보기도 싫은 그 십
자가도 감히 너희들 앞에 걸어 놓고
거기에 기도하고 너희들의 소원을 빌
자격도 없는 자들이니라.
49 나의 아들이 고통스럽게 죽어 간, 내
가 쳐다볼 수도 없으며 불태워 버리고
싶은, 나와는 아무런 관계도 없는 그
십자가 앞에서 기도할 자격도 없는
자들이 어찌하여 나의 이름을 팔며,
50 나의 아들의 이름을 팔며 나의 뜻에

의해 너희들이 만백성을 구하여 하늘
에 오른다 그리 가르치는가?
51 너희들은 배가 부르면 잠을 자는 짐승
만큼도 그들 앞에 가서 기도할 자격
이 없음을 알라.

4,757 번째 하나님 말씀

2003년 1월 30일 14시 53분

1 사랑하는 나의 아들아!
2 "네, 아버님! 말씀하옵소서."
3 너희들은 사탄이요, 이단이라 너희들
을 욕하는 자들의 말에 귀를 기울이지
말지니라.
4 그와 같은 자들이 환란을 이루며 나의
아들 예수를 그와 같이 비참하게 죽
게 하였으며 그 고통 속에 모는 그와
같은 행위를 너희들에게 하지 아니할
때, 너희들은 그들을 욕하지 말며 그
를 두려워하지 말며 관여하지 말며,
그들이 하는 행위를 너희들이 보지 말
며 귀를 기울이지 말라.
5 나의 아들 예수에게 한 것만큼 그 고
통스럽고 잔악한 행위를 너희들에게
하지 아니한다면, 너희들은 편안한 마
음으로써 나의 역사요, 나의 모든 뜻
을 전하는 데 최선을 다하도록 그리하
라.
6 불안해하지 말라.
7 그리하면 그들이 스스로 나의 법전을
읽고 깨우쳐 판단하는 그와 같은 역사
가 이루어질 것이며,
8 그들에게 기회를 주어 나의 법전을 그
들이 보고 깨우쳐 나의 법전을 전하는
역사의 전사로서 쓰고자 하는 것이 나
여호와의 뜻이니라.
9 너희들이 두려워하고 겁먹으며 불안
해하지 말며,
10 너희들에게 어떠한 욕설이요, 어떠한
비방을 한다 해도 너희들이 갑론을박
하지 말며, 그들의 행위를 보지 말며
그들의 말에 귀를 기울이지 말라.
11 그들이 나의 아들 예수처럼 너희들을
그리 처참히 죽이고자 하지 아니한다
면, 너희들은 그와 같은 불안한 마음
을 갖지도 말며, 그들이 말하는 것에
귀를 기울이지 말며, 그에 대한 대비
책을 세울 필요성도 없음을 알라.
12 사랑하는 나의 아들아!
13 "네, 아버님! 말씀하옵소서."
14 나 여호와가 너희들에게 간곡히 부탁
하였느니라.
15 선택된 나의 백성 너희들은 남을 속이
지 말며, 너희 자신을 속이지 말며, 가
까운 이웃을 속이지 말며 그와 같이
살아가라 하였음이니라.
16 남을 속이지 아니하며 이웃을 속이지
아니하며 너희 자신을 속이지 않는 그
와 같은 삶을 너희들이 지켜 가는 것
은 뼈를 깎는 그 아픔의 고통보다도
더 저림이 있다 해도 그를 지키고 행
하여 가도록 내가 너희들에게 그리 말
하였음이니라.
17 이것만은 너희들이 꼭 지켜야 되는 길
이라 하였음이니라.
18 너희들이 이와 같은 것을 지키고 깨달
아 행할 때, 너희들이 이 선을 넘어야
만 이 세상의 아름다움이요, 광명의
세계요, 나 여호와에게 오르는 그 찬
란한 빛의 역사를 볼 수 있기 때문이

니라.
19 너희들의 마음이 열리며 깨달음이 열
리며 너희들이 세상사를 보는 눈이 달
라지기 때문이니,
20 너희들이 절대로 너희들 자신을 속이
며 이웃을 속이며 또한 남을 속이는
그와 같은 행위를 하지 말라.
21 정녕 자신을 속이는 그와 같은 것을
너희들이 해서는 아니 됨이니, 어떠한
고통에라도 너희 자신을 속이는 그와
같은 삶을 살지 않도록 그리하라.
22 이것이 너희들이 세상의 모든 이치를
볼 수 있는 그 근본의 기초임을 알아
야 할 것이니라.

4,758 번째 하나님 말씀

2003년 1월 30일 15시 01분

1 사랑하는 나의 아들아!
2 "네, 아버님! 말씀하옵소서."
3 구약 시대요, 신약 시대의 몇천 년이
흘러오는 종교요, 그 집단을 이루는
그들에게 내가 무엇을 원하며 요구한
것이던가?
4 무엇을 하나 실천하고 깨우치라 말하
였더냐?
5 그 모두는 아무것도 아니니라.
6 너희들이 '이웃을 네 몸처럼 사랑하
며' 서로 사랑하고 아끼고 살아가며,
그와 같이 살아가도록 내가 너희들에
게 전하였으며 가르쳤음이니라.
7 그리하여 너희들에게 사랑을 베풀며
살라 그리 전하기에 지금의 모든 종교
요, 종파들은 나의 뜻에 따라 사랑이
라는 것을 실천하며 살아간다고 그리
가르치며, 그리 가는 것이 하늘에 오
르는 길이요, 근본이라 그리 가르치느
니라.
8 말로는 너희들이 그리 가르치나, 실제
로 너희들이 시행하며 가는 것은 어찌
흘러가는가?
9 지금의 믿음의 길을 가고 있는 백성,
저희들과 같은 믿음의 길을 가지 아니
하며 같은 길을 가지 않는 백성을 너
희들은 사랑하며 포근히 감싸는 것이
아니라,
10 물과 기름이 합쳐질 수 없듯이 그리
엄연히 구분을 짓고 있는 것이 아니던
가?
11 죽고 사는 정적보다도 더 무섭게 너희
들이 지금 끌고 가는 것이 아니던가?
12 얼음과 끓는 물과 같이 그리 구분 짓
고 가는 것이 아니던가?
13 너희들이 그와 같이 가면서 어찌하여
사랑을 베푸는 백성들이라 하며, 나의
뜻에 살아 나의 피조물 만백성을 하늘
에 오르는 길로 그리 인도한다 하는가?
14 사랑하는 백성 너희들이 이제는 알 때
가 되지 아니하였는가?
15 내가 160권의 법전을 세상에 다 전했
을 때, 너희들이 그때야 깨달을 수 있
는가?
16 나 여호와의 참진리요, 내가 이루고자
하는 그 뜻이라는 것은 무엇이던가?
17 너희가 배우고 듣고 변하며 서서히 전
해져 감이니, 너희가 평화요, 화합이
요, 사랑이라는 것을 실천하고 살도록
하는 것이 나의 진리요, 나 여호와가
가르치는 것이며,
18 내가 가르치지 아니하는 것이요, 사탄

이 가르치며 사탄이 너희에게 일깨워
주는 것은 불화와 불화의 그 틀만을
키우도록 그를 추구하는 것이며 그와
같이 가는 것이 차이점이라는 것을 너
희들이 어찌 모르는가?
19 화합은 나 여호와의 참진리요, 불화는
사탄의 장난이요, 사탄의 자식으로서
가는 길이라는 것을 너희들이 분별할
수 있지 아니한가?
20 지금 모두를 사랑하라 가르치는 나의
아들이 전하는 그 가르침이요, 내가
법전에 기록하여, 종파를 떠나 너희들
이 생명을 갖고 세상에 나간 것이 더
소중하니, 너희들은 한 형제라,
21 종파라는 것은 잠깐 다른 옷으로 갈아
입은 것뿐이니, 그 옷을 벗고 나의 품
으로 돌아올 수 있는 것이 인간이라
하였음이니라.
22 인간이 생명을 가지고 세상에 나간 것
이 짐승과 엄연히 차별화되듯이, 짐승
은 사람이 될 수 없으며 사람도 짐승
이 될 수 없음이니라.
23 그와 같이 너희들이 짐승과 사람을 구
분하는 것은 내가 너희들을 이해하고
용서할 수 있으나,
24 너희들이 똑같은 사람끼리 짐승과 사
람처럼, 믿는 자와 믿지 않는 자를 그
리 구분하여, 정적보다도 더 원수처럼
생각하여 가고 있음이니, 그것이 과연
화합이요, 사랑이더냐?
25 너희들은 똑같은 백성이니라.
26 짐승과 사람이 엄연히 구분되듯이, 너
희들은 짐승이 아니라 사람이니라.
27 사람이기에 너희들은 이 길을 갈 수
있으며 저 길을 갈 수 있음이니라.
28 그리하여 너희들이 깨우쳐 깨달아 나
여호와의 품으로 돌아올 수 있는 것이
너희들이니,
29 그들이 돌아옴을 주저할 때, 너희들이
참진리요, 아름다운 모습으로써, 화합
이요, 사랑하는 마음으로써 그들을 돌
아오도록 해야 하는 것이거늘,
30 뜨거운 물과 찬물이 구분되듯이, 물과
기름을 구분하듯이 그와 같이 엄격히
구분을 두고 살아가는 너희들이 어찌
하여 진정한 하늘에 오르는 길이요,
나의 뜻을 위하여 가는 것이더냐?
31 나 여호와의 뜻은 화합이요, 평화요,
사랑이라 하였으니,
32 너희들이 물과 기름처럼 구분하여 가
는 거기에 사랑이요, 화합이요, 평화
가 있느냐?
33 사탄은 불화를 만드는 것이며, 화합을
방해하는 것이 사탄이며, 사랑하지 않
는 것이 사탄이라 하였거늘,
34 이제는 어떤 것이 참진리요, 새로운
성경이요, 나 여호와의 뜻이요, 어떤
것이 잘못된 것인가를 너희들이 제발
구분할 수 있는 그와 같은 안목을 가
지라.
35 각자 구분하여 하늘에 오르는 길을 보
도록 하라.
36 나 여호와도 지쳐 있으며, 나의 아들
도 지쳐 있으며, 160권의 법전을 세상
에 만드는 모든 나에게 선택된 백성
그들도 다 지쳐 있음이니라.
37 내가 손을 놓게 되면 나의 아들이 지
쳐 쓰러지며 그를 따르는 제자 그들이
지쳐 쓰러질 때, 이 아름다운 겨자씨
는 세상에 뿌리를 내릴 수 없음이니,

38 그들을 무너트리는 사악한 자, 너희들
은 나 여호와가 엄히 다스림을 알며
그 무서움을 알라.

4,759 번째 하나님 말씀

2003년 1월 30일 15시 07분

1 사랑하는 나의 아들아!
2 "네, 아버님! 말씀하옵소서."
3 4천 년 구약의 역사의 흐름이요, 2천
년 역사의 신약의 시대가 흐르면서 너
희들이 지금 믿음의 길을 가고 있는
그 깨달음의 세계를 돌진하여 깨달음
의 경지에 올랐다는 종교 지도자 그
모두가 다 바로 눈을 뜨고 나의 성경
을 공부하며, 나를 가르치며, 눈을 뜨
고 연구한 자가 한 사람도 없다면 너
희들은 과연 믿겠는가?
4 성경을 공부하며 깨우치는 백성들이
요, 지도자들이요, 그와 같은 너희들
이 눈을 뜨고 성경을 공부하며 성경을
연구하며 성경을 진심으로 파고들었
다 하면 오늘과 같은 깨달음의 경지에
이르지는 아니하였을 것이니라.
5 너희들은 다 눈을 감고 공부했으며,
눈을 감고 가르쳤으며, 눈을 감고 깨
우치고자 하였음이니라.
6 지금까지 흘러오는 몇천 년 동안 역사
속에 눈을 뜨고 성경을 공부하며 연구
하고 깨우친 자가 한 사람도 없었다
면, 나의 아들 너조차도 과연 믿을 수
있겠는가?
7 지금 형국이 그러함이니라.
8 한 사람도 눈을 뜨고 성경을 보고 제
대로 가르치고 연구한 백성이 없었음
이니라.
9 오로지 저희들이 성서를 펼 때 저희
들의 안일을 위하여, 저희들의 편안함
을 위하여, 저희들의 방대한 조직을
위하여 재물을 긁어모으기 위해 거기
에 저희들이 마음 한 자리를 깔고 나
의 성경을 펼쳐 보니,
10 그 성경의 가르침은 무어라 하였더냐?
11 도적질하는 자가 읽으면 도적질을 할
수 있도록, 그를 변호할 수 있도록 만
들었으며,
12 거짓 하는 자가 성경을 보고 그와 같
이 생각하면 거짓 하고 변호할 수 있
는 것을 만들었으니,
13 심지어 살인한 자도 할 말이 있도록,
그 성경을 그와 같이 어디에든 적용
하며 어디에든 활용할 수 있도록 한
것이 바로 나 여호와의 가르침이었느
니라.
14 그러나 너희들이 금화와 재물을 거둬
들이는 데만 마음 한 자리를 깔고 성
경을 수천 년 동안에 그 종교 지도자
라는 자들이 보고 깨우치고 연구하였
음이니,
15 눈을 뜨고 성경을 공부하고 깨우친 자
가 한 명도 없었음이니라.
16 그리하여 오늘과 같이 사악한 시대요,
이와 같이 험악한 시대요, 너희들이
말하는 종말의 시대가 되었음을 알아
야 할 것이니라.
17 지금이라도 이를 보고 깨우쳐, 눈을
뜨고 성경을 공부하며 성경을 가르치
는 백성들이 있다 하면,
18 나 여호와는 오늘 너희들에게 이와
같이 어려운 길을 가라 하지 아니하

였을 것이니라.
19 이제 너의 제자들에게 전하라.
20 수천 년 동안 흘러오면서 나의 성경을
눈을 뜨고 공부하고 연구한 백성이 하
나도 없다고 말했듯이,
21 너의 제자들은 나의 법전을 공부하고
깨우치매 눈을 뜨고 이를 보고 읽어야
할 것이며,
22 눈을 뜬 자가 공부하는 그와 같은 법
전의 공부에 돌입하는 자세로 그리 가
도록 가르치라.
23 그리 아니 하면 너희들이 나의 법전의
뜻을 이해할 수 없으며,
24 너희들이 하늘에 오르는 길로 나의 피
조물 만백성을 인도한다는 지도자가
아니요,
25 지옥행으로 달려가는 그 행위를 반복
하며 그를 전하는, 나의 자식이 아닌
사악한 사탄의 자식으로서 행하게 됨
을 알라 전하라.
26 눈을 뜨고 나의 법전을 읽고 깨우치도
록 그리하라.
27 눈을 감고 공부하는 자, 수천 년이 흘
러가도 그 뜻을 알 수 없으며, 사악한
시대만을 만드는 그 기초를 다지는 것
이 될 것이니,
28 너희들이 눈을 뜨고 법전을 공부할 것
인가, 눈을 감고 공부할 것인가?
29 수천 년 동안 성경을 가지고 공부한
모든 종교 지도자 중에 한 사람도 눈
을 뜬 자가 없다 하였음이니,
30 너희들만큼은 눈을 뜨고 성경을 읽고
눈을 뜨고 나의 법전을 읽고 깨우쳐,
하늘에 오르는 길을 잘 가르치는 백성
으로서 다시 태어나는 그 역사를 이루
도록 하는 것이 너희들이 할 일임을
명심하라.

4,760 번째 하나님 말씀

2003년 1월 30일 15시 15분

1 사랑하는 나의 아들아!
2 "네, 아버님! 말씀하옵소서."
3 지금의 종교 집단이라 하여 너희들 인
간이 준 종교 지도자의 자격증을 가지
고 너희들이 어찌 가고 있는가?
4 그 자격증 위에 십자가를 하나 꽂아
놓고 세워 놓으면 나의 피조물 어리석
은 백성들이 그것이 구원의 길이라 하
여 그리 뭉치고 그 덩어리가 점점 커
지고 있음이니,
5 그저 십자가 하나만 꽂아 놓으면 만백
성이 모여 너희들이 살아갈 수 있는
의식주를 해결해 줌이니,
6 인간으로서 너희들이 만든 그 자격증
을 남발하며, 자격이 없는 자가 인간
이 만든 그 자격증을 따기 위해 지금
아우성을 치고 있으며,
7 그 자격증의 종이 한 장 든 자, 그 위
에 십자가를 그어 꽂아 놓으면 만백성
이 모여들어 너희들이 살아가는 데
편안한 삶을 살 수 있도록 그리 엮어
지는 것이 지금의 형국이며,
8 그를 위하여 너희들이 십자가를 꽂아
놓고 아우성을 치는 이 형국이니,
9 거기에 어느 곳에 진실이 있으며 진
리가 있는 것인가?
10 이는 어느 곳에도 참진리요, 진정한
뜻이 없음을 너희들은 알아야 할 것이
니라.

11 그와 같은 형국으로 가는 너희들이 그
속에는 참진리요, 하늘에 오르는 뜻이
없음이니라.
12 그리하여 너희들은 그 십자가를 세워
놓고 거기에 모이는 백성들에게 참진
리를 가르치는 것이 아니요,
13 너희들이 더 커지면 커진 그 순간부터
성전이요, 더 많은 백성을 끌어모으
며, 너희들이 제왕적인 대우를 받기
위하여, 너희 자신을 위하여 나의 피
조물 만백성을 반강제로 강요하여 끌
고 가며,
14 공포의 분위기를 조성하여 그들이 떠
나지 못하도록 너희들이 뭉쳐 가며 이
끌어 가는 것이 지금의 형국이니,
15 그 속에 어떠한 나의 뜻이 있다 생각
하는가?
16 진실과 사랑과 믿음이 없는 곳이니라.
17 사악한 폐허의 그와 같은 것밖에 없는
곳이 너희들이 지금 손으로 지은 종교
집단의 울타리 안에서 이루어지고 있
는 형국임을 알아야 할 것이니라.
18 그리하여 너희들이 지금 속이 썩어 들
어가기 시작하고 있음이니,
19 2천 년 동안 너희들이 그와 같이 썩고
썩은 그 모두를 이제는 내가 도려내고
수술하며, 그 썩은 것을 제거하고자
하는 그와 같은 대수술의 치료를 강요
하고 있음을 너희들이 알아야 할 것이
니라.
20 그리하여 너희들을 내가 바로잡고자
하여 이 어려운 길을 가고 있으며, 나
의 법전을 세상에 전하여 너희들을 수
술하고자 하는 것이 나의 뜻임을 알아
야 할 것이니라.
21 믿음이라 하여 너희들이 가는 무조건
편의적인 믿음이요, 오로지 십자가를
그어 놓으면 그 속에 모여들어, 오로
지 그 십자가 앞에 너희들이 경배하고
재물을 바치며 구원을 빌면 소원을 이
룬다는 그와 같은 너희들의 그 생각을
이제는 바꾸고자 하며 바로잡고자 하
는 것이 나의 뜻임을 너희들은 알아야
할 것이니라.
22 너희들이 그와 같은 속에서 진실한 믿
음이 없으며 오로지 재물을 모으는 그
와 같은 형국으로 가기에,
23 나의 참진리요, 새로운 성경이요, 나
여호와가 구원의 길의 '말씀'을 너희
들에게 내려보내나,
24 너희들은 만백성이 이를 접하지 못하
고 이를 보지 못하게 하며, 이를 적대
시하여 나의 피조물 만백성으로부터
나의 법전에 등을 돌리도록 하여 끌고
감이니,
25 그 죄가 너희들이 얼마나 무서운 것인
가를 알 때가 있음을 알라.
26 이제 여기서 너희들이 모두를 걸고 참
진리의 연구의 길에 돌입하지 아니한
다 하면 너희들은 진정한 구원의 길을
볼 수가 없음이니라.
27 이제 너희들이 잘못 가며 잘못 가르치
며 잘못 이해하고 가는 그 모두를 내
가 아름다운 뜻으로써 법전에 기록하
여 너희 손에 하나하나 쥐여 줌이니,
28 이를 너희들이 적대시하며, 너희들을
쓰러트리고자 하며 너희들의 문을 닫
고자 하는 그와 같은 사악한 행위라
그리 말하지 말며,
29 너희들이 나의 법전을 읽고 또 읽어

깨우쳐 봐서 이게 정녕 잘못되었다
생각할 때는 그 길을 그리 가며 나의
법전을 덮어도 말하지 아니할 것이나,
30 너희들이 한 점이라도 이것은 진정 나
여호와의 뜻이라 생각되며, 너희들의
잘못된 부분을 여기에 기록하여 너희
들에게 경종을 울리는 대목이 한 줄이
라도 있다 하면,
31 너희들은 그 모든 가던 길을 멈추고,
새로운 나의 법전이요, 나의 아들이
강론한 그 뜻에 따라 만백성을 구하는
전사로 돌아섰을 때, 내가 너희들을
가슴에 안을 것이니 그리 알라.
32 모두에게 균등하게 내가 기회를 주고
있음이니라.
33 종교 지도자에게도, 모든 종파에도,
그리고 믿지 않는 백성들에게도, 잘못
가고 있는 백성들에게도 모두에게 내
가 균등하게 동일한 조건으로써 기회
를 줌이니, 각자가 알아서 오도록 그
리하라.
34 하늘에 오르는 것은 반강제요, 공포의
분위기로써 너희들을 끌고 가는 것이
아니며, 자유롭고 즐거운 마음으로 가
는 것이니라.
35 너희들이 공포와 반강제로 나의 피조
물 만백성을 모아 놓으면 그 집단은
내부가 썩어 들어가게 되어 있으며,
그 속은 너희들이 불화가 생기며 반목
하는 때가 오게 되어 있으며,
36 그리하여 반드시 그는 시간이 지나면
무너지게 되어 있음이니,
37 지금이 바로 썩을 대로 썩어 있으며
변질될 대로 변질된 이 시기에 내가
너희들을 다스리고자 칼을 뽑아 정리
하고 있음을 너희들은 알아야 할 것이
니라.
38 이 무서운 심판이 시작되었음을 너희
들은 알라.

4,761 번째 하나님 말씀

2003년 1월 30일 21시 23분

1 사랑하는 나의 아들아!
2 "네, 아버님! 말씀하옵소서."
3 인간이 인간의 형태를 가지고 산다는
것은 인간답게 사는 그 자세로써 살아
가야 되지 아니하던가?
4 인간의 형태를 가지고 있는 자가 짐승
만도 못한 삶을 살아간다면 과연 그것
은 무엇이라 너희에게 표현해야 할 것
인가?
5 너희는 정녕 형체가 잘못 생기고 남보
다 부족하다 해도, 그가 아름다운 마
음이요, 천사와 같은 마음을 가지고
산다 하면 그는 정녕 인간으로서 인간
다운 삶을 사는 것이 아니던가?
6 지금 나의 피조물 만백성들이 나의 백
성을 구원하며 하늘에 오르는 길이라
그리하여 그들을 가르치고 인도한다
하나,
7 그들이 정녕 나의 참뜻이요, 나의 진
리를 모르고 가르친다 하면 과연 그것
은 어찌 되는가?
8 그들을 죽음으로 인도하는 것이니라.
9 너희들이 나의 진리를 깨우치지 못하
며 나의 참뜻을 알지 못하면서 나의
백성을 가르친다 그리 생각하는 것이
얼마나 무모한 짓이며, 하나의 귀중한
생명을 앗아 가는 것인가를 깨우쳐야

할 것이니라.
10 이를 너희들이 깨우치지 못하며 지금
과 같은 형국으로써 나의 피조물 만백
성을 지옥으로 이끌어 가는 형태로 간
다 하면, 이는 나 여호와가 더 이상 너
희들을 방치할 수 없으며 용서할 수
없음을 알아야 할 것이니라.
11 너희들은 세상사 살아가면서 자선이
라는 걸 베풀며 남에게 나눔을 베풀며
살아가느니라.
12 너희들은 그와 같은 마음에 있어서 남
에게 자선을 베푸는 것이며 너희들이
재물로써 남을 도와주며 사랑을 베푸
는 것은 인간의 육의 삶을 위해서 너
희들이 그와 같이 아름다운 자선을 베
풀고 살아가는 것이니라.
13 그러나 너희들은 여기서 그와 같은 물
질적인 자선보다도, 너희들이 하나의
생명을 구할 수 있는 나의 성령이요,
나의 뜻을 전하며, 그를 자선으로써
하는 그 행위가 얼마나 더 소중한 것
인가를 깨우쳐야 할 것이니라.
14 그러니 남의 생명을 가지고 구원하고
구원하지 못한다는 그와 같은 가르침
을 가는 백성 너희들이 함부로 말을
해서도 아니 되며 함부로 행동을 해서
도 아니 됨을 알아야 할 것이니라.
15 너희들이 물질로써 자선하는 것도 아
름다운 것이니라.
16 그러나 너희들은 물질의 자선보다도
사람을 구원하는 그 자선이 더 소중함
을 알아야 할 것이니라.
17 지금 나의 피조물 만백성 너희들은 물
질 자선의 길을 가는 것이 아니요, 깨
우침의 자선이요, 만백성의 생명을 구
하는 자선의 그 길을 가야 함이니, 그
게 바로 무엇이던가?
18 나의 아들을 통하여 지금 기록하여 법
전이라 하여 책으로 만든 이것을 한
권, 한 권 나의 백성에게 전하는 것이
너희들이 재물을 전하는 것보다도, 재
물로써 자선을 베푸는 것보다도 더 아
름다운 베풂임을 알아야 할 것이니라.
19 그리하여 내가 지금 나의 피조물 만백
성을 참진리요, 하늘에 오르는 길의
그 뜻이요, 내가 원하는 것이 무엇인
지도 모르면서 잘못 가는 그 지도자
들을 그리하여 내가 용서할 수 없으며
그를 엄히 다스린다 함을 너희들은 알
아야 할 것이니라.
20 이제 나의 아들을 따르는 제자들이요,
나의 법전을 읽고 깨우친 백성 너희들
은 어떠한 자선보다도 나의 법전을 그
들에게 전해 줘 그들이 법전을 읽고
영혼을 구하는 그 위대한 자선의 사업
에 너희 모두를 다 바치는 그와 같은
삶을 살아가야 함을 잊어서는 아니
될 것이니라.
21 내가 너희들에게 깨우쳐 무어라 말하
였더냐?
22 내가 내려 준 이 세상에 좋고 아름다
운 음식을 다 먹으면서 너희들이 좋은
말을 하는 것은 생명을 구하는 하나의
자선회를 베푸는 것이요,
23 너희들이 좋은 음식을 먹고 사악한 말
을 하고 사악한 행동을 하는 것은 한
생명을 죽이는 사악한 자들의 행동과
도 같음이니라.
24 너희들이 모든 살아감에 있어서 선과
악을 구분하는 그곳에서 악을 행하는

것은 너희들이 죄를 짓는 것만이 아니
요, 나의 백성까지 너희들이 그 생명
력을 죽이는 그와 같은 행위라는 것을
깨우쳐 전하고 알아야 할 것이니라.
25 나의 아들을 따르는 제자들이요, 나의
법전을 읽고 깨우친 백성 너희들은 너
희 자신을 위해 삶이 아니요,
26 너희들이 행하는 그 모두는 너희로서
끝나는 것이 아니요,
27 그를 보고 배우는 나의 백성에게 그
모두가 직접 영향을 미치며,
28 그들로부터 그 마음을 잡고 못 잡으며
그들을 구원하며 지옥으로 가는 그와
같은 영향을 미친다는 것을 알아서,
너희가 행동의 모두를 아름답게 해야
함을 잊지 말라.
29 이제 너희가 행하는 모든 것이 만백성
에게 영향을 미친다는 것이 곧 지도자
요, 깨우친 자가 가야 할 자리임을 너
희는 알아야 할 것이니라.
30 사랑하는 나의 아들아!
31 "네, 아버님! 말씀하옵소서."
32 너의 제자들에게 모든 마음을 다 비우
라 그리 전하라.
33 비우고 사는 자는 너희들이 정녕 하늘
의 뜻이 무엇인가를 알 수 있음이니라.
34 나의 아들 예수가 무어라 말하였더냐?
35 인자는 갈 곳이 없으며 머리 둘 만한
집이 없다 말하지 아니하였던가?
36 너희들 인간 세상에서 살아가는 백성
은 가정이 있으며 자식이 있으며 돌아
갈 집이 있으나,
37 만백성을 구하는 인자는, 만백성을 구
하는 그 사업을 이루며 그 역사를 이
루는 자는 자기 것이 없으며 자기가
챙길 것이 없음이니,
38 자기의 처자식에게 돌아갈 것이 없으
며 자기의 가정에 돌아갈 것이 없음이
니,
39 그와 같이 위대한 만백성을 깨우치는
인자로서, 세상의 만백성을 구원의 길
로 인도하는 그는 마음이 비워져 있기
에 갈 곳이 없으며 머리 둘 곳이 없다
말한 그 뜻을 너희는 알겠는가?
40 너희들이 그와 같이 살아가는 자들이
되어야 함을 잊지 말라.
41 나의 아들이 지금 어떠한 역사를 이루
는가?
42 새로운 성경을 내려보내며, 나의 법전
이요, 나의 성령을 책으로 만들어 심
판의 기준을 삼는 '하나님! 말씀하옵
소서', 하늘에 오르는 이 책을 글로 써
만드는 그 일을 역사함이니,
43 너의 제자들 또한 마음을 비우며 모
두를 다 손에서 놓고 살아가는 그와
같은 마음으로써 가야 함을 잊지 말라.
44 그것이 너희들이 가야 할 길이며,
45 너희들이 그와 같이 마음을 비웠을
때, 너희들이 정녕 나의 아들 예수처
럼 찾아갈 집이 없으며 갈 곳이 없으
며 머리 둘 곳이 없는 그와 같은 너희
들의 삶을 살아가는 것이 곧 예수의
삶을 본받아 사는 것이요,
46 그와 같은 마음의 자리를 가지고 사는
자가 욕심이 없는 자요,
47 의인의 길에 들어서는 백성의 도리임
을 잊지 말라, 사랑하는 나의 백성들
아!

4,762 번째 하나님 말씀

2003년 1월 30일 21시 28분

1 사랑하는 나의 아들아!
2 "네, 아버님! 말씀하옵소서."
3 너를 따르는 제자들이요, 너와 더불어
가는 백성들이요, 네가 나의 성령을
받아 기록하여 만드는 그 대명이 소중
하며, 그 역사를 무엇에 비교하겠는가?
4 네가 나로부터 기도요, 묵상으로써 받
아 책으로 만들고자 네가 그리 지금
전하는 그 나의 성령의 나의 가르침
또한 중요하나,
5 이를 수정하며 이를 만들며 책으로 펴
내는 너의 제자들 또한 얼마나 소중한
자인가를 알아야 할 것이니라.
6 나의 법전을 만들며 수정하며 이를
다듬어 만드는 너희들이, 그리고 나의
법전을 전하는 역사를 이루는 너희들
이 얼마나 소중하고 귀한 나의 아들딸
인가를 알아야 할 것이니라.
7 너희들이 나의 법전을 다루는 것은 무
엇을 다루는 것이던가?
8 창조주 나 여호와의 뜻을 다룸이며,
내 생각을 다룸이며, 내가 새로 이루
고자 하는 그 역사를 다룸이니라.
9 그러하니 너희들이 나의 뜻을 대행하
며 내가 이루고자 하는 것을 대행하는
것이니,
10 그와 같은 일에 동참하는 나의 아들딸
만백성 너희들이 얼마나 정성과 열을
다하여 다스려야 하는 것인가를 깊이
깨우쳐야 할 것이니라.
11 나의 법전을 만들며 수정하며 다스리
며 세상에 전하는 너희들이 소홀히 하
며, 정성을 다하여 그를 만들고 전하
지 아니할 때,
12 너희들은 모르나 이를 전해서 받는 백
성, 그리고 전해서 보는 백성, 그들이
먼저 이는 정녕 정성을 들여서 만들었
는지 정성을 들이지 아니하였는지를
먼저 알게 되어 있음을 너희들은 알아
야 할 것이니라.
13 나의 법전을 만들고 전하는 너희들이
얼마나 이것이 귀중하며 얼마나 소중
한 것인가를, 정성과 몸과 마음을 모
두 다 바쳐 너희들이 하나로서 만들었
을 때,
14 너희들이 자신을 불태우는 그와 같은
정열로써 이를 만들었을 때,
15 나의 피조물 만백성은 이 법전을 대하
면서 너희들이 정열을 다하여 그 정성
을 다하여 만든 그 뜻을 먼저 알 것이
며,
16 너희들이 소홀히 다루며 소홀히 생각
하며 그저 흘러가는 하나의 잡지를 만
드는 것 같은 마음으로 이를 만들었을
때, 나의 피조물 만백성들이 그를 먼
저 앎이니,
17 그들이 그를 보고 깨우칠 수 없음을
너희들은 알아야 할 것이니라.
18 너희들은 정녕 나의 법전을 접함을 소
홀히 하지 말라.
19 너희들이 모든 정성과 열을 다했을
때, 너희들이 전하는 법전을 받는 백
성 그들 또한 모두를 다하여 정독하며
깨우쳐 읽을 것이니라.
20 그렇지 아니하면 아니 됨을 너희들은
여기서 깊이 깨우쳐야 함을 잊지 말라.
21 이 시간 이후 나의 법전을 만지며 다

루는 백성 너희들은 모든 정성과 열을 다하여 법전을 다루라.
22 너희들의 그 정성과 열에 따라서 만백성이 나의 법전을 전하는 그 마음 자세가 그와 똑같이 흘러감을 너희들이 잊어서는 아니 됨을 잊지 말라.

4,763 번째 하나님 말씀

2003년 1월 30일 21시 34분

1 사랑하는 나의 아들아!
2 "네, 아버님! 말씀하옵소서."
3 나 여호와의 참진리요, 내가 추구하는 가르침을 따르는 백성, 그리고 진정한 믿음의 길을 가는 백성이요, 진정한 나 여호와의 뜻에 따라가는 백성 너희들은 나를 따르며 나에게 경배하며 세월이 흐르면 흐를수록 선한 백성으로 변화되는 것이 참진리의 길에 들어서는 것이며, 참진리를 연구하는 백성임을 알아야 할 것이니라.
4 잘못된 믿음이요, 잘못 가는 믿음이요, 사악한 사탄의 지시에 따르는 백성 너희들은 믿음이라 하여 그 세월이 가면 갈수록 더 사악해지며,
5 너희들이 마음의 문을 닫고 너희들 위주로 살아가는, 그와 같은 자기 위주로 살아가고 자기만을 위해서 사는 폐쇄된 마음으로 변화되는 것이 잘못 가는 믿음의 길을 가는 백성의 믿음의 형태임을 너희들은 알아야 할 것이니라.
6 지금의 너희들 종교 집단이 과연 어찌 가고 있는가?
7 성경의 공부요, 지도자의 강론이요, 설교를 많이 듣고 공부를 많이 했다는 백성이요, 지도자 너희들은 과연 어찌 변하는가?
8 기도를 많이 들었으며 교리를 많이 들었으며 설교를 많이 들었으며 강론을 많이 들은 백성들은 그를 들은 만큼 선하며 천사와 같이 변해 있어야만 하는 것을 너희들은 알아야 할 것이니라.
9 그러나 지금의 종교 집단의 백성 너희들은 어찌 가는가?
10 오랫동안 기도를 했으며, 오랫동안 성전에 가 소원을 빌었으며, 그리고 오랫동안 강론을 들으면 들을수록, 그 세월이 길면 길수록 욕심이 더 많이 그득히 차 있는 그와 같은 형국으로 변하는 것이 지금의 믿음의 길을 가는 백성의 자세이니라.
11 오래 믿으면 믿을수록 구원에 대한 욕심이 더 많아 구원의 기도만을 드리는 것이 너희들이며, 무엇인가를 얻고자 하는 욕심에 축복을 바라며, 축복의 은혜가 내리기를 바라는 것이 너희들이며,
12 그와 같이 축복의 기도요, 구원의 욕심의 말을 남보다 더 많이 하며, 더 자신을 가지고 있으며, 더 얻고자 하는 것이 너희들이며,
13 명예를 위한 욕심이요, 많은 종교 지도자 앞에 군림하고자 하는 욕심이요,
14 그 모든 욕심으로 너희들이 그득히 차감이니,
15 지금의 종교 집단이 가는 형국이 그러함을 너희들은 알아야 할 것이니라.
16 너희들은 여기서 알아야 할 것이니라.
17 너희들이 정녕 그와 같은 형국으로써

믿음의 길을 가는 것은 나 여호와의
참진리를 연구하는 것이 아니요, 나에
게 오는 길이 아니요, 나의 품에 오르
고자 하는 자들이 아니니라.
18 말로써는 너희들이 나에게 오르며 나
의 품에 오고자 하는 그와 같은 길이
라 달려가고 있으나,
19 그는 너희들이 바로 가는 길이 아님을
알아야 할 것이니라.
20 이제 내가 나의 아들을 통하여 나의
법전에 기록하여 너희들을 깨우치고
자 함이니,
21 정녕 믿음이 오래될수록, 그 믿음이
깊을수록 축복과 구원의 욕심이 가득
차 있는 너희들은 너희들 자신을 들여
다보는 그 눈을 떠야 할 것이니라.
22 너희들을 들여다보며 너희들을 평가
하는 그와 같은 눈을 뜨지 아니하면,
그 길에 너희들이 들어서지 아니한다
면, 너희들은 하늘에 오르는 길을 볼
수도 없음을 알아야 할 것이니라.
23 너희들의 마음속 하나하나를 다 헤쳐,
너희들 자신이 어디에 서 있으며 너희
들 마음의 중심이 어디에 있으며 너희
들이 행하고 살아가는 것이 어떠했는
가를 들여다볼 때,
24 너희들 자신이 어찌 되어 있는가를 바
로 볼 때,
25 너희들이 밝은 빛을 보게 될 것이며,
깨우침을 알게 될 것이며, 하늘에 오
르는 길을 알게 될 것이며,
26 너희들이 나 여호와에 대한 감사의 은
혜요, 나 여호와에 대한 은혜에 보답
하며 살아가기에도 바쁘다는 것을 알
게 될 것이며,
27 크나큰 나 여호와의 은총과 영광을 내
가 내려 준 것을 너희들이 알게 됨이
니,
28 그때 너희들이 나에게 감사하는 마음
이 너희 가슴속에 피어남이니라.
29 너희 가슴속에 나 여호와에게 감사하
며 경배하는 기도의 마음이 일어날
때, 너희들은 나 여호와를 사랑하게
되며, 나 여호와를 숭배하게 되며, 나
여호와를 진정 너희들이 사랑하며 나
를 생각하게 됨이니라.
30 나를 사랑하며 나를 진정 경배하고 나
를 따르고자 하는 그와 같은 마음자리
가 너희들에게 잡혔을 때, 너희들은
사악한 자로 돌아갈 수가 없으며 악한
자로 돌아갈 수 없음이니라.
31 사랑하는 것이, 나 여호와를 진정 따
르는 것이 무엇인가를 알며, 너희들이
나 여호와를 사랑하는 것을 알게 됨이
니,
32 너희들이 나 여호와를 사랑하는 마음
이요, 사랑하는 나 여호와에게 너희들
이 어찌 살아가야 하는가를 알 때, 나
여호와가 너희들을 사랑하게 되며, 내
가 너희들에게 무엇을 이루어 줄 것인
가를 알게 됨이니,
33 너희들이 소원하는 것이 그리하여 모
두가 이루어지는 역사의 변화가 이루
어진다는 것을 잊지 말라.
34 하늘의 비밀을 내가 너희들에게 가르
쳐 줌이니라.
35 너희들이 나를 얼마만큼 어찌 사랑하
느냐에 따라서 너희들이 나를 사랑하
는 만큼 내가 너희들을 사랑하게 되어
있으며 너희들을 기억하게 되어 있음

이니,
36 너희들이 원하는 그 뜻을 내가 이루어
주는 것이 나 여호와임을 잊지 말라.

4,764 번째 하나님 말씀

2003년 1월 30일 21시 41분

1 사랑하는 나의 아들아!
2 "네, 아버님! 말씀하옵소서."
3 너의 제자들에게 나의 뜻을 전해야 할
것이니라.
4 나 여호와의 뜻과 내가 행하는 그 행
함을 너희들이 먼저 생각하여 깨우치
며, 나의 아들 예수가 역사했던 그 삶
을 바라보며 예수의 그 마음과 같은
자세로써 너희들이 살아가고자 생각
하지 아니한다면,
5 너희들은 나의 아들 예수를 팔며 그로
부터 등을 돌렸던 그 제자들과 조금도
다름이 없는 그와 같은 형국의 백성으
로서 거듭나게 됨이니라.
6 너희들이 그와 같이 살아간다는 것은
나 여호와에게 등을 돌리며 나의 아들
예수에게 등을 돌리며, 지금 내가 세
상에 너희들을 구하고자 내려보내는
나의 법전을 너희들이 거부하는 것과
같음을 너희들은 알아야 할 것이니라.
7 너희들이 그와 같은 생각을 가지고 살
수 있는 것은, 나 여호와를 먼저 생각
하지 아니하고 나의 법전대로 너희들
이 살고자 하는 생각을 하지 아니하고
나의 아들 예수가 목숨을 바쳐 너희들
을 구원하고자 했던 그 애절한 마음의
뜻을 너희들이 깊이 생각하지 아니하
기에,
8 너희들의 모든 마음은 인간의 생각이
앞서게 되며, 인간의 생각으로써 너희
들이 먼저 생각하며, 사람으로서 너희
들이 모든 것을 다 처리하며, 사람으
로서 너희들의 입장을 먼저 생각하고
배려하는 그와 같은 생각에서 벗어나
지 못하기 때문이니라.
9 나의 아들 예수의 제자가 나의 아들
예수로부터 사탄이라 혼난 그 내용이
요, 그 꾸지람을 너희들은 알 것이니
라.
10 그 또한 인간의 생각을 먼저 했기 때
문에 그로부터 사탄이라 나의 아들 예
수로부터 핍박을 받았음이니라.
11 너희들도 그와 마찬가지이니라.
12 너희들이 아무리 경지에 오르며 믿음
이 높다 하여도 너희들이 인간의 생각
이요, 사람의 일을 먼저 생각하고 산
다 하면, 너희들은 깨우침의 길을 하
나도 보고 깨달은 백성이 아님을 알라.
13 그와 같이 너희들이 인간의 생각을 저
버리고 살아갈 수 있는 것은, 나 여호
와가 존재함을 알며 내가 이루고자 하
는 그 뜻의 역사를 너희들이 깊이 생
각할 때, 너희들이 바로 멸망하지 아
니함을 알아야 할 것이니라.
14 너희들이 나 여호와를 생각하며 나의
아들 예수의 죽음을 생각하며 십계명
을 생각하고 내가 내린 법전의 내용을
읽고 깨우쳐 이를 생각하고 살아가지
아니한다면 너희들은 거짓 하는 자,
잘못된 자들에게 사로잡히게 됨이니
라.
15 너희들이 거짓된 자요, 사탄에게 사로
잡혔을 때, 너희들은 모두 멸망의 길

이요, 파멸의 길로 가는 것을 알아야
할 것이니라.
16 지금 모든 종파의 역사가 그리 흘러가
고 있느니라.
17 지금의 종파와 지도자들이 자신이 거
짓 하며 거짓 하는 행위를 하고 있음
을 모르기 때문이니라.
18 그들 자신이 깨달음이 없으며 그들 자
신이 나 여호와의 뜻이 무엇인지를 모
르며 성경의 비유의 뜻을 모르니,
19 그들이 저희 마음대로 계명을 만들어
저희들이 재물을 긁어모으는 데만 모
두 급급하다 보니 많은 나의 피조물
만백성 앞에 거짓 하게 되며 거짓의
제왕으로서 저희들이 군림하게 되어
있음이니,
20 그리하여 제왕으로서 군림하여 나의
백성을 다스리며 그를 사로잡고 있는
것이니라.
21 그러니 잘못 가르치는 종교 지도자 그
들이 왕사탄으로서 나의 피조물 만백
성을 모두 다 지옥의 구렁텅이로 이끌
어 가는 그와 같은 역사를 하고 있는
것이 지금의 가고 있는 길임을 잊지
말라.

4,765 번째 하나님 말씀

2003년 1월 30일 23시 54분

1 사랑하는 나의 아들아!
2 "네, 아버님! 말씀하옵소서."
3 너희들이 기르는 모든 동물도 너희가
정성을 다하여 사랑을 진심으로 베풀
었을 때, 그 짐승은 그 은혜를 알며 그
감사함을 아느니라.
4 그리고 저희 주인으로부터 제가 사랑
을 받고 있는지 아닌지 그 모두를 아
니, 사랑을 받는 것만큼 되돌려 주고
자 하는 것이 그 짐승의 마음이니라.
5 그러니 지혜요, 생각하는 것을 가진
모든 백성 너희들을 내가 창조할 때,
그 짐승보다 너희들이 우월하며 모두
가 다 그와 견줄 수 없는 그와 같은 지
혜를 주어서 너희들을 세상에 내보냈
으니,
6 너희들이 나로부터 세상에 나왔을 때
는, 짐승들이 주인이 사랑하고 아끼는
것만큼 그 은혜를 잊어버리지 아니하
고 감사할 줄 알고 보답할 줄 알듯이,
7 너희들은 그들보다 더 철저하게 너희
들이 은혜를 받은 것에 대해서 감사할
줄 알며, 그와 같은 은혜를 받은 것에
대해 되돌려 줄 수 있는 마음이요, 순
수한 마음으로 나의 백성 너희들이 이
세상에 살아왔으며 그와 같은 마음으
로 존재하였음이니라.
8 너희들이 의리를 지키며 신의를 지키
며 사랑을 받은 것만큼 돌려주는 짐승
들의 그 한 단면을 보며 감탄하는 자
들이 있음이니,
9 너희 인간들이 그들보다 열배 백배 더
신의를 지키며 의리를 지키며 정을 나
누며 너희들이 은혜 받은 자에게 감
사할 줄 알고 사는 그와 같은 백성이
었느니라.
10 그러나 지금 수천 년 동안 세월이 흘
러오면서 너희들을 바로잡아 깨우치
며, 하늘에 오르는 길이요, 인간 본연
의 자세인 나 여호와가 원하는 사랑을
베풀며 살아가는 백성으로 다스리고

만든다 하여 흘러온 지금에 와서 너희
들은 과연 어찌 가는가?
11 의리가 아니요, 너희들에게 베푼 자를
배신하며 그에게 등 돌리는 것이 다반
사며,
12 그와 같이 하며 살아가는 자가 너희들
은 현명한 자며 똑똑한 자라 그리 말
하며,
13 받은 것만큼 정을 지키며 받은 것만큼
돌려주려 하는 자는 미련한 자요, 어
리석은 자라 지금 너희들이 역으로 평
가하는 그와 같은 시대요,
14 세월이 흘러와 지금의 너희들이 그와
같이 되어 있음이니,
15 그와 같은 마음을 가지고는 너희들이
정녕 하늘에 오르며, 너희들이 나로부
터 세상에 나간 그 자리에 다시 돌아
올 수 없음이라 내가 그리 전함이니라.
16 내가 너희들에게 일찍이 말하여 깨우
쳐 주었느니라.
17 굴렁쇠라는 것이 잘리지 아니하였을
때 그 능력을 발휘하며 그 실력을 발
휘하여 그가 구를 수 있으나, 그가 잘
려 나가면 결국 구를 수 없다 내가 그
리 말하였느니라.
18 내가 굴렁쇠의 한 자리가 잘려 나간
것처럼 그 자리에 그가 들어왔을 때
제 기능을 다하도록, 너희들이 나갔던
그 자리에 돌아오도록 하는 것이 너희
들이 축복받는 길이며 너희들에게 그
보다 더 큰 영광과 은혜가 없음이니,
19 너희들이 간 그 자리로 돌아오도록 하
는 것이 나 여호와며 그를 바라는 것
이 나이니라.
20 그러나 너희들을 내가 세상에 내보낼
때는 너희들이 감사하는 마음이요, 은
혜를 아는 마음을 가지고 살았으나,
21 지금은 은혜를 아는 마음 대신 너희들
이 역으로 그를 공격하며, 역으로 너
희들이 은혜를 베푼 자에게 그를 갚지
않는 것이 현명한 자라 생각하며, 그
를 밟고 일어서려는 것이 인간의 마음
이니,
22 그와 같이 변질되고 변화된 나의 백성
너희들이 제자리에 돌아올 수가 없음
이니라.
23 그리하여 너희들이 제자리에 돌아올
수 있도록 너희들의 인성이요, 본성을
찾고 바로 너희들이 인간 본연의 자세
로 돌아갈 수 있도록 그를 다스리고
가르치기 위하여 내가 지금 나의 법전
을 세상에 내려보냄이니,
24 이를 보고 읽고 깨우치지 아니하면 너
희들은 정녕 인간 본연의 그 원상태인
원심의 자세로 돌아갈 수 없음이니라.
25 이 모두를 너희들은 지금 누가 이리
만들었으며, 너희들이 어찌 이리 사악
하게 변화되었는가?
26 사람의 형태를 가진, 그 아름다운 얼
굴의 모습을 가진 자가 짐승만도 못한
생각을 하며 짐승만도 못한 마음을 가
지고 산다면, 너희들이 짐승과 같은
것이 아니던가?
27 내가 너희들에게 일찍이 무어라 말하
였느냐?
28 짐승의 가죽으로 만든 것을 입고 뒤집
어쓰고 다니는 것은 짐승과 같다 말하
였음이니,
29 오늘 너희들은 하나 더 깊이 깨달아야
할 것이니라.

30 너희들이 내가 인간을 아름답게 만든 그 형태요, 아름다운 모습으로 살아가면 무엇하는가?
31 너희들이 그와 같은 모습으로 또 서 있으면 무엇하는가?
32 너희들 마음에 추하며 짐승만도 못한 그와 같은 생각을 하고 살아간다면 그게 곧 짐승이 아니고 무엇이던가?
33 이와 같이 너희들이 지금 어느 형국에서 있는가 너희 스스로 한번 돌이켜 봐야 할 것이니라.
34 인간의 형태를 가지고 인간 본연의 자세로써 너희들이 살아가고 있는가, 짐승의 형태로 살아가는가?
35 너희들이 인간의 자세로써 살아간다면 너희들은 인간으로서 인간의 세상에서 제자리를 지켜 살다 나에게 오를 수 있는 것이며,
36 너희들이 인간의 마음이 아니라 짐승과 같이 사악한 마음으로써 살아가는 백성들이요, 너희들이 지금 살아가는 세상이라면,
37 너희들의 외형은 인간의 형태를 가졌으나 내면의 살아가는 것은 짐승의 세계에서 살아가는 자들이니,
38 너희들의 마음과 양심이 짐승과 같이 그리 타락하였다면 너희들은 인간인가 짐승인가 너희 스스로 한번 생각해 보라.
39 너희들이 마음을 가지고 있는 것이 인간 본연의 아름다운 마음이 아니요, 짐승과 같은 마음을 갖고 짐승만도 못한 생각을 가지고 살아간다면,
40 너희들의 외형의 모습은 인간이나 속의 내면은 인간이 아니요, 짐승이니,
41 너희들이 어찌하여 인간으로서 나갔던 인간의 그 자리에 돌아올 수 있으며, 내가 너희들에게 세상에 내보내 비어 있는 너희들의 그 자리에 올 수 있는가?
42 내가 너희들을 세상에 내보냈으며 너희들이 돌아와 그 자리를 채우라 하였음이니,
43 내가 그리 명한 것은 인간으로서 너희들이 그 자리에 돌아와 그 자리를 채우라 함이니라.
44 내가 인간으로서 너희들을 세상에 내보냈으며, 내가 짐승으로서 너희들을 내보낸 것이 아니니니,
45 인간으로 사는 자가 제자리로 돌아올 수 있음이니,
46 너희들이 육의 세상에서 살아가면서 짐승과 같은 마음으로 살면 무엇하는가?
47 그는 정녕 그 자리요, 인간이 돌아올 자리로 돌아올 수 없음이니라.
48 그리하여 너희들을 깨우쳐 바로 너희들의 자리에 돌아올 수 있도록 그 역사를 이루는 것이 나의 법전 160권을 세상에 내보내는 나 여호와의 애절한 마음임을 너희들은 깨달아야 할 것이니라.
49 너희들은 이 세상에 육의 세상에 살면서 내가 인간으로 내보냈으며 이 세상의 모두를 관장할 수 있도록 너희들에게 준 그 은혜도 너희들이 나에게 죽을 때까지 기도하고 경배해도 그 감사함을 다할 수 없음이니라.
50 너희들이 지은 죄를 용서받으며, 너희들을 악에서 구원하여 선한 백성으로

살아갈 수 있는 그 모든 기회와 모두
를 다 준 나 여호와에게 감사하고 경
배하는 마음으로 살아간다 해도 나에
게 보답할 길이 없거늘,
51 어찌하여 너희들이 지금 그와 같은 형
국으로 살아가는가?
52 너희들이 인간으로서 인간의 자세로
살아가야 할 것을, 어찌하여 너희들이
또 한 번 나 여호와를 이리 울리는가?
53 너희들이 인간의 자세로써 인간은 살
지 못한다 하는 것은 너희들이 나 여
호와에게 고통을 줌임을 알아야 할 것
이니라.

4,766 번째 하나님 말씀

2003년 1월 31일 0시

1 사랑하는 나의 아들아!
2 "네, 아버님! 말씀하옵소서."
3 내가 너희들에게 깨우치기를, 너희 얼
굴의 형태는 사람이나 그 마음이 곱지
못하면 짐승의 마음과 같다 하였으며,
그와 같이 사는 것은 사람이 아니요,
짐승과 똑같다 내가 너희들에게 말하
였음이니라.
4 너희들은 인간인 사람이 짐승과 같은
형태로 사는 것이 어떠한 죄를 짓고
사는 것인 줄 알겠는가?
5 내가 인간으로서 살라 너희들을 내려
보냈으나, 너희들이 형태는 인간이되
마음은 짐승의 마음을 갖고 사는 것이
나 여호와의 뜻을 거역함이며, 나에게
순종치 아니하는 백성이며, 나를 저버
리고 사는 백성임을 너희들은 알아야
할 것이니라.
6 더욱이 내가 불로 써 직접 내려 너희
들의 구원의 양식인 십계명을 인간이
기에 지킬 수 없다 그리 말하는 자들
이 그와 같은 형국으로 가는 백성임이
니라.
7 나로부터 생명을 받아 세상에 나갔으
며 나에게 오르고자 그리 갈구하는 너
희들이 어찌하여 내가 만들어 세상에
내보낸 그 아름다운 모습 그대로 살지
못하며, 너희들의 외형은 아름다우나
그 마음에는 짐승과 같은 마음이 도사
려서 사느니, 그와 같은 대표적인 백
성들이 무엇인 줄 아는가?
8 나에게 은혜를 갚지는 못할망정 내가
지키고 살다 너희들에게 제자리에 돌
아오라 하여 나 여호와가 불로써 바위
에 직접 써 내린 그 계명의 율법을 지
키고 살 수 없다 말하는 자, 그와 같은
자들이 바로 그들임을 너희들은 알아
야 할 것이니라.
9 짐승의 행동을 하고 산다 하면 인간이
아무리 잘생긴들 무엇하는가?
10 아무리 못생기고 잘못되고 바보같이
생긴 사람이라도 그 행동이 바르며 그
마음가짐이 곧으며 그가 진정한 참진
리의 길을 찾아 깨우치고 살아가는 사
람이라면, 바로 그와 같은 자가 내가
진정 원하는 백성임을 너희들은 알아
야 할 것이니라.
11 바로 가는 믿음을 가진 자는 나 여호
와의 뜻에 사는 백성임을 너희들은 잊
어서는 아니 될 것이니라.
12 내가 너희들에게 재물을 바쳐 나의 뜻
을 살 수 없으며 재물을 바쳐 하늘에
오를 수 없다 하였음이니라.

13 그와 같이 너희들이 예쁘고 못생긴 것
을 가지고 나에게 오고 못 옴을 생각
하지 말라.
14 너희들의 마음 자세가 인간의 마음이
냐 짐승만도 못한 마음 자세를 가지고
사느냐 그와 같은 것으로써 내가 너희
들을 평가한다는 것을 너희들은 잊어
서는 아니 될 것이니라.
15 너희들이 인간의 형태로써 아름다운
모습으로써 인간의 자세로 살지 못하
며 짐승과 같은 마음으로 사는 것은
너희들 자신의 욕심을 버리지 못하였
기 때문이니라.
16 이제 너희들이 정녕 스스로 평가하며
너희들 스스로 너희들을 심판해 보라.
17 너희들이 짐승과 같은 마음으로 사는
그와 같은 백성이라 너희 자신이 느껴
질 때는, 너희 자신이 죽어야 산다는
그와 같은 각오로써 깊이 깨우쳐 너희
마음과 너희 자신을 다스려야만 됨을
알아야 할 것이니라.
18 사랑하는 나의 백성 너희들은 들어야
할 것이니라.
19 너희들이 인간의 마음이요, 인간의 형
태로 살아가지 못하고 있다 하면, 너
희들은 죽어서 다시 태어나는 것과 같
은 고통과 시련의 마음을 다스려 나갈
때 너희들이 나의 뜻을 알게 될 것이
며, 나의 뜻의 그 깊이를 알게 될 것이
며,
20 하늘에 오르는 길이 무엇이며, 인간이
행하며 어찌 살아야 나의 품에 올 수
있는가 그것을 너희들이 깨닫게 될 것
이니라.
21 그와 같이 잘못 가는 백성 너희들은
죽어서 다시 태어나는 그 고통의 시련
속에서 다시 깨어나는 인생이 되도록
그리하라, 사랑하는 나의 아들딸들아!

4,767 번째 하나님 말씀

2003년 1월 31일 0시 07분

1 사랑하는 나의 아들아!
2 "네, 아버님! 말씀하옵소서."
3 나의 사랑하는 백성 너희들이 사탄에
게 빠지며 사탄의 유혹에 넘어간다 하
면 너희들의 마음은 점점 악해지며,
너희는 죄를 짓고 살면서도 그 죄가
죄인 줄을 모르며 악한 자 악을 행하
는 것이 승자라 생각하며 승자의 기쁨
을 느끼고 사는 것이 악에 빠진 백성
들이니라.
4 악한 행위와 악한 짓을 할 때마다 너
희들은 승자의 그 기분을 느끼며 그
즐거움이요, 행복을 느끼고 삶이니,
너희들이 악의 세상에서 빠져나오지
못하는 것이니라.
5 그러나 너희들이 악의 마음으로써 행
하는 그 삶은 너희들이 암흑의 세상에
서 사는 삶임을 알아야 할 것이니라.
6 진정한 선한 마음이요, 참진리의 뜻을
살아가는 백성은 어렵고 힘든 길이나,
너희들은 세상의 광명 천지하에 밝은
곳에 살아가며 나에게 올 수 있는 백
성으로서 너희들의 자리를 다져 감을
알아야 할 것이니라.
7 사랑하는 나의 아들아!
8 "네, 아버님! 말씀하옵소서."
9 너희들이 선하고 아름답게 사는 마음
이요, 의인과 같이 사는 백성의 삶이

무엇인지 아는가?
10 의인과 같이, 나 여호와와 같은 마음
으로 사는 너희들은 정녕 돌아갈 곳이
없으며 너희들이 사랑할 곳이 없으며
사랑할 자가 없는 것이니라.
11 이 세상 모두를 다 사랑하기에 사랑할
자가 없는 것이며, 모두를 다 너희들
것이라 생각하기에 너희들이 막상 돌
아갈 곳이 없느니라.
12 인간 세속에 사는 백성들이요, 인간의
마음을 버리지 못하는 자, 가정이 필
요하며 돌아갈 안식처가 필요하나,
13 마음을 비우고 천사와 같이 사는 자,
이 세상 것이 다 너희들 것이니 쌓아
놓을 필요가 없으며 너희들이 잠잘 집
을 걱정할 것이 없으며 너희들이 안식
처를 걱정할 것이 없음이니,
14 정녕 깨우친 자는 이 세상의 삶에 두
려운 것이 없으며 소중한 것이 없으며
관리할 것이 없음이니라.
15 하늘나라의 나의 뜻에 살아가는 백성
이요, 의인이요, 천사와 같이 사는 자,
정녕 너희들이 안식처가 없으며 돌아
갈 곳이 없는 그와 같은 마음 자세로
삶을 살 때, 너희들이 정녕 깨우침의
세계에, 깨우침의 경지에 들어선 백성
이라는 것을 알아야 할 것이니라.
16 사랑하는 나의 아들아,
17 바로 네 오늘의 마음이 그 마음이니라.
18 네가 아무것도 욕심내지 아니하며, 무
엇도 네 앞에 쌓아 놓고자 아니 하며,
네가 무엇을 위하여 준비하고자 하지
아니하며, 네가 하루하루의 삶에 따라
아름답고 착하게 살며 선행을 하고 사
는 것에 네 모두를 다 바치고 살아감
이니,
19 너 자신이 돌아갈 데가 없으며 사랑할
사람이 없으며 그리워할 사람이 없듯
이, 다 그와 같은 마음이 마음을 비운
것임을 너희들은 알아야 할 것이니라.
20 정녕 깨우친 자요, 나로부터 선택된
백성이요, 만백성을 구하는 의인의 길
을 가는 백성의 마음이 그러하니라.
21 그리하여 내가 종교 지도자를 무어라
말하였느냐?
22 지금 나의 피조물 만백성을 구한다는
종교 지도자들이 저희들 앞에 재물을
쌓아 놓으며 저희들의 이름으로 재산
을 쌓으며 제 이름으로 관리하고 쌓아
놓고 더 쌓아 놓을 수가 없어서 저희
자식이요, 그 후손 대대에 그를 관리
하게 하여 재산의 명의를 저희 자식들
앞에 해 놓는 자,
23 그와 같은 자들이 바로 사악한 자들이
며 사탄이며 잘못 가는 자들이니라.
24 그들이 그 모두를 다 놓을 수 있으며
그것을 다 남을 위해 던질 수 있으며
그리하여 그가 돌아갈 자리, 그가 쉴
안식처가 없고, 그리고 특별히 사랑할
사람, 그리워할 사람이 없는 비워져
있는 그 마음 자세로 돌아설 때, 그들
이 정녕 진정한 종교 지도자요, 나 여
호와의 뜻에 따라 세상의 만백성을 구
하는 그와 같은 길을 가는 자들임을
알아야 할 것이니라.
25 정녕 나 여호와를 따르며 나의 진리를
연구하는 자, 그와 같은 자들에게 미
친 자요, 사탄이요, 이단이라는 그 소
리를 듣지 아니하고는 너희들은 정녕
참진리의 길을 갈 수 없는 것이 지금

의 세상에 뒤바뀌어져 있는 형국이니
라.
26 나의 법전을 읽고 깨우쳐 너희들이 정
녕 바른길의 삶을 살고자 한다면, 지
금의 종교 집단에 있는 백성들이 바라
보는 눈에는 너희들이 미친 자요, 정
신 나간 자요, 세상 물정을 모르는 자
요, 사탄이요, 이단이요, 그와 같은 소
리를 듣고 그들로부터 손가락질을 받
으며, 그들로부터 경시를 받으며, 그
들로부터 무시를 받으며, 어리석은 자
요, 미련한 자라는 그와 같은 소리를
너희들이 듣지 아니하고는 정녕 이 길
을 갈 수 없기 때문이니라.
27 이는 곧 무엇이더냐?
28 진리는 위대하기 때문이니라.
29 그리고 진리는 진실하기 때문이니라.
30 너희들이 진정한 진리의 그 아름다움
을 알며 그 진리의 뜻을 알기에 너희
들은 하늘나라에 나의 영광된 그 세상
을 생각하고 삶이니,
31 육의 세상에서 살아가는 백성과 너희
들과 맞지 않는 것은 당연한 것이며,
그들이 너희를 이해할 수 없는 것은
당연한 것이니라.
32 진정한 진리요, 진정한 진리의 길을
가는 것은 나 여호와의 참진리의 위대
함 때문이니라.
33 위대하기 때문에 그들이 너희들을 사
탄이요, 이단이라 나무라는 것을 너희
들은 부끄럽게 생각하지 말라.
34 참진리의 부르짖음에 따라 그 길을 가
는 백성 너희들은 영원히 나와 더불어
사는 그 세상을 위해 다가오는 자요,
35 너희들을 미친 자요, 미련한 자요, 어
리석은 백성이라 말하는 그들은 하늘
에 오르는 길에서 그들이 서서히 날개
가 부러져 추락하는 독수리와 같이 떨
어져 가는 그 형국임을 지금은 그들이
모르느니라.
36 그들이 곤두박질하여 날지 못하게 되
었을 때, 얼마나 그것이 불행하며 얼
마나 무서운 것인가를 그때 그들은 절
실히 알 날이 머지않았으니 그리 알라.

4,768 번째 하나님 말씀

2003년 1월 31일 0시 20분

1 사랑하는 나의 아들아!
2 "네, 아버님! 말씀하옵소서."
3 지금의 믿음의 길을 가고 있는 백성들
이요, 종교 집단들은 나 여호와가 변
화의 계획 속에서 변화하는 그 생활
속에서 변화하는 그 시대 속에서 너희
들을 다스리며 깨우쳐 가는 그 흐름의
역사를 정녕 모르고 있음이니라.
4 그리하여 그들은 고집을 부리며 아집
을 피우며 폐쇄된 그 속에서 오로지
나의 성경을 가지고 하늘에 오르는 길
이라며 그를 가지고 저희들이 지금까
지 매달려 이 길을 달려오면서 그들은
또한 그를 바로 가르치며 제대로 깨우
치지 못하였음이니, 저희들이 캄캄한
밤에 헤매고 있다 내가 그리 말하였음
이니라.
5 나 여호와는 변화되는 역사 속에서 무
엇을 이루고자 함이니라.
6 너희들 인간이 변하는 것도 경험과 체
험 속에서 너희들 자신이 변하는 그
역사가 이루어지듯이,

7 모두는 다 변화 속에서 내가 이루고자
함을 너희들은 알아야 할 것이니라.
8 너희들은 어찌하여 자연의 변화에 그
계절이 변하는 그것 하나도 깨우치지
못하는가?
9 봄이 오면 겨울에 움츠렸던 것들이 서
서히 녹기 시작하며, 꽁꽁 얼었던 빙
산도 봄에 불어오는 그 따뜻한 바람에
다 녹음이니라.
10 인간 세속에 사는 너희들도 봄이 오기
시작하면 너희들이 겨울에 입었던 두
꺼운 옷을 하나씩 하나씩 벗어 정리하
듯이 이와 같이 그 변화의 역사 속에
서 내가 대변혁을 이루는 것이며,
11 그와 같은 변화의 틈바구니에서 모두
를 다스려 이루고 나가는 것이 나 여
호와의 뜻임을 너희는 알아야 할 것이
니라.
12 지금 모든 종교 집단이 오로지 성경에
매달리며, 그것 외에는 변할 수 없으
며 그것만이 너희들이 영원히 가는 길
이라 그를 붙잡고 피조물 나의 만백성
에게 한 자도 고쳐서도 아니 되며 더
써서도 아니 된다 하여 그리 가르치는
너희들은
13 봄이 되어 너희들이 겨울의 그 두꺼운
옷을 벗는 엄연한 사실을 부정하려 하
며 그와 같은 역사 속에서 그를 행하
지 아니하려는 어리석은 자들이니라.
14 무더운 여름이 와도 겨울옷을 입고 살
아야 한다 고집하는 너희들이며, 너희
들이 빙산이라 하여 그 빙산이 봄에
따뜻한 빛이요, 여름에 내리쬐는 태양
에 녹아내리는 것을 녹지 않는다 억지
를 쓰는 것이며 녹지 아니한다 너희
들은 그리 말함이니라.
15 그와 같이 너희들이 어리석은 백성임
을 알아야 할 것이니라.
16 노아의 방주가 또 무엇이더냐?
17 그 한 시대의 변혁을 이루는 것이니라.
18 그는 내가 너희들에게 징계로써, 재앙
으로써 한 시대의 획을 그어 새로운
다음 시대의 역사를 이루기 위한 그
변화의 소용돌이임을 너희들은 알아
야 할 것이니라.
19 모세가 그 백성을 이끌어 나가며 구약
의 시대에 그 모든 역사를 이루며 나
의 십계명을 받았으며 그와 같이 그가
구약의 시대에 이끌어 가다 그가 잘못
갔으며 나의 뜻을 이루지 못했음이니,
20 내가 예수로 하여금 새로운 시대를 열
어 새로운 변화를 추구하며 이루고자
했던 것이 나 여호와의 뜻임을 너희들
은 알아야 할 것이니라.
21 이와 같이 내가 새로 변하며 새로 역
사하는 속에서 너희들을 변화시키며
내가 개혁 속에서 너희들을 다시 다스
려 새로 태어나며 바로 서는 그와 같
은 백성을 만듦이니,
22 모세는 출발하는 시대의 사람이었으
며, 예수는 중간에 달리는 사람이었으
며, 마지막 변혁의 시대요, 지금의 이
시대는 바로 무엇이더냐?
23 심판의 시대며 너희들이 말하는 계주
의 마지막 달리는 주자의 세상임을 알
아야 할 것이니라.
24 지금 내가 160권의 법전을 세상에 내
놓아 다시 새로 개혁이요, 대종교의
변혁을 이루며 혁명을 이루도록 가고
있는 것은 바로 신약의 시대에 너희들

이 나의 뜻대로 살지 못했으며 내가
이루고자 하는 것을 순종하여 지키지
아니하였으며, 너희들이 잘못 살아왔
으며 잘못 왔음이니라.
25 인간의 욕심이요, 인간의 사악한 마음
을 너희들이 버리지 못하여 나의 피조
물 만백성을 잘못 이끌고 왔으며 잘못
가르쳐 왔으며 잘못 흘러와 이제는 더
이상 너희들이 지옥으로 가는 것을 볼
수 없는 이와 같은 형국이 왔기에,
26 내가 다시 나의 법전이요, 제3의 시대
를 열어 대변혁을 이루는 것이며, 너
희들이 말하는 종교의 개혁을 내가 지
금 하고 있음을 알아야 할 것이니라.
27 나 여호와 창조주가 변화와 개혁을 단
행하고 있다 함을 너희들은 어찌하여
이를 믿지 아니하며, 감히 이를 거역
하려 하며, 이를 순종하지 아니하는가?
28 너희들은 너희 고집이요, 폐쇄된 마음
을 열지 못하며, 너희들이 참진리요,
나의 뜻을 가르치고 전하는 것을 이미
포기했으며 그를 덮어두었으며 그 자
신이 용기가 없는 자들이기 때문에,
29 지금에 이루어지는 제3의 시대의 바
로 변화의 역사를 이루는 것을 너희들
은 인정하지 아니하려 하며, 너희들은
이에 따르려 하지 아니하며 이를 거
역하고자 하는 것이니라.
30 너희들이 나 여호와의 참진리요, 나의
뜻을 그대로 전하고 가르쳐 와 천사와
같은 백성들이 이 지상의 낙원에 사는
그와 같은 역사를 이루었다면 제3의
변혁은 없었을 것이니라.
31 그러나 너희들이 폐쇄된 마음이요, 너
희들의 아집이요, 고집이요, 너희 인
간의 육신을 위하여 종교 지도자들이
만든 너희들의 계명 때문에 나 여호와
가 불로써 직접 써 내린 참진리요, 너
희들의 영혼의 길인 십계명은 너희들
이 짓밟아 뭉개 놓았으며,
32 이는 쓸모가 없으며 인간은 이대로 살
수가 없으며, 너희들을 구원할 자격이
없는 나 여호와요, 사탄에게 밀려 사
탄에게 지는 여호와이기 때문에 너희
가 감히 지키고 따를 수 없는 십계명
이라는 무시무시한 것을 내려보내며
인간으로서는 넘을 수 없는 걸 내려보
내 너희들에게 따르라 한다 그리 변명
하며 그리 나에게 욕하며 대드는 자들
이니라.
33 그와 같은 형국으로써 너희들이 오늘
에 왔기에 오늘의 제3의 시대의 변혁
이 이루어지고 있는 것을 너희들은 알
아야 할 것이니,
34 그 모두는 너희들의 잘못 깨우침이며
너희들이 제대로 따르지 아니하며 행
하지 못하였기 때문이니, 제3의 시대
에 내가 직접 나와 심판하는 이 역사
는 너희들이 자초하여 만드는 것이니
라.
35 이는 너희들이 다시 한 번 깨우쳐 들
으라.
36 노아의 방주도 변화의 역사요, 구약의
시대도 변화의 역사요, 구약에서 신약
의 시대가 이루어지는 것도 대변화의
역사에 변화되는 것이니,
37 변화되는 속에서 너희들이 다시 태어
나며 너희들이 자리를 잡아 가며 너희
들이 나의 뜻을 깨우쳐 변하는 그 길
을 감이니,

38 이제 마지막 너희들의 변화의 개혁의
소용돌이로써 내가 너희들을 구원할
자, 버릴 자, 쭉정이와 알곡식을 고르
는 지금 마지막 심판의 시대에 대변혁
을 이루고 있음을 알라.
39 이 소용돌이를 그 누구도 거치지 아니
할 자 없으며 이를 벗어날 자 없으며
이를 피해 갈 수 없음이니라.
40 너희들의 육이 죽어 와 나에게 심판받
는 것을 돌아갈 수도 없으며 피해 갈
수도 없으며 그 심판대에 서지 아니한
자가 없듯이, 너희들이 바로 내가 이
루는 이 개혁 앞에 순종하는 자는 살
것이며, 순종치 아니하는 자는 그 누
구도 이를 피해 갈 수 없음을 너희들
은 알라.

4,769 번째 하나님 말씀

2003년 1월 31일 0시 37분

1 사랑하는 나의 아들아!
2 "네, 아버님! 말씀하옵소서."
3 나 여호와는 이 세상 만백성, 내가 창
조한 너희 모두를 다 사랑하며, 또한
내가 세상에 존재하도록 만든 모든 만
물을 다 사랑하건만,
4 유독 나의 백성 너희들이 살아가는 그
모습이 과연 어떠하던가?
5 너희들은 어찌하여 나의 참뜻을 가르
친다 하는 그 종교 집단만을 사랑하
며, 너희 집단만이 위대하다는 그와
같은 생각 속에서 살아가는가?
6 나 여호와가 나의 피조물 만백성을 사
랑하며, 이 세상 창조물인 그 모두를
다 사랑하니,
7 나의 뜻을 따라 가르치며 나의 뜻에
의하여 하늘에 오르는 길에 온다는 나
의 백성 너희들은 또한 어떠하던가?
8 너희들도 나 여호와처럼 모든 백성을
사랑하며 이 지상의 모든 만물을 다
사랑해야 하는 것이 나를 따르며 나를
향하여 오는 나의 선택된 백성으로서
의 자세이며 본이 되는 것이 아니던가?
9 그러하거늘 지금의 종교 지도자 너희
들은 말로써는 나를 따르며 나의 뜻에
의하여 나의 품에 오고자 그리 갈구하
는 삶을 살면서, 어찌하여 너희 집단
만을 사랑하며 너희 집단에 속해 있는
자만을 사랑하며, 너희 집단만이 위대
하다는 그와 같은 생각으로 살아가는
가?
10 지금의 종교 지도자요, 그 믿음의 길
을 가는 백성들이 그와 같은 생각을
하는 것이 나와 너희들과 너무나 다르
지 아니하던가?
11 나는 모두를 사랑하건만, 너희들은 너
희들과 관계된 자들만 사랑하는 편협
하고 폐쇄된 사랑을 함이니,
12 그리하여 너희들이 나와 아무런 관계
도 없는 자들이라 그리 말하였음이니
라.
13 이제 어떠한 백성이든 모두를 사랑하
며, 종파를 초월하며 피부색을 초월하
며 너희들의 생활 습관을 초월하며 그
모두를 초월하여 나 여호와처럼 내가
창조한 그 모든 동식물을 사랑하는 그
와 같은 마음을 가지고 가는 자만이
나를 따르고자 하는 자이며 나의 뜻에
따라 순응하는 자임을 너희들은 알아
야 할 것이니라.

14 편협한 사랑이요, 폐쇄된 사랑이요,
너희들 것만이 위대하다는 자들은 나
와 관계없음을 내가 오늘 다시 나의
법전에 기록하여 전함이니,
15 너희들이 나의 아들딸로서 나의 백성
으로서 구원을 받고자 한다면 모두를
다 사랑하는 마음의 문을 여는 그와
같은 너희들 자신으로 변하지 아니하
면 아니 됨을 알아야 할 것이니라.
16 이와 같이 너희들 집단만이 위대하다
고 생각하는 백성들은 진정한 나의
뜻을 모르며, 내가 원하고 내가 이루
고자 하는 것을 알려고도 하지 아니하
며 그를 바라보려고도 하지 아니하는
것이 너희들이니라.
17 참진리를 깨우치는 데는 너희들이 정
녕 관심이 없는 것이니라.
18 참진리를 깨우쳐서 나의 백성을 하늘
에 오르게 하는 그와 같은 역사를 이
루는 것이 아니니라.
19 모든 나의 참진리요, 나의 성경이요,
내가 가르치는 그 모두를 특권층이요,
특권 의식에 너희들의 성전이요, 너희
들의 울타리 안에서만 그를 가지고 너
희들만이 소화시키며 너희들만이 은
혜를 받았다 하는 그와 같은 폐쇄된
삶의 믿음의 길을 가는 것이 너희들이
니라.
20 그러니 이와 같은 형국의 너희들의 모
습이 어떠한지 아는가?
21 너희들이 보석이라는 것을 도적 맞을
까 봐 꽉꽉 숨겨 놓고 저 혼자만 보는
그와 같은 그들의 모습과 지금 너희만
이 위대하다는 그 종교 집단 너희들과
똑같은 자들이니라.
22 정녕 보석을 감춰 놓고 저 혼자만 바
라보는 그 보석이 진짜 보석인 것 같
으면 그나마 덜할 것이니라.
23 그러나 그가 숨겨 놓고 저 혼자만 보
는 그 보석이 가짜일 때 과연 그는 무
엇을 보고 음미하는가?
24 너희들의 종교 집단에서 너희들만 음
미하며 너희들 것인 양 너희들의 독점
물인 것처럼 지금 공부하고 깨우치는
그 성경이요, 믿음의 길을 가는 형태
는 정녕 나에게 오르는 길이 아니요,
나와는 관계도 없는 길을 달려가고 있
으며, 그를 위하여 너희들만 폐쇄시켜
너희들의 가슴에 안고 너희들만이 깨
우치는 그와 같은 어리석은 행위를 하
고 있는 것이 지금의 가고 있는 너희
들이니라.
25 나 여호와의 참진리요, 나의 성경은
너희들이 만든 그 집단 속에서 감춰
져 있으며 숨겨져 있으며, 너희들만이
보고 깨우치는 것이 아니니라.
26 참진리는 세상 밖에 나와 전해져야 되
며 세상 밖에 나와 연구되어야 하며
세상 밖에 나와 변화를 가르쳐야 하
며, 모든 백성들이 다 그를 보고 변화
되는 그와 같은 역사가 이루어져야 되
는 것이 참진리이거늘,
27 지금처럼 너희들이 만든 그 성전이요,
죄악의 온상인 그 성전에 가둬 두고,
거기에 묶어 두고 너희들의 특권의식
에서 관리하고자 하는 것은 나 여호와
의 뜻과는 아무런 관계도 없으며, 나
는 그를 기억하고 싶지 않은 것이 나
의 뜻이니라.
28 내가 이루고자 하는, 내가 가고자 하

는 뜻과는 정반대의 결과를 초래하는 현상이 되었음이니라.
29 나의 법전이요, 참진리는 세상에 내놓아 그를 만백성이 접하며 그들이 보고 깨우치며 반성하며 그리하여 그들 것으로 만들어 너희들이 살아가는 것이 나의 참진리요, 세상의 모두에게 개방하여 모두가 보고 깨우칠 수 있도록 하는 것이 참진리며 나의 뜻이거늘,
30 너희들은 나의 뜻과 역행하는 너희들만의 울타리에 감춰 놓고 너희들만이 음미하는 그와 같은 사악한 자가 되어 있음이니, 오늘의 형태가 그리되었음이니라.
31 이와 같은 형태가 계속 될 때, 나의 백성 너희들은 정녕 하늘에 오르는 길을 볼 수가 없으며, 너희들의 말로 나의 가르침이요, 나의 성경은 모든 백성의 빛과 소금이 되는 것이라 말하였으나,
32 지금 나의 성경이요, 나의 뜻을 가르치고 인도한다 자처하는 백성 너희들은 빛과 소금이 되는 나의 성경을 너희들의 울타리 안에 감춰 놓고 너희들만이 음미하니,
33 세상 밖에 놓고 그를 심판받으며 참진리를 연구하지 못하도록 폐쇄된 너희들이 존재하는 이상 나의 성경은 빛과 소금이 될 수 없음이니라.
34 나의 법전 또한 그럴 것이니라.
35 지금 나의 아들을 따라 법전을 만들고 전하는 백성 너희들도 지금의 종교 집단처럼 너희들의 특권 의식에서 너희들만이 관리하는 나의 법전이며 너희들만이 아는 법전이며 너희들만이 구원을 받는 법전이라 말한다면,
36 나의 법전은 만백성에게 빛이요, 그들에게 필요한 소금이 될 수 없음을 너희들은 깨우쳐 너희들 자신이 다스려 나가도록 그리하라.
37 그리고 지금의 종교 집단처럼 너희들이 우를 범하며 어리석은 백성으로서 존재하는 그 길을 가서는 아니 됨이니라.
38 그 길은 나에게 오르는 길이 아니요, 너희들이 죽음의 구렁텅이로 가는 길임을 알라.

4,770 번째 하나님 말씀

2003년 1월 31일 08시 14분

1 사랑하는 나의 아들아!
2 "네, 아버님! 말씀하옵소서."
3 이 세상 너희들이 살아가며 하늘에 오르는 길이요, 근본이 사랑이라 그리하였으며, 사랑을 실천하며 사는 것이 나의 뜻이라 그리 말하였느니라.
4 너희들은 사랑을 실천하는 것이 하늘에 오르는 길이요, 나의 뜻이라 하기 전에, 너희들이 인간 세속에서 살아가는 것도 사랑이 가장 소중하며 그보다 더 위대한 것이 없음을 알아야 할 것이니라.
5 사랑이라는 마음을 가지고 있는 자가 그리움을 알며, 그리운 사람을 알며, 보고 싶은 사람을 알며, 그리고 못 잊어 그 마음을 풀고 싶은 그와 같은 애절한 마음이요, 그 모두가 다 사랑이라는 것이 있는 그 속에서 이루어지기 때문이니라.
6 너희들이 사랑을 모르고 사는 백성들

이요, 사랑이 메마른 백성은 그리운
사람이 없으며, 보고 싶은 사람이 없
으며, 존경하는 사람이 없어짐이니라.
7 그리하여 서로 보고 싶은 사람일 때
그곳에서 나누어지는 것이 정이요, 서
로 만나 보고 싶은 사람이 그 애절한
마음이 있을 때 그것이 또한 너희들
인간의 정이라 하였음이니라.
8 그러니 그 모두의 근본은 사랑이며,
너희들이 살아가는 인간관계에서 사
랑이니라.
9 사랑이 없는 것은 메마른 황폐한 땅과
마찬가지니, 사람을 사랑할 마음이 없
는 것은 황폐한 땅이니, 그 황폐한 땅
에서 무엇인들 자랄 수 있겠는가?
10 지금 나의 피조물 만백성 너희들은 원
래 사랑을 가지고 세상에 나갔으며 정
을 가지고 세상에 나갔느니라.
11 그러나 지금의 믿음의 길을 가는 백성
들이 너희들을 이끌어 하늘에 오른다
는 그 종교 집단의 가르침에 사랑이
메말랐으며, 그 사랑이 또 편파적인
마음으로 변했으며, 편파적인 사랑 속
에서 진실이 없으며 이중된 사랑으로
써 너희들이 살아가도록 만들어져 있
는 것이 지금의 너희들이 살아가는 형
국이니라.
12 사랑이라는 것이 없는 그 속에는 인정
이 없으며 정이 없으며 아무것도 이루
어지는 것이 없음이니라.
13 그저 너희들이 보고 싶은 자가 없으
며, 그리운 자가 없으며, 만나 보고 싶
은 사람이 없는 그것은 그만큼 너희들
이 황폐해진 것이며 삭막한 자의 마음
가짐의 자세이니, 거기에 무슨 정이
있겠는가?
14 거기에서 어떠한 곡식인들 자랄 수 있
으며 어떠한 식물인들 자랄 수 있겠는
가?
15 그 황폐한 땅이요, 황폐한 마음을 가
지고 있는 그들은 사악한 것이며, 그
황폐한 마음은 사악하니, 그 사악한
마음속에서 악은 싹 트게 되어 있음이
니라.
16 너희들이 사랑하는 마음이 있기에 남
이 그립고 보고 싶은 자가 있으며, 그
리고 정녕 가슴속에 지울 수 없는 그
리워하는 사람이 있는 것 또한 그 모
두가 사랑의 원천의 샘이 살아 있는
곳에서 이루어짐이니라.
17 사랑의 샘이 없는 곳에서는 아무것도
없으며 아무것도 이루어질 수가 없으
니,
18 지금 나의 피조물 만백성의 그 사랑의
마음을 송두리째 앗아 간 것이 지금
믿음의 길을 가는 백성들이니라.
19 사랑하는 나의 아들아!
20 "네, 아버님! 말씀하옵소서."
21 사랑이란 인간 세상에 살아가는 너희
들의 근본이요, 기본이며, 하늘에 오
르는 길에 또 기본이요, 근본임이니라.
22 사랑이 있는 속에 너그러움이 있고 인
자함이 있고 정이 있는 것이요,
23 그 사랑이 메마른 곳에는 아무것도 없
으니, 오로지 사랑이 없는 곳에 사악
한 마음만이 남아 있으며 황폐한 땅과
같은 형국이니 거기에 무엇이 있겠는
가?
24 그리하여 내가 인간 세속에 살아가면
서 너희들이 사랑을 나누며, 하늘에

오르는 길도 사랑이 근본이라 하였음
이니라.
25 이제 나의 피조물 만백성을 사랑으로
이끌며 하늘에 오르는 길로 이끈다는
그 지도자요, 그 종교 집단들이 너무
나 너희들의 가슴속에 있는 사랑이요,
인간 인성의 본성까지도 다 앗아 가고
도둑질해 간 그 형국이 되니,
26 이 세상이 지금같이 험악하며 너희들
이 말하는 도둑이 들끓는 세상으로 만
든 것이 그들이니라.
27 그들에게 마음이 뺏겨 있고 모두 도둑
을 맞아 있는 너희들을, 나 여호와가
법전을 세상에 내려보내 그 마음을 돌
려주고자 하는 것이 나의 뜻이니라.
28 너의 제자들이요, 그리고 나의 법전을
읽은 백성 너희들은 모두를 사랑하는
마음을 갖고 세상을 봐야 할 것이며,
그 사랑하는 마음이 없는 너희들은 인
정이 없는 자이며 메마른 자들임을 알
아야 할 것이니라.
29 사랑하는 속에 그리움이 있고, 보고
싶은 사람이 있고,
30 그리고 위로 받들고 싶은 사람이 있고
아래로 또 사랑을 베푸는 사람이 있고,
31 기억하고 싶은 사람이 있으며, 기억하
기에 추억의 그리움이 있고, 너희들이
살아온 인간관계의 그 아름다움을 생
각할 수 있는 그 모든 원천의 샘이 사
랑에서부터 이루어짐을 알라.

4,771 번째 하나님 말씀

2003년 1월 31일 15시 23분

1 사랑하는 나의 아들아!
2 "네, 아버님! 말씀하옵소서."
3 내가 내 가슴의 모두를 태워 너에게
내려보냄이니,
4 네가 나에게 기도하고 묵상하여 나로
부터 내 뜻을 받아 책을 펴내는 것을,
너를 아는 백성들이 시골의 재래식 화
장실에서 옹달샘이 나오는 그 역사의
기적보다도 네가 법전을 기록하는 것
이 더 위대한 것이라 그리 생각할 것
이라 내가 너에게 전하였음이니라.
5 그러나 지금 네가 변하여 가는 모습은
그보다 더한 역사를 이루고 있으니,
네가 그리 변하여 가고 있음이니,
6 나 여호와는 네가 그와 같이 갈 수 있
는 나의 아들임을 알고 있었음이니라.
7 오늘의 나 여호와의 기쁨을 내가 무엇
으로 다 표현할까?
8 모든 백성들이 그와 같이 보는 시선이
있다 하여도 너는 그를 해낸 자며 그
역사를 이루어 가고 있음이니라.
9 네가 네 마음을 다스려 나가지 못할
때, 네가 나에게 눈물의 기도를 드려
네 눈을 빼서 나에게 바치오리까, 귀
를 잘라 바치오리까, 네 신체의 일부
분을 잘라서 나에게 바쳐서 그 고통
속에서 네가 깨우침을 얻을 수가 있다
면 너는 그 길을 가겠노라 나에게 눈
물로 기도를 올렸음이니라.
10 내가 그리하여 너에게 뭐라 말하였더
냐?
11 네가 눈을 빼서 나에게 바치며 그 고
통으로 깨달음을 얻고자 한다면 네가
더럽고 추한 것을 보지 아니하면 된다
하였으며,
12 네 귀를 잘라 나에게 바치고 싶다 하

였음이니 그 귀로 더럽고 추한 것을
듣지 아니하면 된다 하였으며,
13 네 손발이 더럽고 추한 것을 행하지
아니하면 그것이 바로 네가 잘라서 나
에게 바침이니,
14 그 자르는 고통 속에서 네가 인내하며
그 속에서 그보다 더 어렵고 힘든 길
이라 해도 깨달음의 길을 가고자 하
는 그 눈물의 맹세였음이니, 나는 그
뜻을 알고 있었음이니라.
15 오늘 네가 바로 서며 이와 같이 감은
네가 귀를 잘라 내는 아픈 그 고통보
다도, 눈을 빼서 나에게 바치는 그 고
통보다도 더 어렵고 힘든 길을 네가
가고 있음이니라.
16 너희들이 귀를 자르며 눈을 빼며 코를
베며 손발을 자르는 것은 한 번의 고
통으로써 그 모두를 감내하고 흐르는
피를 막고 아픔을 참으며 세월이 지나
면 그를 잊고 살아갈 수 있으나,
17 너희들의 생활 속에 수백수천 번, 날
이면 날마다 부닥치는 악과의 싸움이
요, 사악한 자의 마음이요, 너희들이
인간임을 저버리고 그저 인간의 향락
을 위해 흥청망청 살아가고자 하는
마음, 그리고 욕심을 내는 마음, 욕심
을 부추기는 그와 같은 마음, 그 모두
를 순간순간에 접고 싸워 이기는 것이
얼마나 힘든 길인지,
18 네가 귀를 잘라 나에게 바쳐 그 고통
속에서라도 바른 깨우침을 가고자 할
때, 내가 그를 자르지 말라 하였음이
니,
19 그 자르는 것보다도 네가 하루하루 부
닥치는 속에서 하루하루 선과 악을 선
택하는 길에 악을 버리고 선을 선택하
는 그 길이 그보다 몇천 배 더 어렵고
힘들거늘, 그것을 자른들 무엇하겠는
가?
20 그리하여 네가 듣지 아니하고 보지
아니하면 된다 내 그리 일깨워 주었음
이니,
21 네가 더럽고 추한 것을 보지 아니하며
듣지 아니하며 만지려 하지 아니하는
오늘의 깨달음이 있을 것을 나 여호
와는 알고 있었음이니라.
22 이 세상 모든 백성들이 다 이루지 못
한다 해도 너만큼은 이를 이루겠다는
생각과 너만큼은 지키겠다는 그 굳은
마음이요, 네 아프고 저린 그 마음의
고통에 오늘의 역사가 있었음이니,
23 이제 너는 갈 수 있으며 역사할 수 있
음이니라.
24 이 세상 그 누구도 네가 지키지 못하
면 따를 수 없다는 그와 같은 너의 굳
은 결의와,
25 나 여호와의 뜻을 펴 네가 효자로서
한 시대를 살아가는 나의 아들로서 그
역사를 하고자 하는 마음을 이제 네가
실천하고 있음이니,
26 나 여호와의 기쁨이 이루 말할 수 없
음이니라.
27 오로지 너의 제자들과 만백성에게 이
를 전하라.
28 네가 나 여호와를 사랑하며 나를 경배
하며 나를 따르는 그 큰 사랑 앞에는
어떠한 것도 녹일 수 있는 네 마음이
자리를 잡음으로 인하여 오늘의 네가
이루어져 있음이니,
29 네가 나를 사랑하며 나를 두려워하며

나를 경배하며 나의 뜻에 따라 효자
로서 부모를 공경하는 자식으로서 부
끄러움이 없는 삶이요, 부모의 마음을
아프게 아니 하겠다는 그 넓고도 깊
은 사랑 하나로 네가 버티고 왔기에,
30 모든 걸 그 사랑으로 다 덮을 수 있으
며 용서할 수 있으며 이해할 수 있으
며 참고 참아 갈 수 있는 것이 오늘의
네가 지금 변하여 가고 있는 삶이니라.
31 바로 너에게 모든 영광이요, 네가 이
루고자 하는 그 뜻이 이루어질 것이며,
32 네가 기도하는 것, 네가 역사하는 것,
나 여호와가 너의 뜻을 들어줘 네가
그 역사함을 다 이룰 것이니라.
33 내가 네 마음을 알고 있음이니라.
34 네가 이루고자 하는 그 뜻을 알고 있
으며, 네가 가고자 하는 뜻을 알고 있
으며, 네가 얼마나 큰 사랑이요, 큰마
음으로써 그 모두를 다 나 여호와에게
바치며,
35 네가 어찌하면 나 여호와의 기쁨이요,
나 여호와의 웃는 모습이요, 나 여호
와를 행복하게 할 것인가 그 큰 사랑
의 마음에, 네가 모두 더럽고 추한 것
이요, 유혹하는 것이요, 너를 무너트
리고자 하는 그 사악한 자들의 말을
다 뿌리치고 오늘에 설 수 있는 자리
에 섰음이니,
36 내 오늘 너를 사랑하기에 내가 나의
뜻을 너에게 전하며,
37 이를 따르는 너의 제자들과 만백성 너
희들은 나 여호와의 존재함을 굳건히
믿는 그 큰 사랑의 마음을 너희들의
가슴에 갖고,
38 나 여호와가 슬퍼하지 아니하는 일,
내가 기뻐하는 일, 내가 원하는 그를
행하는 것이 너희들이 나를 믿고 사랑
을 실천하는, 사랑이라는 그 깊고 아
름다운 마음을 깊이 간직할 때,
39 작고 큰 사랑이요, 악하고 선한 것을
구분할 수 있으며, 어떠한 것도 용서
할 수 있는 그와 같은 마음 자세로 설
수 있음을 너희들이 깨우쳐 바로 서도
록 그리하라.

4,772 번째 하나님 말씀

2003년 1월 31일 15시 29분

1 사랑하는 나의 아들아!
2 "네, 아버님! 말씀하옵소서."
3 너희들이 말하는 미남 미녀요, 아름다
운 얼굴의 형태를 가지고 사람의 모습
으로써 너희가 태어나서 산다 한들 무
엇하느냐 내가 말하였느니라.
4 아름답고 고운 형태의 모습을 가진 자
는 그 마음이 그와 같이 곱고 아름다
우며, 인간의 도리요, 인간이 살아갈
그 윤리를 다 지키고 살아가는 자, 그
리고 남에게 질서를 파괴하지 않고 사
는 것이 그 아름다운 백성이 살아가는
모습이라 하였음이니라.
5 그러나 아무리 얼굴이 아름답고 예쁜
모습을 가진 자라도 그가 생각하는 마
음이 짐승과 같은 마음을 가지며 짐승
만도 못한 생각을 하고 산다면, 그건
사람이 아니요, 짐승이라 내가 너희들
에게 일찍 깨우쳐 주었음이니라.
6 짐승같이 사는 것이 나 여호와의 뜻을
거역하는 것이며, 나의 뜻에 순종치
아니하며 나를 믿지 아니하며 내가 존

재함을 믿지 않는 백성이니라.
7 그 증거로써 가장 짐승과 같은 마음을 가지고 사는 백성들이 내가 불로 직접 바위에 써서 너희들에게 지키고 하늘에 오르라 내린 그 계명 자체도, 인간이기 때문에 어렵고 힘든 그 계명을 지킬 수 없다 말하는 자, 그와 같은 자들이 도적질하며 거짓 하는 자보다 더 흉악한 마음을 가지고 사는 자들이니라.
8 그러면서 저희들이 구원의 길이요, 나에게 오르며 나의 뜻에 살아가는 것이라, 그리고 사랑을 베풀며 산다 말하는 자, 그들의 마음이 얼마나 포악하고 흉악한지 아는가?
9 그들은 인간의 형태를 가지고 있되, 마음은 짐승의 마음과 같은 자들이니,
10 과연 그 짐승이 무엇을 깨달아 인간의 도리를 할 수 있으며 인간이 오를 수 있는 그 자리에 올 수 있다 생각하는가?
11 아무리 너희들이 외형적으로 남들이 부러워할 만큼 잘생기고 미남미녀라 한들 무엇하겠는가?
12 짐승의 행동을 하고 사는 것은 사람이 아니요, 짐승이라 내가 그리 말하였음이니,
13 너희들이 역으로 생각해 보라.
14 아무리 못생기고 남들에게 보이기 흉한 모습을 가지고 있다 하여도, 그 행동이 바르며 그 마음에 진정한 깨우침을 가지며, 나 여호와의 뜻에 살아가고자 노력하는 자라면, 그는 천사와 같이 아름다운 모습임을 너희들은 알아야 할 것이니라.
15 나는 그와 같은 너희들의 마음이요, 너희들의 형태를 알고 있음이니라.
16 너희들이 인간 세상에 살아가면서 인간 대 인간끼리 속이고 숨기고 너희들이 양의 탈을 쓴 늑대 같은 모습으로 살아갈 수 있으나,
17 나 여호와는 속일 수 없으며 나 여호와는 거기에 속지 아니함을 너희들이 모르고 사는 자들이니, 그리하여 너희들이 죄를 짓는 것이며,
18 사악한 행위를 하면서도 죄가 죄인 줄 모르며 살아가는 형태가 무엇인가를 되돌아보지 아니하는 그와 같은 삶을 사는 것이 너희들이니라.
19 너희들이 바로 사는 믿음이요, 바로 가는 길이요, 하늘에 오르는 길을 오고자 하는 자들은, 나 여호와의 뜻에 따라 사는 그 백성만이 나에게 오르는 백성임을 너희들은 알아야 할 것이니라.
20 너희들은 여기서 하나 더 깊이 깨우쳐야 할 것이니라.
21 사람이 사람의 형태로 사는 것이 가장 소중하며,
22 사람의 형태를 가지고 짐승의 형태로 사는 자, 그는 짐승만도 못하다 내가 말하였음이니,
23 너희들은 짐승이라는 자체가 무엇이던가?
24 인간은 또 무엇이던가?
25 인간이란 너희들이 깨달음이 있고 나에게 오르고자 하여 죽은 자와 같은 삶이며, 자기 자신을 죽은 자라 생각하는 그와 같은 깨달음이요, 아름다운 행동 속에서, 그리고 낮은 자의 행동

으로써, 낮은 자의 처신으로써 살아갈
때, 나의 백성이요, 나에게 오를 수 있
음이니라.
26 짐승은 자신을 낮출 줄 모르며, 자신
을 죽여 다시 태어나는 그와 같은 역
사의 삶을 모르며, 반성하는 것을 모
르며, 회개하는 것을 모름이니라.
27 그러하니 인간의 탈을 가지고 짐승의
형국으로 살아가는 자는 반성을 모르
며 회개를 모르며 깨달음을 모르며,
저 자신이 가장 낮은 자로서 살아갈
줄 모르며,
28 저 자신이 남들 앞에 나서지 아니하고
남들보다 가장 부족한 자로서 자기 자
신을 죽여 남을 살리고자 하는 생각을
하지 못하는 그와 같은 자들이니라.
29 그와 같은 자들이 아무리 나의 이름을
부르며 나의 아들의 이름을 부르며 저
희들이 손으로 지은 성전에 가 재물을
바치며 울고불고해도 그는 나에게 들
리지 아니하며 나와 아무런 관계도 없
으니, 내 아름다운 지상을 오염시키며,
30 저희들이 지상을 오염시키는 것도 부
족하여 구름을 뚫어 하늘에까지 오염
시키고자 하는 그 사악한 사탄의 자식
이라는 것을 잊지 말라.
31 내가 사탄의 자식이라 기록하여 전하
면 그들이 사탄의 자식이니라.
32 그들이 와서 심판을 받을 때 그 모두
를 알게 될 것이니 그리 알라.
33 나의 아들을 따르는 백성 너희들은 짐
승으로서 살아가는 그와 같은 모습의
형태를 살아서는 아니 될 것이니라.
34 인간이면 인간의 형태로 살아가는 그
와 같은 삶을 살도록 그리하라.
35 그것만이 너희들이 구원을 받을 수 있
는 길임을 알라.

4,773 번째 하나님 말씀

2003년 1월 31일 15시 40분

1 사랑하는 나의 아들아!
2 "네, 아버님! 말씀하옵소서."
3 너희가 구약과 신약을 갖고 깨우치며
수천 년 역사가 흐르는 동안에 많은
나의 피조물 만백성을 하늘로 인도한
다 하였으며, 나 여호와의 품에 올라
갈 수 있도록 그와 같은 영광과 축복
을 주겠다 하여 그 백성을 지도하고
이끌어 지금에 온 형국이 어떠한 형태
로 되어 있는지 너희들은 알고 있는가?
4 하늘로 인도한다는 그 종교 지도자들
이요, 그 많은 평신도까지 오만과 자
만에 차 있었으며,
5 참진리를 연구하는 것이 아니라 너희
들의 구원의 길이요, 너희들의 요구
요, 너희들의 축복이요, 너희들의 영
광만을 위하여 바라는 그와 같은 사악
한 마음의 기도 속에서 지금까지 믿음
의 길을 왔다 하면 너희들은 과연 이
를 부인하겠는가?
6 내가 나의 아들을 통해 법전에 기록하
여 전하기를, 너희들이 아무리 어렵고
힘들게 눈물이 나는 기도를 드린다 해
도, 너희들이 바라는 것이 있으며, 요
구하는 것이 있으며, 얻고자 하는 것
이 있으며, 무엇을 이루고자 하는 생
각을 가지고 기도하는 자는 나와 관
계가 없다 하였음이니라.
7 이는 너희들이 전지전능한 나 여호와

를 말로는 부르면서, 나를 전지전능한
여호와가 아니니요, 모르는 어리석은 백
성이요, 어리석은 너희만도 못한 자로
그리 인식하고 있기 때문이니라.
8 그러니 너희들이 나에 대한 믿음이 없
음이니라.
9 너희들이 전지전능한 여호와 하나님
이라 부르짖는다면, 내가 너희들이 생
각하고 있는 것을, 너희들이 착하고
아름답게 살 때 내가 줄 수 있는 그 상
을 다 알고 있거늘,
10 너희들이 그 상을 받고자 하며 너희들
에게 달라 하는 그와 같은 마음 자세
로써 믿음의 길을 가고 있으니,
11 이는 내가 일찍이 깨우쳐 주었듯이,
너희들은 거래하고자 하는 마음이요,
장사하고자 하는 그와 같은 마음으로
왔음이니라.
12 그와 같은 생각을 가지고 있는 자, 나
와는 관계도 없으며 그 기도를 듣지
아니한다 하였으니,
13 그리하여 너희들이 지금까지 온 것이
정녕 달라 하며 더 얻고자 갖고자 하
는 그와 같은 기도요, 그와 같은 마음
으로 너희들이 무엇을 이루고자 하는,
어렵고 힘들 때 그것을 쉽게 풀고자
하는, 그리고 너희들이 고통과 시련이
올 때, 너희들이 남들보다 앞에 가고
자 할 때,
14 그것을 더 편하고 쉽게 가고자 하는
그와 같은 욕심에서 기도하고 나에게
경배하며 재물을 바치며 울고불고 광
란의 짓을 하지 아니하였다 하면,
15 너희들은 지금 그와 같은 사탄의 길을
가는 백성들이 아니었을 것이니라.

16 내가 나의 법전에 기록하여 전하는 이
와 같은 내용으로 너희들이 지금까지
믿지 아니하였다면 나의 법전이 잘못
된 것이며 나의 아들이 거짓 선지자임
을 알라.
17 그러나 너희들이 무엇을 얻고자, 이루
고자, 어렵고 힘들 때 편안히 가고자
하는 그와 같은 기대 심리로 원하는
마음으로써 기도하고 소원했다면 너
희들은 나와는 관계없는 백성이니,
18 내가 지금 나의 아들을 통하여 내리는
이 법전이 마지막 심판의 새로운 성경
이요, 나의 아들은 정녕 선택된 나의
아들이요, 만백성을 이끄는 목자임을
너희들은 부인하지 말라.
19 너희들은 지금까지 어떠한 형국으로
살아왔는가?
20 만백성을 구한다 기도하고 가는 자들
이 저희들이 얻고자 구원하고자 그와
같은 욕심에 찬 믿음의 길을 왔기에
지금 말세의 형국에 이르렀으며,
21 이는 참진리가 아니요, 사랑을 실천하
지 못하는, 나의 뜻을 역행하며 거역
하며 나를 능멸하는 그와 같은 믿음이
기 때문이니라.
22 나의 백성을 이와 같이 이끈 책임은
과연 누구에게 있는가?
23 어떤 집단에서 그 책임을 져야만 하겠
는가?
24 나 여호와를 찾으며, 하늘에 오르며,
나의 백성이요, 선택된 자라 하는 자
들, 나로부터 명받은 지도자요, 나로
부터 명받은 목회자라 말하는 너희들
의 집단에서 그 책임을 져야 함을 너
희들은 부인할 수 없을 것이니라.

25 너희들이 그와 같이 잘못 가르치며,
이기주의요, 폐쇄적인 마음으로써 나
의 백성들의 마음에서 사랑을 빼어 가
며 베풂을 빼어 가며 인간의 본성까지
도둑질해서 말살하지 아니하였다면,
오늘과 같은 인간의 형태는 이루어지
지 아니하였을 것이니라.
26 너희들은 수천 년 동안 하늘에 오르는
길이요, 참진리요, 나에게 오르는 길
을 가르친 것이 무엇이더냐?
27 달라, 달라, 더 달라, 그리고 나에게
달라 하며 그저 제 앞에 쌓아 놓는 것
만을 가르쳤으니, 그게 무엇을 가르쳤
던가?
28 욕심만을 가르쳤음이니라.
29 더 높은 것을 달라, 더 위대한 것을 달
라, 남보다 더 제가 편하게 갈 수 있도
록 해 달라 하며 나의 아들의 이름을
부르며 내 이름을 부르며 너희들이 광
란의 짓을 했으며,
30 거기에 나에게는 아무런 가치도 없는
백사장의 모래알만도 못한 지전이요,
금화요, 은화요, 돈이요, 재물을 갖다
바치고 그것으로써 사겠다는 그와 같
은 너희들의 믿음으로 왔음이니,
31 너희들이 여태껏 몇천 년 동안 믿은
것은 욕심이요, 욕심이요, 욕심을 쌓
는 그 훈련밖에 더했는가?
32 너희들이 하나를 달라고 하고 둘을 달
라고 하며 나에게 얻고자 기도하는 것
은 그 욕심을 쌓고 또 욕심의 덩어리
만을 쌓았음이니,
33 그 욕심 덩어리로 지은 성전이라는 것
이 바로 욕심 덩어리의 근본이니,
34 이 추하고 더러운 것을 내가 이 지상
에서 다 쓸어버리고자 하여 지금 나의
법전을 내림이니라.
35 너희들이 달라, 이루어 달라 기도한
것이 너희들의 욕심 덩어리를 하나 더
달라, 하나 더 달라 그리 기도한 것이
아니라면 너희들은 나에게 한번 항변
해 보라.
36 그리고 죽어 와서도 너희들이 나에게
와서 말해 보라.
37 욕심만을 너희들은 말했느니라.
38 참진리를 내려 달라, 참진리의 깨달음
을 내려 달라, 그리고 너희들의 생명
보다 소중한 그 아름다움의 사랑을 베
푸는 길을 가르쳐 달라 그리 기도한
자가 어디에 있으며, 참진리를 깨닫게
해 달라 기도한 자가 어디에 있는가?
39 재물과 너희들의 명예를 그득히 쌓아
놓는 그것만을 달라는 기도를 했으니,
40 십자가를 짊어지고 고통받은 예수의
그 고통을 체험할 수 있도록, 너희 자
신이 십자가를 지고 갈 수 있는 그 고
통과 시련의 길을 너희들에게 달라 기
도한 자 누가 있는가?
41 나의 아들은 그리 기도했느니라.
42 '내 귀를 잘라서 바치오리까? 내 눈을
빼서 바치오리까? 내 팔을 잘라서 바
치오리까? 그리하여 예수의 그 고통
을 제가 체험함으로써 하나님의 뜻을
알며 그 진리를 알 수 있으오리까?'
43 나의 아들은 그리 기도했느니라.
44 그리 기도하고 목메어 우는 그를 어찌
하여 사탄이요, 이단이요, 사악한 자
라 하며,
45 달라, 달라 하며 그 욕심만을 쌓아 놓
는 너희들은 선한 자요, 나에게 선택

된 백성들이라 그리 말하는가?
46 너희들은 달라, 달라 하는 그 욕심뿐
이요, 사랑을 역행하며 나의 뜻을 거
부하며 그와 같이 살아왔으니,
47 그 책임은 지금의 종교 집단이요, 지
도자요, 너희들이 성전이라 지어 놓은
그 죄악의 온상에 있는 그 지도자들이
요, 평신도요, 너희들이 모두 다 그와
같은 자들이니라.
48 진정한 종교 집단이요, 지도자라면 너
희 스스로 지금의 형태에서 벗어나 구
원을 볼 수 있는 그 길을 가야 함이니,
49 그 길은 나의 법전을 읽고 깨우치는
길밖에 없음이니라.
50 그러나 너희들은 이제 스스로 일어날
능력이 없으며, 헤어날 능력이 없으
며, 헤쳐 나올 자신이 없음이니라.
51 그 썩은 속에서 썩은 고기요, 그 냄새
에 도취된 너희들은 아름다운 향수요,
꽃에서 풍기는 그 향기를 맡을 수 있
는 자격까지 상실되었으며,
52 너희들은 코가 문드러졌으며 생각이
문드러졌기에 도저히 구원할 수 없는
썩은 백성들이니, 지옥 불로 가는 것
이 당연함을 알라.
53 나의 아들이 기도하였느니라.
54 제 몸을 바쳐 참진리를 깨우치고, 제
몸을 바쳐 예수의 가는 길을 갈 수 있
으며, 그 목숨을 바쳐 나 여호와의 뜻
을 알면 갈 수 있다, 그리해 달라며 구
하였고 기도하였느니라.
55 너희들은 달라, 이루어 달라, 재물을
달라, 명예를 달라, 어렵고 힘든 육의
삶을 편하게 가게 해 달라 기도한 그
기도 소리가 강아지가 짖는 소리만도
못하다 내가 말했으니,
56 나 여호와가 이와 같이 말하는 소리를
너희들은 들어야 할 것이니라.
57 나의 아들 예수가 베드로에게 사탄만
도 못한 자라 말하였으니,
58 내가 너희들에게 말하노니, 사탄만도
못한 것이 너희들임을 알라.

4,774 번째 하나님 말씀

2003년 1월 31일 15시 46분

1 사랑하는 나의 아들아!
2 모든 종교 집단이요, 지도자에게 그리
전하라.
3 너희들이 정녕 참진리를 모르며 나의
백성을 깨우쳐 하늘에 오를 수 있는
길을 모르며 자신이 없거든,
4 이제는 너희 스스로 이 형국에서 물러
나는 그와 같은 아름다운 마음을 갖도
록 하라 그리 전하라.
5 그것만이 내가 그들을 구원해 줄 것
이며 내가 그들을 기억할 것이니라.
6 구원의 길이요, 참진리를 모르며 만백
성을 구원할 능력도 없는 그들이 나
의 백성을 지금 계속 끌고 가는 그와
같은 형태로 가서는 그들의 죄를 용서
받을 수 없다 함을 알려 주라.
7 너희들이 그 백성을 깨우쳐 하늘에 오
르는 참진리를 모르고, 나 여호와에게
보낼 그 능력이 없으면서 구원한다 그
리 말하는 자,
8 이제는 너희 스스로 반성하고 깨우쳐,
나의 사랑하는 백성들이 다른 곳이요,
다른 종파요, 다른 곳에 찾아가서라도
진정한 참진리요, 하늘에 오르는 길을

찾아갈 수 있도록, 그들이 나로부터
구원을 받을 수 있도록,
9 이제는 그 사악한 죄악의 집단인 종교
집단에서 그들을 놓아주라 그리 전하
라.
10 저희들이 하늘에 오르는 길이 무엇이
며, 참진리가 무엇이며, 나 여호와에
게 오르는 것이 무엇인가를 모르며,
11 내가 지금 내려보내는 새로운 성경이
진정 심판의 시대요, 만백성을 심판하
며 구할 자, 버릴 자를 구분하는 그와
같은 역사가 이루어지고 있음에도 그
를 모르는 백성들,
12 저희들이 죄의 온상에서 내가 사랑하
는 나의 백성을 붙잡고 그들을 그리
끌고 가지 말며,
13 이제는 그들을 놓아줄 수 있는 그와
같은 사랑의 마음을 가지라 그리 말하
라.
14 저희들이 정녕 구원할 수 없으면 그들
을 다른 곳에라도 안내하며 인도하며,
그리하여 그들이 참진리를 찾아갈 수
있도록 그리해 주며,
15 지금까지 저희들이 끌고 왔던 것이 잘
못된 것이며, 잘못 인도했으며, 나 여
호와의 뜻이 아닌 길을 갔다 하여 저
희들이 깨우쳤다면,
16 나의 피조물 만백성, 저희들이 말하는
평신도 앞에 무릎 꿇고 용서를 빌며
그들이 지금이라도 바른길을 찾아갈
수 있도록 안내해 주는 것이 그들이
해야 할 길이라는 것을 깨우쳐 주도록
하라.
17 그들이 아직도 그 육의 편안함과 육의
안락한 삶을 위하여 저 자신만을 위하
여 계속 그들을 붙잡아 놓고 있다면
이제 내가 그들을 단죄할 것이며,
18 그들은 그 죄에 대한 것을 감당할 수
없을 것임을 알아야 할 것이니라.
19 모든 종교 지도자들은 나의 법전을 읽
고 깨우쳐,
20 너희들이 깨우치는 이 순간에 나 여호
와의 음성을 듣지 못하며 내가 이끌어
가고자 하는 것을 모르며 하늘에 오르
는 길이 무엇이며 참진리의 길이 무엇
인가를 모르겠거든,
21 너희들이 지금 움켜쥐고 있으며 지옥
으로 같이 끌고 가는 나의 피조물 만
백성을 놓아주도록 그리하라.
22 지금이라도 놓아주고 너희들이 나의
법전을 읽고 깨우쳐 나의 참진리 속에
들어오는 자, 내가 너희를 귀히 쓸 것
이며 내가 너희들을 용서해 줄 것이니
라.
23 그리해야만 너희들이 구원을 받을 수
있기에, 나 여호와가 너희들을 아직도
사랑하기에, 내가 너희들을 아끼기에,
너희들이 지옥 불로 가는 것을 내가
보기에 마음이 아파 내가 다시 한 번
너희들에게 명하노니,
24 지금 잘못 가고 있는 종교 집단 너희
들이 그 죄의 온상인 지금 너희들의
손으로 지은 그 성전에서 나의 피조물
만백성을, 참진리를 위하여, 광야의
찬란한 그 빛을 위하여 그들을 놓아주
도록 그리하라.
25 그리고 안내해 주도록 하라.
26 그리고 너희들이 용서를 빌라, 그리고
너희들이 사죄하라, 그리고 다른 길
을, 참진리를 찾도록 그리 인도하라.

27 그것이 너희들이 나에게 와 축복을 받
을 수 있는 길임을 잊지 말라.
28 많은 종교 지도자들아, 그리고 많은
종교 집단들아! 너희가 다 나의 아들
이며 딸이니라.
29 너희들이 회개하고 돌아왔을 때 나 여
호와는 더 기쁜 마음으로 너희들을 받
아 줄 것이니,
30 집을 나가 방랑의 생활을 하고 돌아오
는, 내가 잊지 못했던 그 자식을 반기
는 것처럼,
31 육의 세상에서 집을 나가 살다 생사
조차도 모르던 그 자식이 돌아온 것
을 부모가 기뻐하듯이,
32 그보다도 열배 백배 더 기쁜 마음으로
내가 너희들을 가슴에 안을 것이니라.
33 나의 아들의 강론을 들으라.
34 그리고 나의 아들을 통하여 내려보낸
160권의 법전을 읽어 보라. 이것이 새
로운 성경이니라. 역사는 변한다 하지
아니하였더냐?
35 노아의 방주의 역사는 재앙의 한 획을
그은 역사라 내가 말하지 아니하였더
냐?
36 구약 시대 또한 그 역사의 획을 그었
으며, 구약에서 신약의 그 획을 또 하
나 그었음이니, 이제 마지막이라 하였
음이니라.
37 마지막 내가 직접 터치하니, 내가 마
지막 나의 마음을 너희에게 전함이니,
38 이게 너희들을 사랑하는 마지막의 나
의 성령이요, 나의 뜻이요, 나의 말임
을 잊지 말라, 사랑하는 너희들아!

4,775 번째 하나님 말씀

2003년 1월 31일 16시 04분

1 사랑하는 나의 아들아!
2 "네, 아버님! 말씀하옵소서."
3 참진리를 가르치며 구원의 길을 인도
한다면 너희는 성전이 커야 하며, 궁
궐과 같은 성전에서 강론하고 교리를
전해야 하며,
4 많은 사람들이 모여야만 너희들이 설
교할 때 신이 나며, 그리하여야 참진
리를 가르치는 것이며 나 여호와의 뜻
이 제대로 들린다 그리 생각하느니라.
5 그리하여 너희들은 하나의 십자가를
세워 놓고 그곳에다 크나큰 성전을
짓기 위하여 모두를 다 바치며, 많은
사람을 모아 놓기 위하여 너희들은 그
와 같은 모든 신경이요, 모두를 다 거
기에 바침이니,
6 그리하여 크나큰 성전을 짓기 위하여,
각종 명분 아래 그 근본이 되는 재물
을 모으기 위하여 너희들은 때로는 공
갈로, 때로는 협박으로 갈취하는 방법
으로써 많은 백성들의 재물을 긁어모
음이 너희들이 지금 하고 있는 내용이
아니던가?
7 너희들은 어찌하여 나 여호와의 뜻을
전하며 참진리를 전하는 것이 위대한
성전이어야 하며 많은 사람들이 모인
곳에서만 설교해야 하는가?
8 너희들은 그와 같은 생각 자체가 잘못
되었음을 알아야 할 것이니라.
9 너희들은 그와 같은 생각을 가졌기에
많은 백성을 모으기 위하여 모든 방법
과 수단을 가리지 아니하며,

10 너희들은 또 그들을 모아 놓고 참진리
요, 나의 뜻을 가르치는 그 길을 모르
기에 그들의 마음을 잡아 놓기 위해서
는 광란의 짓을 해야 하며, 너희들은
찬송이라는 걸 부르게 되며, 세속적인
이야기로 그들의 눈시울을 적시는 그
와 같은 것으로써 나의 피조물 만백성
을 잡아 놓으며,
11 그들이 세속에서 즐기고 향락으로 가
는 그와 같은 행사요, 또는 그와 같은
역사의 잔치를 해 가면서 그들을 이끌
어 가는 데 모두를 다 바치며,
12 진리를 가르치고 깨우치는 것은 그 모
두가 뒷전으로 밀려나 있음이니라.
13 더 큰 성전을 지어야 하며, 더 많은 백
성을 모아 놓고 거기서 너희들이 강론
하기 위해서는 그리해야만 재물을 긁
어모을 수 있으며 금화를 더 긁어모을
수 있으며,
14 그리하여 너희들이 같은 종교 지도자
들 세계에서 출세한 자요, 능력 있는
자요, 명예를 얻은 자라는 그 칭송을
듣기 위하여,
15 너희들의 모임에 갈 때도 얼마나 큰
성전에서 얼마나 많은 신도를 가지고
있으며, 얼마나 재물과 금화를 잘 갈
취하며 공갈과 협박과 위협으로써 그
들이 갖고 있는 재물을 긁어내느냐에
따라서 성공한 자요, 못 한 자요, 잘
가르치는 자요, 못 가르치는 자요,
16 그와 같이 상업적으로 평가하며 장삿
속으로 전락된 이와 같은 형국이니라.
17 너희들이 진리를 가르친다는 성전이,
너희들이 진리를 가르친다면서 나의
눈을 속이며 나의 앞에 거짓 하며 사
기극을 벌이는 그와 같은 성전의 형
태가 언제까지 가야 하며, 언제까지
갈 수 있다 생각하는가?
18 이제는 너희들의 종말의 시대가 도래
하였음을 알아야 할 것이니라.
19 너희들은 그것이 영원히 존속되며, 또
너희들 자식까지도 너희들 후손까지
도 그를 계승하여 그들이 유업으로써
이끌어 갈 수 있으며, 사기 집단을 너
희 가업으로 이어 가려는 그와 같은
생각으로써 그 마음을 버리지 못하며,
20 진리를 탐구하는 것이 아니요, 너희들
이 그저 편안한 쪽으로 고집과 아집으
로 뭉쳐져 있는 것이 너희들이니라.
21 오로지 참진리를 가르치며 사랑을 가
르치는 것이 아니요,
22 그저 자신들이 살아가기 위해서 그와
같은 집단으로써 이끌어 가는 데 모두
를 다 바치는 것이 지금의 너희들의
자세가 아니던가?
23 사랑도 없는 너희들의 그와 같은 행위
를 바라보며 너희들 속을 들여다보는
나의 마음은 얼마나 아프고 내 가슴이
터질 것 같은지 너희들은 모르고 있음
이니라.
24 그저 저밖에 모르며 저 자신밖에 모
르며 저를 위주로 살아가도록 가르친
너희들이, 나의 피조물 만백성에게 사
랑을 알며 실천하며 살라고 말은 그리
하고 가르치나, 그들을 황폐한 마음으
로 만들어 놓았으니, 그것이 너희들이
니라.
25 그러면 너희 손으로 만든 성전 속에서
몇십 년 동안 믿음을 가져 왔으며 달
라는 것으로써 일관해 온 종교 집단이

요, 지도자요, 평신도요, 그리고 높은
자리에 앉아 있다는 너희들 신도라는
자들이 어찌 살아가는가?
26 너희들은 원수를 사랑하라는 그와 같
은 말을 수없이 들으며 그리 살아간다
하면서도,
27 너희들끼리 한 형제라 말하는 그 종교
집단 속에서 종교의 문제요, 또 운영
의 문제요, 사소한 문제를 가지고 너
희들은 서로 양보하지 못하며, 언성을
높이며 멱살을 잡으며,
28 서로 언제 형제였느냐는 듯이 시시비
비를 하고 문제 삼아 머리가 터지도
록 악을 쓰며 싸우고자 하는 것이 너
희들의 지금의 형국이 아니던가?
29 밖에 있는 일반 장사꾼도 그와 같이는
아니 할 것이거늘, 너희들은 사소한
문제도 그것을 양보함으로써 자신의
이름이 무너지며 자신의 명예가 떨어
지는 것처럼, 그리고 곧 죽는 것처럼,
그리고 그 집단에서 제가 설 자리를
잃는 것처럼,
30 밖에서는 아무것도 아닌 것을 가지고
장사꾼도 웃어넘길 사소한 것까지도
너희들 종교 집단 내에서 그를 양보하
지 않으며 문제 삼으며 시시비비를 하
며,
31 그리하여 남을 비방하고 음해하는 데
너무나도 능숙해져 있으며 숙달된 너
희들이 과연 아니던가?
32 너희들은 그와 같은 너희들 집단 속에
서 싸우며 얽혀 언쟁하며 비방하는
그 속에 너희들 자신이 부끄러우며,
너희들이 정녕 믿음의 길을 가는 백성
인가 하여 후회하며 반성하는 자 수없
이 많이 있을 것이니라.
33 그리고 너희들이 생업도 아니요, 재산
이 생기는 것도 아니요, 개인의 재물
이요, 금화를 모으는 것도 아닌데 제
가 무엇 때문에 이 집단 속에서 이와
같이 시시비비를 하며 음해를 받으며
서로 비방하는 그와 같은 행위를 하고
살아가는 것인가 하며 너희 자신을 미
워하며 자신을 저주한 것이 한두 번이
아닐 것이며,
34 너희들의 종교 집단의 이름을 떠올리
는 그 자체가 싫으며 그것이 거북하며
그것이 부끄러운 생각이 들 것이니라.
35 그러나 너희는 구원을 받는다는 그 명
분으로, 너희들을 깨우칠 수 있는 새
로운 성경이요, 새로운 지도의 방법이
없으며 다른 길이 없기에,
36 너희들은 그저 또 그대로 끌려가며 또
그와 같은 짓을 반복하며 후회를 반복
하며 살아가는 것이 지금의 종교 집단
내부의 속이 아니던가?
37 너희들의 살아가는 속을 본다면 서로
이익을 위해 싸우는 전쟁터요, 장삿
속에 있는 장사를 하는 사람만도 못한
더 추한 모습으로 살아가느니라.
38 그리하여 그곳을 뛰쳐나오고 싶으나
뛰쳐나오지 못하고 그리하여 또 반복
되는 그와 같은 생활을 하고 있는 것
이 너희들이 아니더냐?
39 그와 같은 짓을 하면서 너희들이 어찌
믿음이요, 그것이 구원이라 말하는가?
40 너희들은 욕심의 때에 젖어 있으며,
그 욕심의 때 때문에 너희들은 보지도
못함이니라.
41 그리고 지금까지 투자하고 벌었던 것,

그리고 소원했던 것, 그리고 구원을
받는다는 그 한 가지 때문에 떠나지
못하고 다시 거기에 고개 들고 가는
것이 너희들이 아니더냐?
42 그리하여 반복되고 반복되니, 지금 종
교 집단에서 7~80퍼센트의 평신도요,
깨달은 자라 하여 직함을 가지고 있는
자들의 마음속에는 지금 공허하고 허
전하며, 너희들이 지금 비어 있는 상
태에서 목적의식도 없이 그저 그러려
니 하고 가는 것이 너희들의 믿음이니
라.
43 뼈를 깎는 고통 속에서 참진리의 길을
가며, 너희들이 가장 나쁜 악습 하나
씩을 버리고 살아가는 그 노력을 하는
속에서 깨달음을 얻는다 하였거늘,
44 너희들이 그와 같은 마음 자세로 믿음
의 길을 가며 구원을 받을 수 있다 생
각하는가?
45 그와 같은 자들이 얼마나 진실한 기도
를 하겠는가?
46 이웃의 눈치를 보며, 다른 신도의 눈
치를 보며, 다른 자에게 지기 싫어 계
속 수다 떠는 것을 수없이 연구하는
것들이 너희들이 아니던가?
47 그러면서 구원을 받고자 하는 생각은
꿈에도 하지 말라.

4,776 번째 하나님 말씀

2003년 1월 31일 16시 14분

1 사랑하는 나의 아들아!
2 "네, 아버님! 말씀하옵소서."
3 많은 신도와 큰 성전이라는 것을 가지
고 많은 백성들을 통솔하며 인솔하는
그와 같은 집단을 너의 제자들이나 나
의 법전을 읽고 깨우친 백성 너희들은
부러워하지 말며 그와 같은 역사를 이
루고자 하는 생각도 하지 말라.
4 아무리 큰 성전이요, 많은 백성이 있
으면 무엇하는가?
5 그것이 참진리요, 나의 뜻이요, 내가
이루는 그 역사를 거역하는 자들이 그
와 같이 간다 하면, 아무리 큰 성전이
요, 아무리 많은 백성도 다 나와는 관
계가 없음이니, 너희들 또한 그들과
관계가 없음이니라.
6 그들을 쳐다보며 부러워하지 말라.
7 아무리 작고 작은 모임이라 하여도,
작은 성전이라 하여도, 참진리를 가르
치며 진정한 진리요, 나 여호와의 뜻
을 듣고 가르치고 전하는 곳이라 하면
그보다 더 영광되고 축복받는 것이 없
는 것을 어찌 모르는가?
8 내가 이 세상에 단 한 사람의 의인이
나왔을 때 이 세상의 그 모두와도 바
꾸지 아니한다 하였거늘,
9 세상 것을 다 주어도 내 마음이 아깝
지 아니하다 하였으니, 한 사람의 의
인이 그리 소중하니,
10 너희들이 아무리 큰 성전이라 해도,
아무리 많은 백성이 모였다 해도 그
백성이 얼마나 되는가?
11 백사장의 모래 한 움큼 쥐었다 놓는
것만도 못한 것을, 그를 보고 너희들
이 부러워하지 말며 그에 욕심을 내지
말라.
12 나의 명에 의하여 사는 것, 나의 뜻에
따라 목숨을 바치는 그와 같은 각오로
너희들이 변해 가며, 선한 일을 선택

하며, 악을 버리고 나의 참진리를 찾
아 그 길을 위하여 노력하며 그 삶의
길을 찾아가고 있다면,
13 그 진정한 진리의 길을 위하여 하늘의
빛을 향하여 가고 있다면, 그보다 더
영광된 것이 없음을 너희들은 알아야
할 것이니라.
14 하늘에 오르는 길이요, 참진리요, 나
여호와에게 오는 그 모든 역사의 어
렵고 힘든 길은 다 뒷전으로 집어던지
고 그는 다 너희들이 꽉꽉 묶어 창고
에 숨겨 놓은 채,
15 나 여호와의 뜻을 거역하며 나에게 순
종치 아니하며 내가 이루고자 하는 것
을 역행하는 그와 같은 삶으로 살아
가면서 너희들이 그와 같은 속에서
무엇을 이루고 가는 그 집단이라면,
그는 바로 무엇이던가?
16 나를 능멸하는 자요, 내가 불로 써 내
린, 너희들이 하늘에 오르는 그 계명
까지도 무시하는 자들이 아니던가?
17 나 여호와를 능멸하며, 나의 계명을
무시하며,
18 내가 새로 내리는 나의 성경을 사탄
이요, 이단이라 말하며, 심판의 기본
이요, 근본인 것을 모르며,
19 나를 반대하는 쪽에서, 나를 거역하는
쪽에서, 너희가 해서는 안 되는 쪽에
서 사탄의 자식으로서 가면서 그와 같
이 대단하게 너희 눈으로 보는 큰 성
전을 지었으며 많은 백성들이 그곳에
모여 있다 하여도, 그것은 나의 뜻을
따르는 것이 아니요,
20 나의 뜻을 거역하는 집단으로서 역행
하는 자들이 그와 같이 성장하고 커
가는 것을 보고 너희들이 부러워하며,
그와 같이 너희들도 이루고자 하는 추
한 생각을 하지 말라.
21 그는 다 부질없는 것이며 나와는 관계
가 없음이니라.
22 지옥으로 달려가는 자들이 아무리 큰
성전을 가졌으면 무엇하며, 아무리 많
은 백성이 모였으면 무엇하는가?
23 죄의 온상인 거기에 아무리 크게 지
어 놓으면 무엇하며, 아무리 호화롭게
갖춰 놓으면 무엇하며, 거기에 많은
백성들이 나와서 물질의 풍요로움을
가진들 무엇하는가?
24 그들은 영원히 존재할 수 없다는 것을
너의 제자들과 나의 법전을 읽은 백성
너희들은 깨달으라.
25 그들은 절대 존재할 수 없음이니라.
26 2천 년이라는 그 세월 동안 그들이 세
상에 존재하며 다 지배할 것이요, 영
원히 존재할 것이라 그리 왔으나,
27 이제 내가 심판의 칼을 뽑기 시작하였
음이니, 너희들은 그를 알지 않는가?
28 지금의 모든 종파는 나의 뜻을 거역하
고 성장했기에,
29 너희들이 나의 뜻을 따르며 나의 진리
를 따르며 나의 성령을 따라 하늘에
오르는 길을 위하여 어렵고 힘든 그
속에서 악을 뿌리치며 선을 선택하는
그와 같은 아름다운 삶에서 지금의 모
든 종파가 성장한 것이 아니요,
30 나를 거역하는 그와 같은 길로써 너희
들이 성장함이니,
31 나 여호와가 더 이상 그를 용납하며
그를 더 바라보고자 하지 아니하느니
라.

32 그리하여 지금 내가 그들을 바로잡았을 때 그리 바로 서는 자, 내가 용서할 것이며,

33 그렇지 아니한 자, 내가 엄히 다스리는 그와 같은 시대의 역사를 이루어,

34 심판의 기준인 나의 법전이 세상에 나가게 됨이니,

35 이제까지는 저희 집단에서 사탄이요, 악마의 집단이라며 나의 백성의 귀를 막아 아무것도 듣지 못했으며, 새로운 성경이 내려오는 것을 보지도 못하며 듣지도 못하도록 그들의 귀를 막고 눈을 막고 그리 횡포 속에 나의 피조물 만백성을 이끌어 왔으나,

36 지금까지는 잘못된 자들이요, 저희 자신이 깨달았다 말하는 자, 나에게 명을 받지 아니한 자들이 명을 받은 자라 하며, 저희들이 예수요, 또는 모세요, 각종 이름을 대며 이 세상에 부활하여 온 자라 그들이 말하고 떠드니,

37 너희들이 그들을 사탄이요, 이단이라 하며 그들을 보지 못하도록 만백성의 귀를 막고 입을 막고 눈을 막음으로써 만백성은 그리 따라왔으나,

38 이제는 160권이라는 나의 법전이요, 나의 성령을 내 가슴을 태워 나의 아들을 통해 기록하여 만백성을 구하는 심판의 법전이 세상에 내려감이니, 이 또한 너희들이 그리할 것이니라.

39 나의 피조물 만백성에게, 이는 사탄이요, 이단이요, 악마요, 마지막 시대에 거짓 선지자가 너희들을 무너트리고자 함이니,

40 너희는 귀를 막고 입을 막고 눈을 막으라 하여 너희들이 그들을 지금과 같이 너희들의 종교 집단이요, 성전이라는 그 성벽 안에 가둬 놓고, 밖의 세상과 등지며 밖의 세상을 바라보지 못하도록 끌고 가고자 하나,

41 이는 절대로 그와 같은 역사가 이루어질 수 없음이니라.

42 나의 법전은 너희들이 아무리 성곽을 쳐 놓고 성전의 문을 닫아도 거기에 들어갈 것이며, 그는 전해질 것이며, 너희 모두는 스스로 무너질 때가 되었음을 이제 알라.

43 지금까지 너희들은 모든 횡포로써 지탱했으며, 나에게 거역하는 갖은 행위로써 성장하였으나, 이를 내가 더 이상 볼 수 없음이니라.

44 너희들이 지옥으로 나의 사랑하는 백성들을 인도했으며 공갈과 협박으로 지금까지 재물을 긁어모아 제왕적인 행위로 그 위치에서 살아왔으나,

45 이제 내가 2천 년의 역사가 흐른 지금, 더 이상 너희들을 묵과하지 아니하며 용서하지 아니하여 너희들을 단죄하고자 내가 내리는 심판의 칼이 바로 나의 160권의 법전이니라.

46 이를 읽고 깨달은 백성, 유한 백성들만이 이 세상에 존재하며 지배하는 그 시대가 열림이니,

47 너의 제자들과 나의 법전을 읽는 백성 너희들은 두려워하지 말라.

48 그리고 나의 아들이 반드시 이 세상의 승자로서 내가 이루고자 하는 그 역사를 이룰 것이니, 너희들이 같이 가는 자들임을 잊지 말라.

4,777 번째 하나님 말씀

2003년 1월 31일 16시 21분

1 사랑하는 나의 아들아!
2 "네, 아버님! 말씀하옵소서."
3 나의 성경의 뜻을 전하며 그 유업의
사업의 역사를 이루는 것은 나의 백성
너희들이 하는 것이니라.
4 그리하여 나의 성경, 구약이요, 신약
을 가지고 가르치는 백성들은 만백성
을 하늘로 인도하는 그 역사를 이룸이
니, 바로 너희들이 어떠한 역할을 해
야 한다 내가 성경에 기록하여 전했던
가?
5 너희들이 나의 성경이요, 나의 뜻을
바로 전하고 바로 깨우치는 백성은 만
백성의 빛과 소금의 역할을 하는 것이
깨우친 자요, 종교 지도자요, 구약과
신약을 갖고 연구하고 공부한 지도자
들이 해야 할 길이니라.
6 그러나 너희들이 가슴에 손을 얹고 지
금의 종교 집단의 내부를 들여다보며
그들의 만행을 한번 들여다보라.
7 그들이 과연 나의 사랑하는 백성들의
빛과 소금이 되는 그 역할을 제대로
하고 있는가, 그들이 어찌 그 역사를
이루며 그와 같이 행동을 하는가, 너
희들은 그를 들여다보라.
8 나 여호와는 그들이 제대로 하지 못하
였으며 빛과 소금의 역할을 다하지 못
하였기에 지금의 이 아름다운 나의 지
구가 너희들이 말하기를 말세요,
9 그리고 말세의 시대가 도래하였으며,
도둑이 들끓는 이와 같은 추악한 세상
이라 말함이니, 과연 이 책임은 누가
져야 하며 누구에게 있다 생각하는가?
10 이 세상의 만백성을 인도하는 빛과 소
금이 되어야 하는 그 역할을 맡았으
며, 그 역할을 해야 한다는 나의 백성
들이요, 성서를 가지고 공부하며 그
많은 인력과 그 많은 물질을 거둬들이
고 그 많은 집단을 이끌어 온, 소금과
빛이 되어야 할 너희들이 그 역할을
못 했다 하면, 바로 그 책임은 누구에
게 있는가?
11 너희들에게 있음이니라.
12 지금이라도 너희들이 빛과 소금의 역
할을 하지 못한다면, 빛과 소금의 역
할을 할 수 있는 참진리가 세상에 내
려감을 너희들이 받아들여야 할 것이
며,
13 타 종교의 가는 역사를 들여다볼 것이
며, 타 종교에서 공부하고 연구하는
것도 너희들이 들여다봐야 할 것이니
라.
14 그리하여 너희들이 견주어 비추어 봐
서 어떠한 것이 진정한 진리요, 나 여
호와 하나님의 뜻인가를 거기서 찾고
깨우쳐 같이 가는 그와 같은 변화를
이루어야 할 것이거늘,
15 지금 저희 자신이 빛과 소금의 역할을
하지도 못하는 자들이 그저 움켜쥐고
저희 것만이 빛과 소금이 된다 말하고
그리 외쳐 댐이니,
16 그리하여 지금과 같이 험악한 시대가
되었음이니라.
17 경쟁을 하는 시대, 경쟁자가 있는 그
속에서는 너희들이 참진리요, 아름다
움을 볼 수가 없지 않은가?
18 너희들은 서로 누가 잘나고 누가 못나

고 하는 경쟁자가 있는 그와 같은 분
별하는 데에서는 너희들이 이기적인
생각이 돌발하며 이기적인 생각이 앞
서기 때문에 정확히 판단할 수가 없음
이니라.
19 너희는 이와 같은 이치를 깨달아야 할
것이니라.
20 그리하여 그와 같은 마음으로 만연된
너희 종교 집단들이기 때문에 지금과
같은 형국을 만들었음이니라.
21 이를 더 이상 방치하며 더 이상 놓아
두었을 때는 이 지구가 영원히 썩기
에, 내가 이를 바로잡을 수 없으며 바
로 세울 수가 없기에,
22 내가 지금 더 썩고 더 무너지기 전에
이를 바로잡고자 하는 것이 나 여호와
의 뜻이니라.
23 그리하여 나 여호와가 직접 나의 성령
을 나의 아들을 통하여 내려, 새로운
시대를 열고 새로운 백성을 위하여 새
시대를 건설하기 위하여 내가 나의 새
로운 성령을 내려보냄이니라.
24 그리하여 새로운 성령이 세상에 내려
감이니, 이를 법전이라 정하여 내가
심판의 시대를 시작하였으며 심판을
시작하였으니, 그 기본이요, 근본 그
모두가 나의 법전이니라.
25 나의 법전을 사탄이요, 이단이라 말하
는 자, 도둑이 도둑을 잡는 자를 이단
이요, 사탄이요, 사악한 자라 말함이
니라.
26 도둑이 지나가는 백성을 도둑이라 소
리 지르며 제가 도둑임을 모면하는 그
와 같은 얕은 수법과 사악한 방법으
로 지금 살아가고 있는 것이 종교 집
단이니라.
27 도둑이 도둑질하여 도둑을 잡는 자에
게 잡히기가 두려워서 옆에 지나가는
사람을 도둑이라 소리 지르고 제가
도망가서 숨는 그와 같은 형태가 지
금의 너희들이 온 믿음의 길임을 알
라.
28 나의 법전이 세상에 내려가 너희들을
단죄하고 잡아 분류할 때, 너희들은
이게 사탄이요, 사악한 악마요, 도둑
이라 나의 피조물 만백성에게 그리 부
르짖고 변명하며 이를 잡아 옭아매게
할 것이니라.
29 그가 도둑이 아니요, 도둑 잡으라 소
리 지른 자, 그리고 순박한 나의 백성
을 도둑이라 한 자들, 너희들이 정녕
진짜 도둑이라는 것을 나의 피조물 만
백성들이 알게 되니,
30 그때 너희들이 임시로는 모면했을지
모르나, 그를 깨닫고 나의 피조물 만
백성들이 너희들을 결박할 때, 그 결
박은 너희들이 감히 숨을 쉬지 못할
것임을 알라.

4,778 번째 하나님 말씀

2003년 1월 31일 16시 27분

1 사랑하는 나의 아들아!
2 "네, 아버님! 말씀하옵소서."
3 나의 피조물 만백성 너희들은 똑같은
삶을 살아가되, 너희들 각자 개인이
가슴속에 어떠한 마음의 생각을 가지
고 살며 어떠한 뜻을 담고 사느냐에
따라서 너희들은 천태만상으로 사람
이 구분되며, 너희들의 생활 자체가

그와 같이 변화의 역사를 이루는 것임
을 알아야 할 것이니라.
4 너희들 가슴속에 무엇을 생각하며 어
떠한 마음을 담고 살며 그리 가는지가
얼마나 중요한 것인가를 너의 제자들
은 먼저 깨우쳐,
5 너희들 마음속에 갖고 있는 그 생각이
아름답고 더 고귀해야 함을 알아야 할
것이니라.
6 너희들 삶을 좌우하며 너희들의 삶을
이끌어 가는 그 모두요, 실패요, 성공
으로써 이끌어지는 그 모두의 행동함
에 있어서도 너희들의 마음에 어떤
생각을 담고 있느냐가 연결됨이며,
그 연결의 고리에서 벗어날 수가 없기
때문인 것이니라.
7 너희들이 행동함에 있어서 어찌 소중
히 하며 어찌 선행을 하며 악을 행하
느냐 그 모두도 너희들 마음속에 달렸
음이니, 이는 곧 무엇이던가?
8 너희들이 구원의 길을 갈 것이냐 지옥
의 길을 갈 것이냐 그것도, 너희들이
구원의 길에 갈 수 있는 선을 생각하
고 있다면 그리 갈 수 있는 것이며, 악
한 생각을 하고 있다면 지옥 불로 가
는 것이 당연한 것이 아니던가?
9 말로써만 믿음의 길을 가며 말로써만
구원을 받는다 말하며 그와 같은 생각
을 가지고 있는 자는 말로써 기도하며
말로써 경배하며 그것으로써 다 끝날
것이니라.
10 세상 것을 말로써 다 줄듯이 청산유수
와 같이, 천사요, 아름다운 백성이요,
군자와 같은 모습으로써 말로는 다
하나 행동은 그와 같이 못 함이니,
11 진정한 너희들의 가슴속에 가지고 있
는 마음의 다스림이 그와 같이 소중함
을 알아야 할 것이니라.
12 지금 믿음은 어디에 있는가?
13 지금 나의 피조물 만백성을 구원하는
그 역사를 이룬다는 종교 집단들은 수
천 년 동안 흘러오면서 과연 어디에
와 있으며 어찌 흘러가는가?
14 나의 아들의 목숨을 바쳐 내가 구원하
고자 했던 그 백성들, 많은 기적과 역
사를 이루면서 내가 구원하고자 했던
나의 백성들, 나의 아들 예수를 대신
하며 나를 대신하여 만백성을 구하고
하늘에 오르는 길로 인도한다는 믿음
의 집단이요, 지도자들은 과연 그들의
자리가 어디에 있으며, 어디쯤 와 있
으며, 그들의 마음속에는 무엇을 생각
하고 있는가 너희들은 이를 알아야 할
것이니라.
15 나 여호와가 무엇을 원하는 것이며 내
가 무엇을 이루고자 하는가를 정녕 가
슴에 새겨 두고 살아가는 것이 지금의
종교 지도자들이던가?
16 나 여호와를 역행하며 나 여호와를 능
멸하는 그와 같은 죄를 짓고 살며,
17 너희들의 육의 안일만을 위하여, 너희
들이 좀 더 큰 성전을 위하여, 많은 백
성 앞에 너희들이 군림하여 그들을 호
령하기 위하여,
18 많은 재산을 긁어모으며 재물을 긁어
모으고자 하는 그와 같은 마음의 생각
에서 너희들이 너희 가슴속에 그와 같
은 생각을 담고 살아간다면, 너희들이
아무리 예배하며 기도해도 그것은 진
실함이 아니요,

19 아무리 너희들이 설교를 한다 하여도
너희들의 마음속에 담고 있는 것이 재
물을 모으고자 하는 생각이요, 사악한
생각을 하고 있다면 그것은 진실로써
전해질 수 없는 것이며, 다 위선임을
너희들은 알아야 할 것이니라.
20 그러니 이제 나로부터 선택된 너를 따
르는 제자들이요, 만백성 너희들은 너
희 가슴속에 담아 있는 그 생각부터
정립하며,
21 그 가슴에 담는 생각이요, 마음을 아
름답게 다스리는 그와 같은 삶을 살아
가도록 그리 훈련하도록 전하라, 사랑
하는 나의 아들아!
22 그곳에서 너희들이 악과 선을 구분하
며, 너희들이 구원이며 실패의 그 갈
림길은 바로 너희들 가슴속에 가지고
있는 마음이니라.
23 죄를 짓고 안 짓는 것이 너희들의 마
음가짐에 달렸음이라는 것을 잊지 말
도록 그리 전하라.

4,779 번째 하나님 말씀

2003년 1월 31일 16시 36분

1 사랑하는 나의 아들아!
2 "네, 아버님! 말씀하옵소서."
3 나 여호와의 뜻인 성경이요, 내가 만
백성을 구원하며 심판하고자 지금 내
려보내는 새로운 성경이요, 내가 나의
아들에게 '하늘에 오르는 길'이요, '하
나님! 말씀하옵소서'라는 이 책을 법
전이라 하여 이를 160권을 세상에 내
려보냄이니,
4 구약 시대의 그 성경이요, 신약 시대
의 그 성경이요, 지금 내가 나의 아들
을 통하여 내려보내는 새로운 160권
의 성경, 이 모두는 그 내용이 다 같음
이니라.
5 거기에서 담고 있는 그 내용은 나 여
호와의 메시지이기에, 과거가 거기에
기록되었으며 현재를 볼 수 있으며 너
희들의 미래를 동시에 볼 수 있으며
표현할 수 있도록 그리 기록되었음을
너희들은 알아야 할 것이니라.
6 창조주 나 여호와가 구약이요, 신약이
요, 나의 법전을 너희들을 구원하고자
세상에 내려보냄이니,
7 이를 너희들이 아름다운 마음으로써
정독할 때, 과거를 알 수 있으며, 현재
를 알 수 있으며, 미래를 너희들이 다
볼 수 있으며, 미래의 뜻을 읽을 수 있
는 것이 나의 성서의 뜻이라는 것을
너희들은 알아야 할 것이니라.
8 그리하여 기록하여 전하는 것이 그 모
두를 알 수 있도록 나 여호와가 세상
에 내려보냈음을 너희들은 알아야 할
것이니라.
9 그리하여 진정한 지도자는, 너희들의
종교 집단 속에서 나의 피조물 만백성
을 일깨우는 자는 현재만을 알아서도
아니 되며,
10 거기에 쓰여 있는 종이와 글만을 가지
고 알아서도 안 되며,
11 또한 너희들이 과거를 모르면 안 되며,
12 앞으로 이루어질 미래의 역사를 모른
자는 종교 지도자가 아님이니라.
13 그렇다면 정녕 너희들을 구원하는 성
경이라 하면, 나 여호와의 뜻이요, 나
의 말씀이라 한다 하면 과거와 현재와

미래를 다 표현하며 그를 알 수 있도
록 내려보내는 것이 당연한 것이 아니
던가?
14 그렇다면 나로부터 선택된 진정한 지
도자는 과거, 현재, 미래의 그 이루어
지는 모두의 내가 표현한 그 뜻을 아
는 자가 바로 나로부터 선택된 자임을
너희들은 알아야 할 것이니라.
15 그러기에 너희는 이를 알 수가 없으
며, 알 수 없다 말하느니라.
16 나로부터 선택된 종교 지도자가 아니
요, 나로부터 명받은 자가 아니요, 나
로부터 대명을 받은 자들이 아니기 때
문에 너희들은 이 깊은 뜻이요, 비유
의 뜻을 알 수도 없으며 알 수 없다 말
함이니, 그러기에 너희들이 계명대로
못 지킨다 그리 말하느니라.
17 과거, 현재, 미래의 내가 이루고자 하
는 그 모든 위대한 역사의 그 두려움
과 무서움을 안다면,
18 내가 이루고자 하는 그 성서에 기록된
참뜻이요, 내가 역사하고자 하는 것을
너희들이 안다면,
19 하늘의 두려움을 알며 나의 심판이 두
려움을 알며 나 여호와가 존재함의 두
려움을 알며 위대함을 안다면,
20 너희들은 성서 내용대로 살 수 없다,
계명을 지키지 못한다 그리 말할 수
없음이니라.
21 너희들이 인간 세속에 살아가면서 엄
한 부모요, 부모를 무섭게 아는 자, 부
모가 반드시 지켜야 할 것을 내렸을
때, 아무리 힘들고 어려운 길이라도
그 자식이 그를 거부하며 등을 돌리는
가?
22 부모를 무시하며 부모 어려운 줄 모르
며 부모를 존경할 줄 모르는 자, 부모
가 말할 때 그를 거부하며 따르지 아
니하니,
23 창조주요, 나 여호와가 너희들의 영혼
을 구원하는 그 십계명이요, 나의 율
법을 내려보내며, 새로운 성경을 내려
보냈으며, 구약과 신약을 내려보내 그
대로 힘들고 어려운 것을 지키고 살라
내가 너희들에게 명하였음이니,
24 너희들이 이를 지킬 수 없다 말하는
것은 나 여호와의 무서움을 모르며,
두려움을 모르며, 너희들이 내가 이루
고자 하는 그 역사의 성경의 그 속 내
용을 들여다볼 수 없기 때문에 감히
그와 같이 너희들이 말을 하는 것임을
알아야 할 것이니라.
25 너희들의 마음이 천사와 같아졌을 때,
나의 마음과 같이 되었을 때, 예수의
마음과 같이 되었을 때, 지금 새로운
성경을 기록하는 나의 아들의 마음처
럼 하얗게 변해 갈 때, 너희들은 나의
진정한 뜻을 알 수 있을 것이니라.
26 그와 같지 아니한 자는 절대로 이 성
경이요, 내가 새로 내려보내는 성경을
알 수 없으며,
27 너희들이 이를 안다는 것은 불가능하
다는 것을 알아야 할 것이니라.
28 나 여호와의 믿음 그 자체가 나를 너
희들이 그대로 믿고 따르는 것이 아니
요,
29 내가 너희들에게 지키고 살라 하여 내
리는 새로운 성경이요, 내가 내려보낸
그 십계명이요, 모든 성경을 너희들이
거부하며 지킬 수 없다 하는 것은 나

여호와를 경멸하며 나를 능멸하며 나
를 거부하는 자들이니,
30 나를 거부하고 경멸하며 능멸하는 행
위를 서슴없이 행하는 것이 지금 너희
들 종교 집단이니라.
31 너희들이 십계명대로 지킬 수 없으며
살 수 없다, 성서대로 지키고 살 수 없
다, 내가 새로 내려보낸 성경대로 지
키고 살 수 없다 하는 것이 너희들이
바로 나를 거부하는 것이며,
32 나를 능멸하는 말을 하면서도 죄인 줄
도 모르며 서슴없이 그리 감이니,
33 너희들이 그리 부르짖고 그리 전함으
로 나의 순박한 백성, 순수한 평신도
까지 지옥으로 이끌어 가니, 너희들이
가장 사악한 자요, 가장 악마요, 잘못
된 자들임을 알아야 할 것이니라.
34 과연 그렇다면 너희들이 지금 어떠한
집단이 이러한 형태로써 끌고 가는가?
35 어떠한 종교 집단이 나의 십계명대로
지킬 수 없으며 나의 계명대로 지킬
수 없으며 나의 성경대로 그 어려운
구절을 지키고 살아갈 수 없으며, 내
가 내리는 새로운 성경대로 심판의 법
전을 지키고 살 수 없다 말하는 것이
던가?
36 그리고 참진리가 세상에 내려왔을 때,
이것을 사탄이요, 이단이요, 사악한
자의 장난이라 하여 나의 사랑하는 백
성의 눈과 귀를 막으며,
37 그들을 우리에 가둬 놓은 짐승처럼 그
저 가둬 놓고 때가 되면 먹이를 주는
것처럼, 너희들이 설교하고 강론하는
것만이 먹고살 수 있는 것이며 하늘에
오를 수 있는 길이라 그리 협박하며
공갈하며 그들을 잡아 놓고 이끌어 가
는 사악한 자들이 과연 누구인가?
38 내가 그와 같이 사악한 자들을 더 이
상 볼 수 없기에 내가 지금 심판을 시
작하였으며, 그들을 단죄하고자 내가
역사하였으며, 나 여호와가 직접 지배
함을, 너희들이 이 무서움을 알아야
할 것이니라.
39 이를 보지도 못하고 깨우치지도 못하
는 백성, 너희들이 어떠한 결과를 초
래하는 것인가를 죽어 왔을 때 알게
될 것이니,
40 그 기간이 얼마 남지 않은 자들이 너
희들임을 알라.

4,780 번째 하나님 말씀

2003년 1월 31일 16시 47분

1 사랑하는 나의 아들아!
2 "네, 아버님! 말씀하옵소서."
3 내가 나의 법전에 기록하여 너에게 전
하기를, 믿음의 길을 가는 백성은 어
떠한 종파에 속해 있든 모든 종파를
하나로 보며 가슴에 안는 넓은 마음으
로써 믿음의 길을 가는 것이 기본이
요, 기초라 하였음이니라.
4 제 것만이 우선이요, 제 것만이 최고
라는 그 편협된 믿음으로 가는 자는
어떠한 종파에서 그 믿음을 갖든 그건
진정한 종파의 믿음의 길을 가는 것이
아니라 하였음이니라.
5 너희들이 나로부터 어떠한 종파를 믿
고 안 믿는 게 중요한 것이 아니요,
6 너희들이 한 형제로 더불어 살아갈 수
있도록 내가 세상에 너희들에게 생명

을 준 그것보다도 소중한 것이 없으니,
7 그 앞에서 너희들이 종파가 소중하고
안 소중함을 따지지 말라 하였음이니
라.
8 너희들이 형제요, 한 핏줄을 가진 백
성은 아니나, 나로부터 영혼을 나눠
가진 백성들이니,
9 너희들이 핏줄을 나눈 백성 못지않게
한 형제라 내가 말하지 아니하였던가?
10 그러니 나로부터 한 형제로서 생명을
받아 세상에 살아가는 너희들이 그 형
제의 우애요, 정보다 더 소중한 것이
없음이니,
11 어떠한 종파에 속해서 어떠한 옷을 입
고 그가 무슨 짓을 하든 그것은 잠깐
옷을 바꿔 입은 것이라 내가 그리하였
으니,
12 그 옷을 벗어 던졌을 때, 원모습이 똑
같은 너희 형제가 아니더냐?
13 그리하여 모든 종파를 가슴에 안는 그
와 같은 자가 진정한 믿음의 길을 가
는 자며, 나를 향하여 달려오는 자라
그리 말하였느니라.
14 나 여호와는 모두를 다 감싸며 모두를
사랑하거늘, 어찌하여 나에게 오르는
백성이요, 나에게 오는 믿음을 가르치
는 지도자라는 너희들이 편파적이며,
15 백 중에서 하나도 못 보는 그와 같은
어리석음 속에서, 백을 버리고 하나가
소중하며 아흔아홉 개는 아무것도 아
니다 그리 울부짖는가?
16 그와 같은 믿음을 갖지 말라 하지 아
니하였던가?
17 모두를 가슴에 안으라 내가 그리 말하
였느니라.
18 나 여호와가 너희들에게 전하는 것은
바로 무엇이더냐?
19 참진리이니라.
20 편협한 진리가 아니요, 하나만 가르치
는 것이 아니요,
21 모두가 영원히 불변하는 그와 같은 아
름다운 나의 뜻, 그것이 바로 참진리
라 하지 아니하였던가?
22 그리하여 나 여호와의 뜻은 상대성이
있어서는 아니 되는 것이니라.
23 상대성이 있으면 아니 되는 것이 참
진리이며, 거기에 이유가 있으면 아니
되는 것이 참진리이며 갑론을박할 수
없는 것이 참진리이니,
24 상대성이 있어서는 아니 되는 것이 진
리라 내가 너희들에게 가르침이니라.
25 너희들은 과연 어찌 가는가?
26 지금의 종파들은 과연 어찌 가느냐?
27 종파를 갖지 말라 내가 너희들에게 말
한 그 이유를 이제 알겠는가?
28 내가 나의 아들에게 종파를 하나 가
지라 하면, 너희들처럼 그 종파 속에
만백성을 모이라 하면 쉽고 간단하게
그 길을 갈 수 있으나,
29 나의 아들에게는 종파를 두지 말라 하
였음이니라.
30 오로지 '하나님! 말씀하옵소서', '하늘
에 오르는 길'이라는 이 법전이요, 이
책을 갖고 만백성을 내가 구하라 하였
음이니, 종파를 갖지 못하는 그 뜻이
여기에 있음이니라.
31 너희들이 아무리 깨끗하고 아름답게
간다고 해도, 너희들은 종파를 가지고
있다 하면 결국은 반대가 있다는 것이
아니던가?

32 반대요, 상대성이 있는 것은 진정한
참진리의 아름다움을 추구할 수가 없
기 때문이니라.
33 결국, 반대가 있다면 그를 반대하는
것을 찬성하는 자가 있음이니,
34 찬성과 반대가 서로 양립되어야 한다
면 너희들은 여기서 이성을 잃게 되
며, 감정이 앞서게 되며,
35 너희들 자신의 개인의 이익을 먼저 생
각하지 아니할 수 없으며,
36 나아가서 너희들이 속해 있는 그 집단
의 이익을 먼저 생각하지 아니하면 아
니 되는 것이 나의 백성 너희들이 살
아가는 것이기에,
37 여기에 찬반이 양립될 때는 너희들이
한쪽을 선택하게 되어 있음이니,
38 그리하여 너희들은 하나가 될 수 없으
며, 소속된 집단이요, 개인의 영리요,
이익을 위해서 고집을 갖게 됨이니라.
39 그리하여 상대성을 가질 수 있는 종파
를 갖지 말라 하였으며, 그리하여 종
파가 없이 너희들의 가슴에 안고 만백
성을 사랑하고 이끌어 가는 그와 같은
형국으로 가라 내가 하였음이니라.
40 종파를 가지고 있는 자, 모순이 있음
을 알아야 할 것이니라.
41 종파를 가지고 있음으로써 모순이 발
생하게 되며, 그로 인하여 서로 그 종
파를 위하여 너희들은 그 모순을 위하
여 이기주의자로 변하게 되며,
42 이기주의로 변하는 너희들은 상대방
의 이익을 거부하며, 제가 먼저 이익
을 추구하며,
43 상대의 이익이요, 상대의 아름다움이
요, 상대의 이루어지는 그 모두를 너
희들은 보지 못하는 그와 같은 욕심의
마음으로 변화됨이니,
44 정녕 정의로움이 없어지며 정의로움
에 움직일 수 없으며 정의로움이 지탱
될 수 없음이니, 이는 곧 무엇이더냐?
45 나의 참진리가 무너지는 것이며, 나의
뜻이 무너지는 것이 바로 여기에 있음
이니라.
46 그리하여 너희들의 소속된 종파만이
위대하며 그것만이 하늘에 오르는 길
이라 그리 말하기에 너희들이 지금 모
두를 보지 못하고 정적과 같은 사회가
되었으며,
47 너희들이 같은 성경을 가지고 공부하
며 같은 종파의 이름을 가진 자들 그
속에서도 서로 음해하고 시기하는, 제
가 아니면 아니 된다는 그와 같은 상
대성의 논리 속에 너희들이 빠져들어
가고 있음이니라.
48 어려울 때는 어려울수록 참진리를 들
여다보기가 어렵게 되어 있음이니라.
49 상대성이 있을 때는 정녕 어려워 그
속을 들여다보지 못하며 들여다볼 수
없는 것이 너희들이니,
50 거기서 어찌하여 참진리를 찾으며 아
름다운 그 진리의 길을 갈 수 있다 말
하는가?
51 정녕 갈 수 없음이니라.
52 지금 어느 집단이든 적을 만들게 되어
있음이니라.
53 집단이 존재하며 그 집단의 덩어리가
있으며 그 이름이 있을 때는 그를 반
대하는 자가 있음이니라.
54 그리하여 너희들은 그 집단의 울타리
를 쳐 놓고 저만의 울타리가 소중하며

저만의 울타리만이 위대한 것이라 그
리하여 그 집단은 폐쇄적으로 흘러가
게 되어 있는 것이 너희들이니라.
55 그러하니 이웃의 깨우침이요, 이웃의
가고 있는 그 아름다움이요, 숭고함을
볼 수 없으며,
56 나 여호와가 만백성에게 똑같이 내려
보내는 그 참진리를 보지 못하며 그
길을 가지 못하는 것이 너희들이니,
57 어찌하여 너희들이 나의 뜻대로 살아
간다 말할 수 있는가?
58 그와 같이 상대성을 이루는 종파의 이
름을 가지고 그 종파에 연연하는 자,
너희들은 믿음을 위해서 충성하고 믿
음을 위해서 사는 것이 아니요, 그 종
파의 위대성을 세상에 알리기 위하여,
그 종파 속에 숨어 있는 너희들의 이
익을 위하여, 종파에 속해 있는 너희
들의 위대함을 남에게 알리기 위하여
종파를 지키기 위한 그와 같은 믿음으
로 전락됨이니,
59 참진리의 믿음으로 가지 못하고 있음
을 알아야 할 것이니라.
60 모든 종교 집단이 상대를 잠식하려는
그 꿈속에만 있음이니라.
61 그리고 거기에만 모두를 연연하고 있
음이니라.
62 너희들은 모든 종파를 잠식하여 너희
들 것으로 만드는 그와 같은 꿈을 꾸
게 되며, 그 꿈속에 그 환상 속에서 지
금도 살아감이니,
63 너희들이 그 환상이요, 꿈에서 깨어나
지 아니한다면 정녕 하늘에 오를 수
없음이니라.
64 너희들 종파의 집단을 가지고 있는 자
들이 남의 종파를 잠식하려는 그와 같
은 생각을 버려야 할 것이니라.
65 그들 또한 너희들을 잠식하고자 노리
고 있기 때문이니,
66 상대가 있음이니, 너희들이 하나가 될
수 없음이니라.
67 서로 상대를 존중하며 그 속에서 아름
다움을 찾으며, 너희들이 종파를 초월
하여 정녕 토론과 연구를 거쳐 나 여
호와의 참진리를 찾는 길을 가는 것이
나의 백성이요, 너희들이 만백성을 구
원하는 길이며, 너희들이 나 여호와의
뜻에 따라 사는 길을 가는 것임을 잊
지 말라.
68 저만이 살 수 있고 저만이 오를 수 있
다는 그와 같은 생각을 가지고 있는
백성, 너희들이 지옥으로 가는 자요,
죽음으로 가는 백성임을 알라.
69 저만이 최고요, 저만이 위대하며 제가
가지고 있는 종파만이 구원의 길이라
는 그러한 생각을 버리라.
70 그리고 넓게 보라.
71 그리고 상대방을 존중하며, 상대방의
참진리를 들여다볼 수 있는 그와 같은
너그러운 마음을 갖고 너희들이 서로
다스리고 연구할 때, 하나의 길로 갈
수 있음을 알라.
72 하나의 길로 가는 것이 너희들 모두가
사는 길인 것을 저버리지 마라, 사랑
하는 나의 백성들아!

4,781 번째 하나님 말씀

2003년 1월 31일 16시 56분

1 사랑하는 나의 아들아!

2 "네, 아버님! 말씀하옵소서."
3 이 세상 많은 그 종파 중에서 너희들
기독교라 하는 그 종파만이 유일한 구
원의 종교라고 가르치는 지도자, 그리
고 그 종교의 집단,
4 그렇게 알고 또 믿고 그 길만이 구원
의 길이라 하여 맹종하고 맹신하며 살
아가는 사랑하는 나의 피조물 만백성
평신도, 너희들이 그 집단에서 깨어나
야 함을 알아야 할 것이니라.
5 그 집단의 흘러가는 그 모두를 너희들
이 구석구석 헤쳐 볼 것이며, 종교 지
도자가 한 점의 부끄럼이 없이 정녕
하늘의 뜻만을 행하며 지키고 살아가
는 것인가를 너희들이 우선 그것을 들
여다보도록 그리해야 할 것이니라.
6 그러다 보면 무엇이 진정한 길이며 어
떠한 것이 나 여호와에게 오르는 길인
가를 너희들이 우선 한둘을 발견하게
될 것이며, 너희들의 마음이 열리기
시작할 것이니라.
7 너희들은 지금 어찌 믿고 가는 것인가?
8 너희들이 가는 종교만이 가장 위대한
종교 집단이요, 유독 너희들만이 구원
을 받는다 하여 극성을 부리고 있는
것이 너희들이니라.
9 너희들은 참진리가 아니요, 지금 너희
들이 믿음의 길을 가고 있는 그 종교
의 집단이 죽음의 길을 가고 있다는
것을 알아야 할 것이니라.
10 너희들이 나에게 왔을 때 그때는 그
모두를 알게 될 것이니, 너희들이 죽
어 나에게 와 심판을 받을 때 어찌하
려 하는가?
11 너희들은 반드시 나에게 와서 심판을
받는 그 세월의 삶은 지금 너희들이
육이 존재하는 이 세상의 세속의 삶에
서 어찌 살았느냐가 가장 중요하거늘,
12 너희들은 어찌하여 이 중요하고 소중
한 세월을 허송세월하고 있으며 잘못
보내고 있으며 잘못 믿음에 매달려 지
옥 불로 달려가는가?
13 지금 너희들이 허송세월하며 흘려보
내는 이 세월이 얼마나 소중한 것이며,
14 너희들이 영원히 사는 그 생명을 얻고
못 얻으며, 다시 태어나느냐 태어나지
못하느냐 하는 그 기로에서 너희들이
지금 하루하루를 살아가거늘,
15 어찌하여 이 시간이, 육의 세상의 삶
이 그리 소중한 것을 모르고, 육의 행
함은 별것이 아니요, 그저 말로써 믿
음을 부르짖으면 구원을 받는다 하여
이와 같이 소중한 세월을 그리 무의미
하게 흘려보내는가?
16 너희들이 지금 무의미하게 속아서 흘
려보내는 그 세월은 다시는 돌아오지
아니하며 영원히 돌아오지 아니함이
니,
17 너희들이 구원을 얻을 수 있는 기회조
차도 잃어버리는 것이며, 너희들이 다
시 그를 움켜잡고 아무리 몸부림쳐도
그는 돌아오지 아니함이니라.
18 너희들이 지금 허송세월하는 그 세월
이 구원을 받을 수 있는 그 기회를 잃
어버리고 있으며, 그 길은 서서히 지
금 흘러가고 있음이니,
19 그 세월이 흘러감에 따라서 너희들은
바로 어디로 가는가?
20 죄라는 그 굴레를 가슴에 안고 나에게
와 심판을 받아 지옥 불로 가는 것이

너희들이니 이를 깊이 깨우쳐야 할 것
이니라.
21 너희들은 알아야 할 것이니라.
22 이 세상 모두는 나의 뜻에 의해 존재
함을 알라.
23 이 세상이 존재하는 그 모두는 나의
뜻에 의하여 존재한다는 것을 너희들
이 안다고 생각하면, 그 이치 하나만
너희들이 가슴을 열고 들여다봐도 나
의 법전이 세상에 내려가는 것을 너희
들이 두려워할 것이 없으며, 그것이
잘못된 것이라 말할 필요가 없음이니
라.
24 이단이요, 사탄이라는 것을 말하지 말
며, 너희들이 한번 접하여 깨우쳐 그
속을 들여다보면 너희들이 또 마음을
열게 될 것이거늘, 어찌하여 그를 보
지 아니하는가?
25 지금의 이 세상의 모든 변천의 역사가
나 여호와의 뜻에 의함이니,
26 내가 시대의 변화에 따라서 개혁하며
변화를 이루고자 하는 것도 내가 필요
하다 느꼈을 때, 내가 필요하기에 그
와 같은 시행과 시도를 함을 너희들은
그리 알아야 할 것이니라.
27 지금 내가 마지막 시대에 새로운 개혁
과 변화의 필요를 느끼며 그 역사를
이루기 위하여 내가 나의 아들을 통하
여 새로운 성경을 세상에 내려보냄이
니,
28 너희들은 어찌하여 이 소중한 것을 받
아들이려 하지도 아니하며, 이를 보고
깨우쳐 너희들이 구원을 받으려고도
하지 아니하는가?
29 너희들같이 어리석고 우매한 아집의
백성들이 없음을 너희들은 알아야 할
것이니라.
30 나 여호와가 너희들에게 간곡히 간곡
히 부탁하며 애절한 마음으로써 나의
뜻을 전함이니,
31 너희들은 나의 이 뜻을 외면하지 말며
이를 들여다보고 깨우치는 그 나의
바람을 얻도록 하라.
32 너희들이 육의 세상에 사는 부모도 자
식이 잘못 가며 암흑이요, 지옥의 세
계로 가는 것을 원하지 아니하며, 그
길로 부모가 인도하는 자 있겠는가?
33 창조주 나 여호와가 너희들을 어찌 바
라보며 어찌 원하는가?
34 너희들은 한번 들여다보라.
35 간곡히 내가 내리는 새로운 성경이 너
희들의 구원의 길이라는 창조주 너희
들이 말하는 어버이요, 아버지의 이
애절한 뜻을 너희들이 한 번만 들여
다봐 주라.
36 너희들이 나를 아버지라 부르며 전지
전능한 아버지라 부른다면, 이것이 사
탄이어도 좋고 마지막 거짓 선지자라
하는 것도 좋으니, 이를 너희들이 한
번 들여다보도록 하라.
37 그리하여 거기서 예수를 거부하며 나
여호와를 거부하는 그와 같은 말이 있
거든 너희들이 부정해도 좋으니라.
38 다시 한 번 내가 너희들에게 전하니,
39 나의 법전에 기록하여 너희들을 깨우
치고자 전하는 나의 성령의 뜻이 나
여호와가 존재하지 않는다 하며 나 여
호와를 부정하며 그리고 나의 아들 예
수를 부정하는 내용이 거기에 있거든,
너희들은 이를 덮어 두라.

40 그러나 만일 거기에 부정함이 없으며
나의 아들을 욕함이 없으며 나를 경멸
하는 내용이 없거든, 너희들은 이것이
나 여호와의 뜻이요, 너희들을 구원하
는 길이라는 마음으로 고쳐먹도록 그
리하라.
41 내가 지금 굳어져 있는 너희들의 마음
을 열고자 하며, 너희들이 폐쇄되어
앞을 보지 못하는 그 눈을 열어 주고
자 하여 내가 오늘 나의 아들을 통하
여 이렇게 구원의 길을 내려보냄이니,
42 이를 귀히 생각하며 깨달아 구원의 길
을 얻도록 하라, 사랑하는 나의 아들
딸들아!

4,782 번째 하나님 말씀

2003년 1월 31일 17시 17분

1 사랑하는 나의 아들아!
2 "네, 아버님! 말씀하옵소서."
3 나 여호와가 만백성들이 자유로이 행
복과 즐거운 삶을 살도록 만든 이 세
상이 모두가 썩을 대로 썩어 이 지상
이 파괴되어 가고 있으니, 이를 바라
보는 나 여호와의 심정이 과연 어떠하
겠는가?
4 내가 이 동식물의 모두를 지배하고 관
리하도록 세상에 가장 아름다운 모습
으로써 창조한 나의 백성 너희들이 바
로 이 지상을 썩게 하였으며 이 지상
을 파괴하는 주범이 되었으니,
5 너희들은 나 여호와의 이 아픈 심정을
과연 알고 있는가?
6 너희들은 나의 이 아픈 마음의 심정을
들여다보는 그와 같은 마음 자세로써
오늘 생각하는 그와 같은 백성들이 되
어야 함을 잊지 말라.
7 나의 법전을 세상에 내려보내 너희에
게 마지막 이 기회를 줌으로써 내가
너희들을 바로 세우고자 하는 것이 나
의 뜻이니라.
8 썩을 대로 썩었으며 무너질 대로 무너
진 나의 백성 너희들을 바로잡을 수가
없음이니라.
9 다른 종파요, 남들이 무어라 하든 나
로부터 선택된 백성, 나의 아들을 따
르는 제자 너희들은 나의 법전을 만들
어 만백성에게 전하며 그들을 깨우치
는 일에 최선을 다하여야 할 것이며,
10 너희들 모두는 이를 위하여 너희들의
모두를 희생하는 그와 같은 삶으로 살
아갈 때 너희들이 무엇인가를 이룰 수
있음을 알라.
11 세상이 썩어져 가며 점점 무너져 가는
이를 막을 수 있는 것은 내가 나의 아
들을 통하여 내리는 법전이요,
12 이를 전하고 전하는 백성 너희들뿐임
을 알아야 할 것이니라.
13 너희들이 나의 법전을 완벽하게 만들
어 최선을 다하여 세상에 나의 법전을
전하여,
14 이 법전이 하얀 눈이 세상을 덮듯이
세상을 덮을 때,
15 너희들은 그때가 바로 만백성을 구하
는 역사가 시작됨을 알아야 할 것이니
라.
16 너희들이 하얀 눈이 세상을 덮듯이 나
의 법전을 전해서 이를 보고 깨우치는
백성들이 그때도 변화되지 아니하며
깨우치지 못한다면, 이 아름다운 지상

의 낙원은 건설될 수 없으며,
17 그와 같은 내가 이루고자 하는 새로운
역사요, 하늘에서 이루어진 것같이 이
루어지는 지상의 낙원은 이루어질 수
없다는 것을 알아야 할 것이니라.
18 사악한 악의 세상이 되어 버리며 천국
의 나라가 될 수 없음이니라.
19 너희들이 바로 서고 나의 법전을 온
세상에 덮는 그 역사를 이룰 때, 그때
만이 그 모두가 다 이루어질 수 있는
기틀이 잡히는 것을 알아야 할 것이
니라.
20 지금까지 나의 법전을 읽고 깨우치며
그래도 변하지 않는 백성들이 이 세상
을 지배하며 사악한 자들이 존재하는
이 세상이 될 때,
21 그때는 나 여호와 또한 너희들을 더
이상 구제할 길이 없으니,
22 나의 피조물 만백성 너희들로부터 손
을 떼게 됨이니라.
23 내가 너희들이 마지막 이 기회를 접어
손을 뗐을 때, 그때 너희들은 이 지상
의 낙원이 얼마나 고통스러우며 황폐
하게 되며,
24 모든 동식물은 그 생명을 잃게 되며
존재하지 못하는 그와 같은 현상이 이
루어진다는 것을 너희들은 알아야 할
것이니라.
25 지금 나의 뜻을 알지 못하며 내가 새
로운 성경까지만 나의 뜻을 전하여 세
상에 전하니,
26 너희들이 이를 바로 보고 바로 깨우치
지 아니하며 지금의 종교 집단 너희들
의 오만과 자만에 의하여 나 여호와를
저주하며,
27 마지막 기회를 주는 나의 법전까지
사탄이라 말하는 정말 사악한 씨앗의
악마들이 계속 존재하며 기승을 부리
며 나의 법전이 세상에 나가지 못하게
한다 할 때,
28 나 여호와의 마음은 더 이상 인내할
수 없으며 나의 아픈 마음을 달랠 길
이 없다는 것을 너희들은 알아야 할
것이니라.
29 내가 더 이상 인내할 수 없는 그와 같
은 형국으로 변했을 때
30 나 여호와가 얼마나 무서운 재앙으로
써 이 세상의 손을 놓는 것을 너희들
은 알아야 할 것이니라.
31 그와 같은 재앙이요, 무서운 변화를
막기 위하여 내가 너희들을 선택하였
으며, 나의 법전의 160권을 내가 시간
을 다퉈 만들어 너희 손에 전하여 만
백성에 전하도록 그리함이니,
32 이는 바로 이 세상에 사악한 씨앗이
씨를 내리지 못하며 자리를 못 잡게
하게 함이니,
33 그와 같이 너희들이 역사를 이룰 때
나 여호와의 아픈 마음을 달래는 것이
며 나에게 기쁨을 주는 것이니 그리
알라.
34 나는 그때를 기다리며 너희들이 그리
할 수 있다 생각하며 그 역사를 이룰
수 있으리라 나는 너희들을 믿음이니
라.
35 너희들이 법전을 만드는 데 최선을 다
하라.
36 그리고 잠시도 게을리하지 말아야 할
것이 너희임을 알아야 할 것이니라.
37 이 썩어져 가는 세상을 바로잡을 것은

나의 법전이요, 너희밖에 없음이니,
38 내가 너희를 사랑한다 함을 내가 나의
아들을 통하여 전함이니라.
39 나의 아들을 따르는 제자, 나의 법전
을 읽고 깨우쳐 이게 정녕 나 여호와
의 뜻이라 믿는 모든 백성 너희를 내
가 사랑하노라.

부 록

【하나님께서 가르쳐 주신 운동】

천재지변이 일어날 때, 동물이나 미물들은 미리 알고 대피하지만, 인간은 알지 못하고 큰 화를 당합니다. 하나님께서 인간에게 가장 높은 지혜를 주시고 완벽하게 창조해 주셨기에 동물들보다 더 잘 알 수 있지만, 욕심으로 마음이 혼탁해져서 한 치 앞을 보지 못하는 것입니다.

마찬가지로, 인간은 누구나 스스로 필요한 운동을 해서 건강을 지킬 수 있도록 하나님께서 만들어 주셨습니다. 우리의 머리에서 우리 몸에 필요한 동작을 해 달라고 끊임없이 신호를 보내지만, 인간이 혼탁하게 살아서 그 신호를 알아채지 못합니다. 그러니 자연스럽게 자기 몸이 원하는 그 신호를 따라서 운동하는 것이 하나님께서 가르쳐 주신 운동 방법입니다. 바로, 우리의 영이 육을 이끄는 운동입니다.

▶ 하나님 운동법

1. 눈을 감고, 발을 어깨너비로 벌리고 바르게 선다.
2. 몸에 힘을 풀고, 허리를 숙이면서 손과 머리를 아래로 내린다.
3. 허리를 펴고 싶을 때, 천천히 펴면서 하고 싶은 동작을 하면 운동이 시작된다. (사람마다 다르다.)
4. 멈추지 말고, 어떤 동작이든지 자기 몸의 느낌대로 계속 이어서 한다.

▶ 참고 사항

① 눈을 감은 상태로 아무 생각 하지 않고, 자기 몸의 느낌대로 움직입니다.
② 마음을 비우고, 욕심을 버리고, 지난날의 잘못을 반성하면서 몇 차례 시도하다 보면, 자기도 모르게 하고 싶은 동작이 끊임없이 생깁니다.
③ 운동 장소는 방 안이든 운동장이든 관계없으며, 걷거나 달리고 싶을 때는 눈을 떠도 됩니다.
④ 매일 40분 이상, 주 4회 이상, 3개월 이상 하면 음식 조절에 들어갑니다.
- 음식으로 생긴 병은 음식으로 치료하게 되며, 어떤 음식을 먹어야 하는지 스스로 알게 됩니다.
(자기 몸에 필요한 음식만 먹고 싶어집니다.)
⑤ 사랑하는 사람과 함께 운동하면 서로 치료해 주기도 합니다.
⑥ 운동을 하다가 몸의 어느 한 부분을 계속 손으로 자극한다면 그쪽에 이상이 있는 것이니, 의사에게 상담을 받고 적절한 치료를 받으면 됩니다.
⑦ 다이어트 및 기타 건강관리에 효과적입니다.
⑧ 꾸준히 운동하여 영이 맑아지면, 자신의 과거와 미래를 스스로 보게 됩니다.

누구나 스스로 하실 수 있습니다.

간 행 사

《새로운 성경》은:

· 새로운 성경은, 하나님께서 선량하고 선한 자를 선택하여 십계명을 암송하도록 하시고, 십계명을 암송한 다음에 음성으로써 들려주시는 말씀을 듣고 그대로 카세트테이프에 녹음해서 받아쓴 책입니다.

· 90분짜리 녹음테이프 700여 개에 달하는 말씀으로, 1999년 8월부터 2004년 7월까지 총 160권(권당 288쪽)을 완성하였으며, 그 이후에도 현재까지 계속 말씀을 내려 주고 계십니다.

· 새로운 성경은 "하늘을 두루마리 삼고 바닷물을 먹물 삼아 쓰고 써도 다 못 쓴다"는, 끝없이 방대한 하나님의 말씀이 두루마리로 직접 내려오는 것입니다. 이러한 새로운 성경은 구약과 신약을 폐하려는 것이 아니라 "인봉된 성서의 비유의 뜻"을 상세히 설명하여 완성하고자 하나님께서 직접 내려 주신 말씀입니다.

《새로운 성경》의 구성:

· 제 목: 2013년, 160권 모음집을 발간하면서, 본 도서의 제목을 "하나님! 말씀하옵소서"에서 《새로운 성경》으로 명해 주셨습니다.

· 단행본: 각 권당 288쪽(신국판) 책이 160권까지 시리즈로 출판됩니다.
(모음집은 단행본을 16권씩 묶어서, 총 10부로 구성됩니다.)

《새로운 성경》의 성경적 근거:

· 신약 성경 [요한복음] 16장 13절에 "진리의 성령이 오시면 그가 너희를 모든 진리 가운데로 인도하시리니 그가 자의로 말하지 않고, 오직 듣는 것만을 말하며" 하신 말씀처럼 하나님의 음성을 들은 것만 기록하였으며,

· "장래 일을 너희에게 알리시리라" 하신 말씀과 같이 개인, 나라, 인류의 "장래"일을 하나님께서 알려 주시는 것만 기록하여 책으로 만들었습니다.

《새로운 성경》의 기록 방법:

· 1999년 8월부터 하나님께서 저에게 들려주시는 음성을 기록하였습니다. 처음에는 제가 들은 말씀을 불러 주면 저의 아내가 기록하여, 2000년 1월 29일에 1권 초판이 세상에 나왔습니다. 2000년 4월부터는 주시는 말씀을 받아 녹음기에 기록하여 시리즈로 출간하기 시작하였습니다.

· 녹음을 시작하면서 하나님의 말씀을 받는 데 가속도가 붙었고, 2001년 5월 3일에 1부(1~16권까지)를 인쇄하여 출판하였으며, 2004년 7월까지 총160권 분량의 말씀을 받아 기록하였습니다.

하나님께서 저에게 주신 것은:

· 첫째, 만백성을 상대로 내려 주시는 "기도", 둘째, 수시로 내려 주시는 "묵상", 셋째, 개인의 과거, 현재, 미래를 알려 주시는 "개인 기도", 넷째, 개인의 건강을 위해서 내려 주시는 "음식 처방", 다섯째, 하나님께서 가르쳐 주신 "운동"등이 있습니다. 이 중에 첫 번째, "기도"를 책으로 편찬하였습니다. 사람의 생사, 개인의 미래에 관한 천기는 수록하지 말라 하셨습니다.

강론 안내:

· 하나님께서는 지금도 매일 저에게 새로운 하늘의 비밀의 말씀을 내려 주고 계십니다. 수시로 내려 주시는 말씀을 정리해서 제자를 육성하라는 말씀에 따라 매주 강론을 하고 있습니다. 누구나 무료로 들으실 수 있습니다. (book160.com)

《새로운 성경》을 읽는 분들에게 드리는 선물:

· 개인 기도: 개인의 과거, 현재, 미래에 관하여 말씀을 내려 주십니다.

· 음식 처방: 사람은 음식을 먹고살다가 건강을 잃으니, 음식과 운동으로 건강을 되찾는 방법을 알려 드립니다. 단, 하나님이 계심을 믿고, 십계명을 지키겠다고 진실로 서약하는 분들께 알려드립니다.

《새로운 성경》의 은혜와 기적:

· 새로운 성경 전160권은 16권씩 묶어서 총 10부의 모음집으로 구성됩니다. 모음집 한 부를 읽고 깨우치는 자에게 하나님께서 다음과 같은 기적이 있다고 하셨습니다.

· "첫째, 그가 죽어 하늘에 갔을 때 그의 죄를 묻지 아니하며, 구원을 받는 위대한 은혜가 있으며, 둘째, 그의 소원과 소망이 이루어지고, 셋째, 죽은 자(부모, 형제, 자식, 사랑하고 은혜 입은 분)의 이름으로 구입한 책을 읽고 누군가 한 사람이 깨우칠 때, 그 죽은 자가 지옥에서 천국으로 구원을 받게 되며, 넷째, 유산, 중절 수술 등으로 태어나지 못한 아이를 위하여 구입한 책을 보고 한 명이 깨우쳤을 때, 그 아이가 사람으로 다시 한 번 태어나는 은혜를 받는다."

· "새로운 성경"을 3회 이상 정성을 다해 정독하는 자, 성서의 비밀을 알게 되고, 세상의 이치를 알게 되며, 세상을 지배하고 통제할 수 있는 지혜를 다 얻게 된다고 하셨습니다. 이 책은 만백성이 정독하고 이웃에게 전하여, 평생 가슴에 묻은 슬픔과 고통의 짐을 벗고 미래를 위한 힘찬 삶을 살아가도록 하는 책입니다.

끝으로

· 하나님께서는 흰 눈이 세상을 덮듯이 새로운 성경을 온 세상에 전하라고 하셨습니다. 《새로운 성경》을 각국어로 번역해서 온 인류에게 구원의 길을 깨우쳐 주고, 그 수익으로 가난하고 어려운 백성을 구제하여, 만백성의 영과 육을 함께 구원하는 선지자의 임무를 수행하라고 저에게 명하셨습니다.

· 하늘에서 내려 주신 말씀의 보화를 만백성에게 나누어 주는 것이 선지자의 임무라고 하셨습니다. 새로운 성경을 통해서 얻는 재물을 사용할 곳도 하나님께서 일일이 명해 주십니다. 모든 재물은 저의 자의로 쓸 수 없고, 하나님께서 명하시는 대로만 쓰여집니다.

· 어떤 명분으로든 십일조나 각종 헌금을 거두어들이지 말라 하셨으며, 국내뿐 아니라 각국에 성전과 단독 서점을 운영하며, 한국의 많은 젊은이들을 전 세계에 지도자로 내보내라고 하셨습니다.

· 우리는 세계적으로 새로운 성경을 보급하며 어려운 이들을 돕는 역사를 해 나갈 것입니다. 지금까지 비록 몇 명 안 되는 제자들과 함께 이러한 일을 역사했지만, 앞으로도 계속 하나님께서 기뻐하시는 일들을 해 나갈 것입니다. 부족한 저희에게 여러분들의 지혜와 성원을 보내 주시기를 바랍니다. 많은 분들의 참여와 도움을 간절히 기다립니다. 감사합니다.

한국어로 내려온 《새로운 성경》 단행본을 출간하며
2016년 4월 10일

발행인 **김 용 철**

한국어로 내려온

새로운 **성 경** · 4부 · 제64권

지은이 하나님 말씀
대역자 김용철

ⓒ 김용철, 2017. Printed in Korea
저자와의 협약으로 인지는 붙이지 않습니다.

초판인쇄 1쇄 2017년 4월 3일

펴낸 곳 도서출판 하얀마음
등록번호 제 10-2107호 (2001년 2월 14일)
주소 서울시 노원구 덕릉로86길5, 2층
전화번호 02) 313-1114
팩스 02) 393-5554
전자우편 book160@hanmail.net
편집위원 조나영 김미향 이석교
제작지원 김서영 이상빈 김정기 이병우 이순남 서성자 이규숙

도서상담 1600-7527
ISBN 978-89-5875-164-9 (04230)
978-89-5875-100-7 (세 트)

값 10,000원
잘못된 책은 구입하신 곳에서 바꾸어 드립니다.

※이 책은 10부로 제작되며, 각 부 16권씩 총160권으로 구성됩니다.※

1부	2부	3부	4부	5부	6부	7부	8부	9부	10부
1권	17권	33권	49권	65권	81권	97권	113권	129권	145권
2권	18권	34권	50권	66권	82권	98권	114권	130권	146권
3권	19권	35권	51권	67권	83권	99권	115권	131권	147권
4권	20권	36권	52권	68권	84권	100권	116권	132권	148권
5권	21권	37권	53권	69권	85권	101권	117권	133권	149권
6권	22권	38권	54권	70권	86권	102권	118권	134권	150권
7권	23권	39권	55권	71권	87권	103권	119권	135권	151권
8권	24권	40권	56권	72권	88권	104권	120권	136권	152권
9권	25권	41권	57권	73권	89권	105권	121권	137권	153권
10권	26권	42권	58권	74권	90권	106권	122권	138권	154권
11권	27권	43권	59권	75권	91권	107권	123권	139권	155권
12권	28권	44권	60권	76권	92권	108권	124권	140권	156권
13권	29권	45권	61권	77권	93권	109권	125권	141권	157권
14권	30권	46권	62권	78권	94권	110권	126권	142권	158권
15권	31권	47권	63권	79권	95권	111권	127권	143권	159권
16권	32권	48권	64권	80권	96권	112권	128권	144권	160권